*"We don't have a soul.
The soul has us."*

– Itzhak Bentov

Magus Vuur & Aarde
Auteur: © Benjamin Adamah
2023

Vormgeving omslag en binnenwerk: Sylvia Carrilho
Met dank aan Melvin Goudbeek

ISBN 978-94-92355-67-6

VAMzzz Publishing
Postbus 3340
1001 AC Amsterdam
www.vamzzz.com
vamzzz@protonmail.com

MAGUS
VUUR & AARDE

Benjamin Adamah

Uitgegeven door
VAMzzz Publishing, Amsterdam
MMXXIII

*"Ik kan een servitor eenvoudigweg beschrijven als een
wezen, een mentale creatie, een gedachte, die vorm krijgt
door intense aandacht. Deze intense aandacht stuwt een
soort psychische energie-essentie in deze vorm, tot deze
een soort relatieve lichamelijkheid bereikt binnen de
3-dimensionale ruimte. Dit gebeurt via de transmutatie
van energie en maakt de creatie mogelijk van
specifieke levensechte entiteiten met een uiteenlopende
functionaliteit. De creatie van een servitor vereist een
grote mate van concentratie, die een beoefenaar
in de loop der tijd moet ontwikkelen.*

*Een innerlijke alchemist is iemand die volledig gericht is
op het bevatten, absorberen, opslaan en opnieuw inzetten
van energie die normaal gesproken door de
gemiddelde mens verloren gaat."*

– John Kreiter

INLEIDING

Jaren geleden ontdekte ik het werk van een vergeten Berlijnse magiër genaamd H. E. Douval (het pseudoniem van Herbert Döhren, 1906-1975). Douval slaagde erin een 'Hausgeist' (hulpgeest) te creëren die, net als een krachtige poltergeist, objecten daadwerkelijk kon dematerialiseren, over lange afstanden kon transporteren en materialiseren (apport). Ok, dacht ik toen, nu gaat het echt ergens over! En, jazeker, de methode om zo'n wezen zelf te creëren is opgenomen in dit boek, samen met een dosis magische strategie en verschillende andere magische 'hardcore' elementen.

Want verder zul je ook de eerste *echte* verklaring vinden van hoe 'het Systeem' (zoals ik het in twee woordjes samenvat in dit boek) erin slaagde miljarden mensen, inclusief hoogopgeleide academici, zich vanaf februari 2020 te laten gedragen als lemmingen die giftig gras hebben gegeten. Dit in een tijd waarin nota bene informatie nog nooit zo makkelijk en massaal verkrijgbaar is en nadat eeuw na eeuw de hele geschiedenis een aaneenschakeling is gebleken van vergelijkbare episodes van massapsychose. Massapsychoses ontstaan wanneer een zeer grote menigte collectief de eigen sturing, de eigen 'ik' verliest en wordt overgenomen door een 'andere sturing'. Wat deze besturing dan precies overneemt, welke krachten dit zijn en hoe ze ontstaan, hun schadelijk werk doen en zichzelf handhaven, krijg je glashelder in dit boek uiteengezet - maar vanuit het magisch perspectief. Niet dat van de psycholoog.

In *MAGUS Vuur & Aarde* , de directe opvolger van mijn introductiewerk *MAGUS Leer & Ritueel*, heb ik de ruimte om bepaalde facetten van de magie veel verder uit te diepen. Ik beperk me in dit boek echter bewust, voornamelijk, tot de kale kern van de magie. Het kernproces en de kernlogica van magische effectiviteit, die de basis vormen van elk magisch ritueel of proces, staan centraal in dit boek, ongeacht het soort magie, de culturele variant of het historisch tijdperk waarin het werd en wordt beoefend.

Magie is op verschillende manieren te beoefenen. Heel veel verschillende manieren zelfs omdat er immers wereldwijd zoveel culturele variaties en magische tradities bestaan. Maar desondanks blijven er in essentie maar vier soorten magische kaders over.
1. Magie, die met enkel de geestkracht, training en energie van de magiër/heks dingen teweeg brengt en direct samenhangt met een diepgaand begrip van hoe manifestatie in occulte zin werkt.

2. Magie met behulp van geestwezens (engelen, demonen, natuurwezens, geesten van overledenen). Binnen dit kader is er ook regelmatig een vermenging van de beoefende magie met een religieus kader, zoals in de Afro-Amerikaanse culturen of binnen de kabbalah ma'asith, die Joodse contexten gebruikt.
3. Magie met behulp van traditionele middelen, zoals bijv. in de hoodoo (mojo bags, hoodoo-oliën, etc.)
4. Combinaties van 1,2 en/of 3, wel bekend als Fusion Magic.

In dit boek richten we ons in hoofdzaak op het eerste kader. Dit is het meest logische kader om mee te beginnen en ook het meest cruciale, omdat pas na beheersing van de meest kernachtige magische technieken en inzichten binnen dit kader, magie-beoefening binnen de andere kaders veel beter van de grond komt.

Eén van de 'kunstmatige geestwezens binnen de magie' is de *servitor*, die ik al eerder heb geïntroduceerd in *MAGUS Leer & Ritueel*. In dit boek ga ik dieper in op de servitor en zijn hele familie. De *Elementar* (met een hoofdletter vanwege de Duitse spelling) is daarvan de meest waardevolle voor persoonlijk gebruik, terwijl de *egregor* veruit de belangrijkste is voor zowel magische inzichten, als het werkelijk doorgronden van allerlei grote sociaalmaatschappelijke en culturele verschijnselen en processen.

Zonder te snappen hoe egregors de wereld domineren valt bijvoorbeeld niet te begrijpen hoe inhumane systemen telkens weer de kop op steken, waarom nooit iets van de geschiedenis wordt geleerd en waarom het verzet hiertegen (helemaal in de gedigitaliseerde 21ste eeuw) blijft steken in geestelijk masturberen door zelfbenoemde 'wakkeren'. Hannah Arendt, probeerde het filosofisch en sociologisch te bevatten. Maar wil je de vinger effectief op de wond leggen, dan moet je de occulte wereld in, waar zich de echte eindstations van de menselijke geest bevinden.

Door alle toegevoegde contexten in het boek plaats ik het *scheppingsproces* zelf en het fenomeen van hulpgeesten of *servitors* in een breder perspectief dan andere auteurs over dit onderwerp. Maar ik ben er ervan overtuigd dat deze extra informatie het werken met de magische methoden in het praktische deel van dit boek veel begrijpelijker zal maken en meer motivatie en 'magische aarding' zal bieden.

Als magiër of heks wil je graag een zo concreet mogelijk begrip hebben van wat je precies doet met je rituelen, dus zonder het gevoel te hebben dat je op wankele ijsschotsen een stromende rivier oversteekt. In het theoretische gedeelte van dit boek vind je daarom een uitgebreide verzameling metafysische inzichten die je een solide brug bieden. In *MAGUS Vuur & Aarde* ga ik daarom diep in op de exacte aard van bewustzijn en de betekenis van een ziel en bezieling. Aangezien entiteiten zoals egregors, larven, servitors, Elementaren en gerelateerde onderwerpen een belangrijke rol spelen in dit boek – en gezien de huidige discussies over kwantumcomputers – was het niet meer dan logisch om ook hierover te schrijven. Ik garandeer je dat je na het voltooien van dit boek, een veel dieper begrip van magie zult hebben en het beter kunt toepassen dan ooit daarvoor.

De teksten in het eerste deel van dit boek bevatten teksten die tot de hogere metafysica behoren. Ik heb hierboven uiteengezet waarom deze teksten onderdeel van dit boek zijn. Metafysica is echter niet voor iedereen even toegankelijke kost. Het vergt een heel andere manier van lezen. Deel 1 is vooral aanbevolen voor magie-beoefenaars die echt tot in de kleinste finesse willen snappen wat ze precies aan het doen zijn, wanneer ze een magisch ritueel uitvoeren.

Het tweede deel van dit boek bevat enkel zeer praktische magische praktijkinstructies, waarvoor het niet noodzakelijk is Deel 1 te kennen of meteen te doorgronden. Een goed getrainde verbeeldingskracht en focus is hiervoor het enige wat je echt nodig hebt.

Benjamin Adamah
Amsterdam, 2 augustus 2023

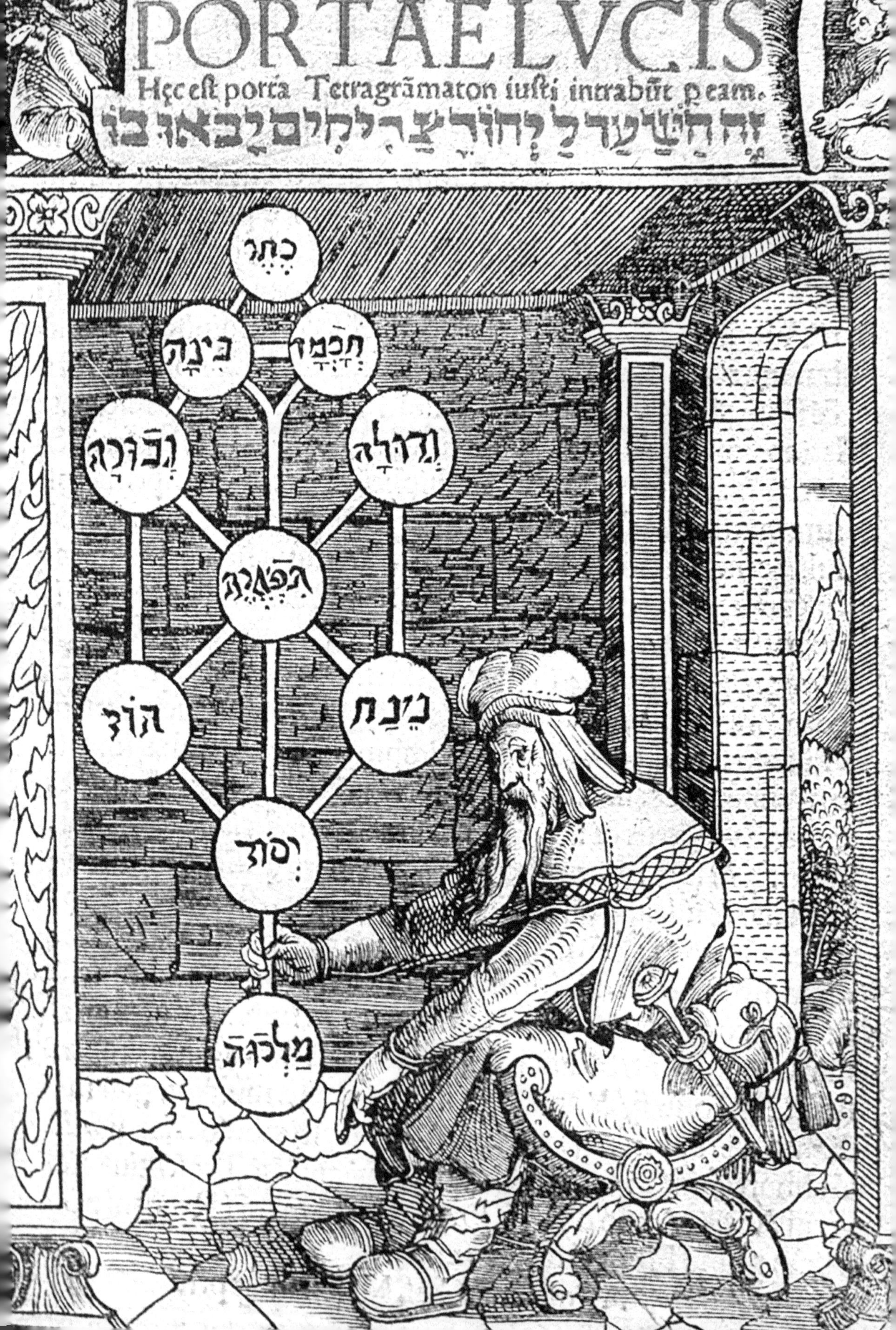

PORTAE LVCIS
Hęc est porta Tetragrāmaton iusti intrabūt p eam.
זה השער ליהוה צדיקים יבאו בו
כתר
בינה   חכמה
גבורה   גדולה
תפארת
הוד   נצח
יסוד
מלכות

DEEL 1 — THEORIE

I. SCHEPPING UITGELEGD VOLGENS KABBALISTISCHE CONCEPTEN EN DE PROCESFILOSOFIE

Een magiër neemt de positie in van een kleine *demiurg* (scheppende god), een schepper van nieuwe dingen en processen. Dat is al zo sinds het Oude Egypte, waar de magische cirkel van de magiër, van waaruit hij zijn operaties uitvoerde en geestwezens commandeerde, de Zon voorstelde. De magiër identificeerde zich eerst met de Zonnegod, de centrale oppermacht die alles bestiert en voortbrengt. Behalve het belang van deze centrale positie-inname, die onveranderd is gebleven tot aan vandaag, is het occult snappen van de werkelijkheid – haar gelaagdheden en de illusies die er van eeuw tot decennium kunstmatig overheen worden gelegd – belangrijk. Je zult merken dat de occulte visie op de werkelijkheid veel overeenkomsten vertoont met concepten uit de kwantummechanica. Zowel de magie als kwantummechanica gaan uit van verschillende verdichtingslagen en posities (superpositie) die simultaan worden ingenomen. Onderstaande tekstblokken gaan tot aan *Deel 2 – Praktijk*, over allerlei occulte facetten van het proces waarmee dingen, wezens, de schepping zich kan manifesteren.

Het veld waar de magiër mee werkt is het *tijdruimte-energie-bewustzijncontinuüm*, waar al deze elementen intergerelateerd zijn en magie feitelijk neerkomt op het veroorzaken van wijzigingen in de onderlinge verhoudingen in dat veld, dat zowel buiten als binnen ons bestaat.

> *Magie verandert dingen in de buitenwereld door eerst situaties in de binnenwereld te veranderen!*

Het proces, waarbij een kwantumdeeltje inklapt door middel van meting, staat bekend als 'kwantumcollaps' of 'kwantumstorting'. Bij kwantummechanica verwijst de term 'collaps' naar het fenomeen waarbij de golffunctie van een deeltje, die meerdere mogelijke toestanden vertegenwoordigt, instort tot een specifieke toestand wanneer er een meting wordt uitgevoerd. Dit proces van inklappen of instorten van de golffunctie is een intrigerend kenmerk van de kwantummechanica, maar we kennen het in de magie als het omzetten van een wensgedachte in een stationair hologram, dat ontstaat door het volhouden – soms weken achtereen – van een extreme focus en verbeelding, die aan het eind van het creatieproces abrupt wordt beëindigd door het hele gebeuren op commando te vergeten.

De aldus in een hologram omgezette wens van de magiër gaat door dit magische ritueel als een singulariteit werken en manifesteert vervolgens de wens in onze fysieke realiteit.

Alles wat stationair is domineert alles wat beweegt (golft; zich als frequenties of gedachten in een golfstadium bevindt). Het dynamische 'totaalhologram', dat de totale werkelijkheid in essentie is, kan niet anders dan het hologram assimileren. Daarmee wordt het inherente 'programma' dat het totaalhologram afdraait gewijzigd en worden tijd, ruimte en energie gedwongen een specifiek iets te manifesteren. Een CIA-term voor dit proces, destijds ontleend aan de Joodse metafysicus Itzhak Bentov, is *patterning* (patroonweven).

Regeringen en de aanhangers van de staatsreligies maken grootschalig gebruik van *patterning*. Alleen passen ze hiervan een bijzondere vorm toe die 'gemotoriseerd' wordt door kunstmatige geesten die we egregors noemen. Deze wezens worden massaal gecreëerd middels bewust gerichte massamedia-content, samen met de emotionele reacties van het publiek daarop, waardoor een collectief geladen focus ontstaat! De tragiek is dat niemand dit mechanisme ziet of aanpakt en men alle energie, tijd en potentieel levensgeluk blijft pompen in een totaal verkeerde aanpak van dit probleem.

Nog geniepiger is hoe egregors miljoenen mensen tegelijk in bezit nemen. Uit de verontwaardiging over wat overheden via de media op de wereld loslaten, ontstaat een collectief verzet en een collectieve verzets-identiteit. Ook die verzetsidentiteit is echter een egregor, die geleidelijk (soms razendsnel) de echte identiteit van individuen overneemt – een proces dat ik *soul-snatching* heb genoemd. Vervolgens gaat deze verzets-identiteits-egregor een symbiotische relatie aan met de door de overheden gecreëerde egregor(s) en zodoende is de patstelling bereikt die vanaf het begin wenselijk was vanuit het standpunt van de agressor aka veroveraar – tegenwoordig de cluster politici, big business en big media.

Deze uiterst geraffineerde en succesvolle methodiek is het werkelijke occulte geheim achter elke machtspolitiek en iedere stabiele grootmacht. De rest van alle theorieën hierover zijn enkel afleiding en falen structureel om deze diepere laag en dit vitale mechanisme bloot te leggen, ook al zijn de theorieen sociologisch, filosofisch en psychologisch nog zo sympathiek verwoord. De reden dat eeuw na eeuw iedereen die zich buiten de macht bezighield met magie en aanverwante kennis, vervolgd, gedemoniseerd, gemarteld of levend verbrand is, is dat dit 'occulte geheim' koste wat kost in handen van de elite moest blijven.

Vanwege het slechte imago dat overheden, samen met religieuze machten, het occulte en magische doelbewust hebben bezorgd (*duivels, onzin, God verbiedt het, alleen een idioot gelooft die dingen,* etc.) blijft deze blinde vlek (egregormacht) voor het overgrote deel van de wereld bestaan. En hierdoor blijven de gesimuleerde werkelijkheden die ermee geconsolideerd worden – het leven dat zoveel moois en potentie in zich draagt en alles wat 'echt' en 'waar' is verduisteren – dik en stroperig zoals opdrogende diarree. Om goodwill te tonen krijgt echter iedere *homo normalis obediens* een gratis vliegenmepper (Nu, de alternatieve media die reageren op symptomen van de gesimuleerde werkelijkheid, maar nooit de koe bij de horens vatten).

Wat ik wil zeggen met deze intro: magie is niet vaag, niet zweverig, niet onbegrijpelijk of per se duister. Magie kent dimensies vol mysteriën en routes, die niet altijd even veilig zijn, maar de essenties en kernmechanismen van magie zijn inzichtelijk en toegankelijk te maken. Je hebt gewoon een handvol coordinaten, kernbegrippen en wetmatigheden nodig, waarmee je een regulier proces in een magisch proces verandert. En daar waar onze eigenmachtigheid ons dagelijks magisch werd en wordt ontnomen, is magie ook bij uitstek het middel om er zoveel mogelijk weer van terug te pakken...

1.1   TZIMTZUM, DE SHECHINAH-VERBANNING, DE GEBOORTE VAN 'HET SYSTEEM'

De filosoof Plotinus definieerde het 'Al' ofwel de allesomvattende en bevattende totaliteit als *dat wat geen buiten kent.* In Plotinus' woordgebruik zouden we dat wat pal tegenover het 'Al' staat, kunnen omschrijven als *dat wat geen binnen kent.* Vroeger vatte men dat wat geen binnen kent samen met de Griekse term *atomos*, het ondeelbare. Tegenwoordig noemt men dit *singulariteit.*

De intelligentie, het superwezen dat zich tussen deze twee polen (totaliteit & singulariteit) uitstrekt, omvat zowel het geheel – het totale tijdruimte-energie-bewustzijncontinuüm – als alle delen ervan, inclusief dingen, wezens en processen. (In de kabbalah is dit superwezen, deze alles doordrongen intelligentie, bekend als El Elyon, met Anaphiël als aartsengelvorm, maar dit terzijde.)

De beweging van singulariteit (de allerkleinste uitdrukkingsvorm van het tijdruimte-energie-bewustzijncontinuüm) naar totaliteit (de allergrootste uitdrukkingsvorm van het tijdruimte-energie-bewustzijncontinuüm) – en vice versa – ervaren wij in het dagelijks leven als de groei, de expansie van ons bewustzijn. 'Ons bewustzijn' is in wezen een binnen ons, als individu ingekapseld, stukje totaalbewustzijn, dat door deze inkapseling weliswaar beperkt (gesubjectiveerd) is, ten opzichte van een hyperobjectief Godswezen, maar dat hierdoor ook een uniek spectrum van de schepping ervaart; ons eigen unieke levensproces. Dit is wat Itzhak Bentov bedoelde met: *"We hebben geen zielen. De ziel heeft ons."* In een paradox, betekent dit niet dat we geen individuele ziel zouden hebben, maar dat we opnieuw de interactie tussen dit geïndividualiseerde deeltje van de moederziel, dat we als 'onze ziel' ervaren, met de moederziel moeten leren (be)grijpen.

Ik denk dat je me kunt volgen als ik zeg dat de *groei* van ons bewustzijn een *uitbreiding* van ons bewustzijn is en dus een vorm van *expansie*. We vergroten ons bewustzijn via aandachtspunten. Ieder nieuw aandachtspunt vormt een nieuwe singulariteit, die (binnen de correlatief dialectische aantrekkingskracht tussen 'dat wat geen binnen kent' en 'dat wat geen buiten kent' automatisch informatie aantrekt behorende bij dat aandachtspunt.

Waar onze kennis eerst maar 1% van een kennisgebied betrof, loopt dit percentage voortdurend op, zolang we het bijbehorende aandachtspunt vasthouden. 'Kennisgebied' is een beperkte term bij dit proces, omdat een groot deel van de uitbreiding van ons bewustzijn ook bestaat uit een toenemende gevoels- en levensintelligentie.

Zodra ons bewustzijn groeit, groeit hiermee automatisch het bewustzijn van het superwezen, de intelligentie van het 'Al'. Dit gebeurt omdat dit superwezen in een paradox zijn eigen bewustzijn enkel kan vergroten door het te 'verkleinen' (contracteren) in het subjectieve, het individuele, het unieke, het soortige (melkwegstelsel, ster, planeet, menselijk, dierlijk, plantaardig, mineraal). Het is tot nu toe de enige manier om te verklaren hoe een oneindige en alomtegenwoordige intelligentie (God) een relatie kan hebben met een beperkte en materiële wereld en alles wat daarin bestaat en leeft.

Dus bij iedere vorm van bewustzijnsgroei vindt er naast *expansie* simultaan *contractie* plaats van het tijdruimte-energie-bewustzijncontinuüm. Deze conceptie, die metafysica, mystiek, magie, psychologie, het leven zelf, vitaliteitsleer – en later ook de (kwantum)theorie – tot een samenhangend geheel maakt, bestaat sinds de late 16e eeuw binnen het Ashkenazi-gedachtegoed.

Isaac Luria, ook bekend als Isaac Luria Ashkenazi of de Arizal, leefde van 1534 tot 1572. Hij was een belangrijke rabbijn en kabbalist, die vanuit Duitsland naar Safed vertrok, een stad in het huidige Israël. Er wordt gezegd dat hij de leer van de tzimtzum heeft ontwikkeld en geïntroduceerd als onderdeel van zijn mystieke systeem, dat sindsdien bekend staat als Luriaanse kabbalah.

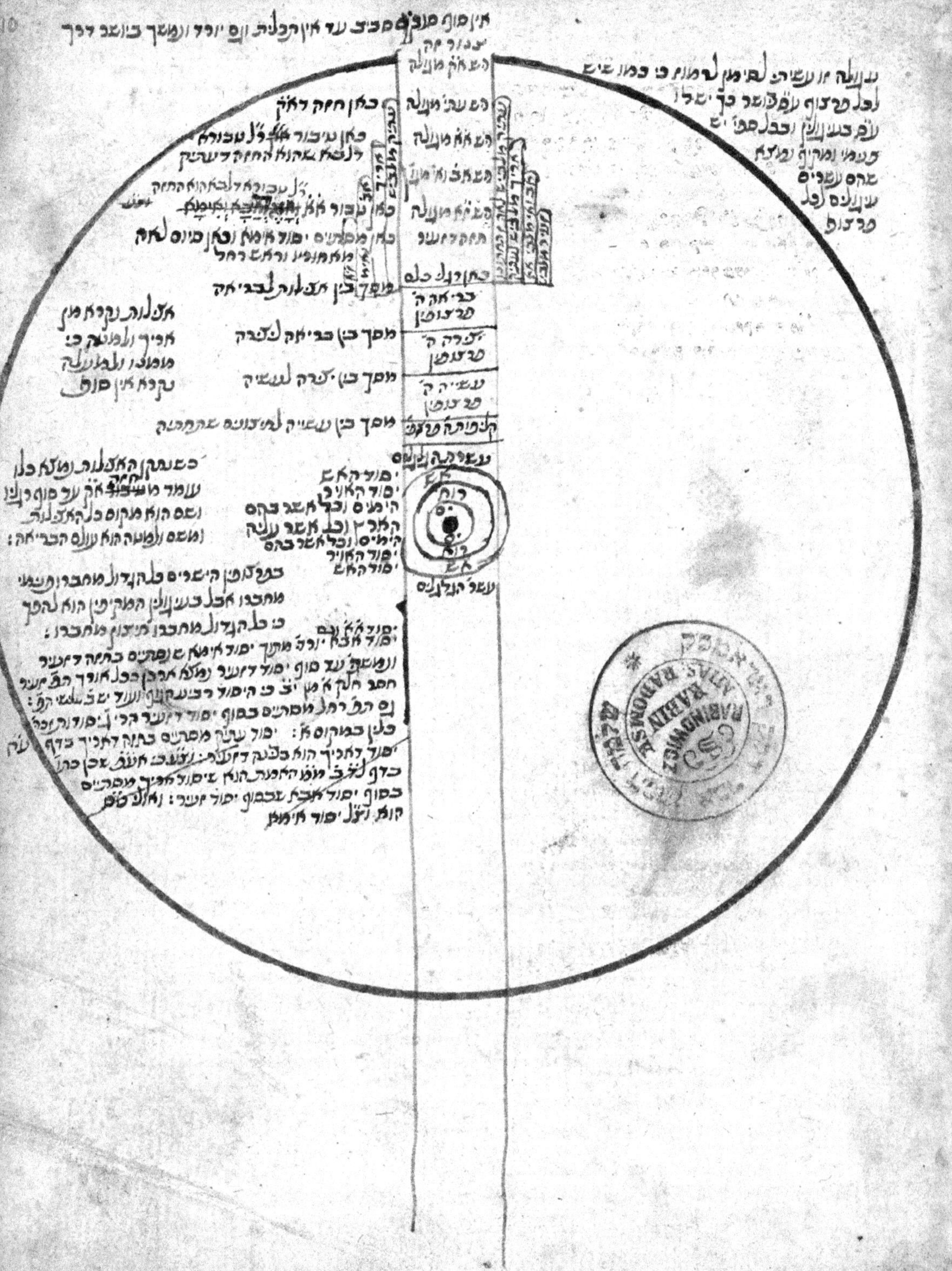

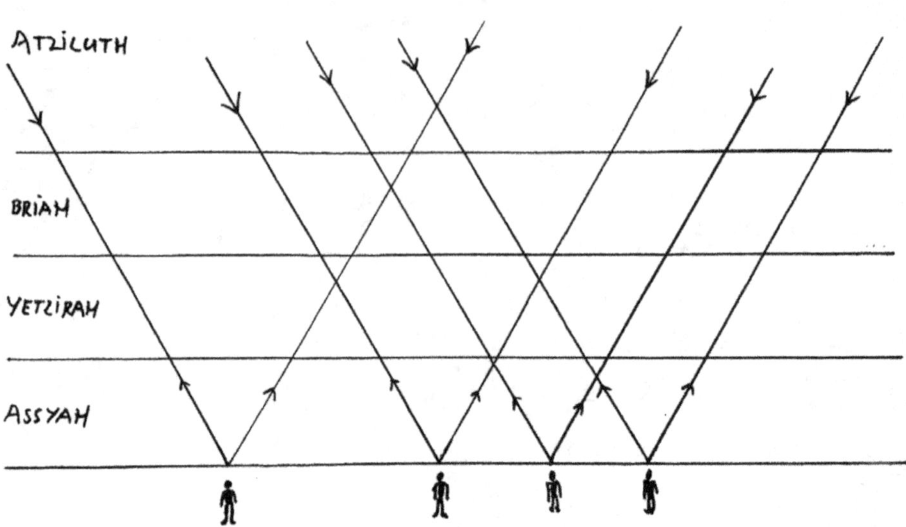

Schema naar aanleiding van een uitleg van Itzhak Bentov over hoe wij verbonden zijn en zielsoverlapping hebben in de minder verdichte stadia van het tijdruimte-energie-bewustzijncontinuüm. De kabbalistische termen Atziluth, Briah, Yetzirah en Assiah corresponderen met de elementen Vuur, Lucht, Water en Aarde.

Tzimtzum verwijst naar het idee dat het universum, ofwel de schepping, bestaat als gevolg van een 'inkrimping' of 'contractie' van een oneindige goddelijke aanwezigheid c.q. licht (*En sof or*). Het tijdruimte-energie-bewustzijncontinuüm verdicht zich door deze inkrimping, vergelijkbaar met het kwantummechanische proces dat materie wel eens kort door de bocht heeft beschreven als 'bevroren licht'.

Het inkrimpen van het tijdruimte-energie-bewustzijncontinuüm roept dialectisch ook het uitzetten van het tijdruimte-energie-bewustzijncontinuüm op. Om die reden wordt Luria tegenwoordig gezien als een denker die eeuwen geleden al de voorzet gaf voor het 20ste-eeuwse concept uit de astrofysica van een uitdijend en contracterend universum.

> *We onderscheiden binnen het tijdruimte-energie-bewustzijncontinuüm (en ook binnen de magie) dus twee werkzame superkrachten: de expansie en de contractie.*

De expansie werd in de magie gelijkgesteld aan de essentie van het Vuur-Element. De contractie werd gelijkgesteld aan de essentie van het Water-Element. De interactie zelf tussen beide (communicatie) werd het Lucht-Element. Het bewustzijn van dit alles vanuit de posities van zowel de totaliteit als de singulariteit en *het hele gamma aan bezielde wezens daartussen** is de belangrijkste essentie van het Aarde-Element. Het Aarde-Element verhoudt zich tot het Lucht-Element als positionering/aandachtspunt tot beweging. Het Lucht-Element verhoudt zich tot het Aarde-Element als connectie/gemeenschappelijk tot individueel/uniek.

Als ik het in mijn werk heb over de 'tzimtzum', is dit overigens niet de letterlijke opvatting hiervan door Luria, maar een aangepaste versie. In mijn versie is het goddelijke een animistische allesbezielende kracht en intelligentie, die als immanent in alles aanwezig is en als transcendent verschillende verdichtingslagen doorloopt (Atziluth, Yetzirah, Briah en Assiah c.q. Vuur, Water, Lucht, Aarde).

Dat wij als individuele mensen (of planten, dieren, etc.) naast onze 'eigen geest' ons waakbewustzijn, een organon vormen met een co-intelligentie, is simpelweg te constateren. Wij regelen zelf niet onze hartslag, ademhaling, stofwisseling, groei en ontwikkeling, van bevruchte eicel tot volwassene en hoogbejaarde. Zo simpel is dat en het heeft geen zin om dat te ontkennen, ook al heet je Richard Dawkins of Yuval Harari. Luria doet dat min of meer wel, althans het is de (on)logische consequentie van zijn visie op de schepping. Deze loopt vast op een stuk 'corporate-religieus DNA': het scheiden van God en wereld waardoor de wereld 'onvolmaakt' achterblijft.

Dit 'DNA' is een importproduct uit zoroastrisch Perzië en diverse Griekse filosofen hebben er ook mee gespeeld. Volgens Plato was de fysieke wereld een afspiegeling of een kopie van een hogere, perfecte werkelijkheid die hij de *Eidos* ('wereld van de vormen of ideeën') noemde. De demiurg was betrokken bij het creëren van deze fysieke wereld door het imiteren van de ideeën en vormen die in de Eidos bestonden. Echter, de demiurg zelf (de scheppende god) werd beschouwd als onveranderlijk, en afgezonderd van de nu onvolmaakte fysieke wereld. Alom bekend is de werkeloze God van Plato's leerling Aristoteles, die na de schepping van de wereld deze verlaat en er werkeloos op toekijkt.

---

* Met 'het hele gamma aan bezielde wezens daartussen' bedoel ik niet alleen biologisch leven en de mens, maar ook al het andere geschapene, van astrale wezens tot mineraal, tot planeet of ster of melkwegstelsel. Ik ga uit van een animistisch universum.

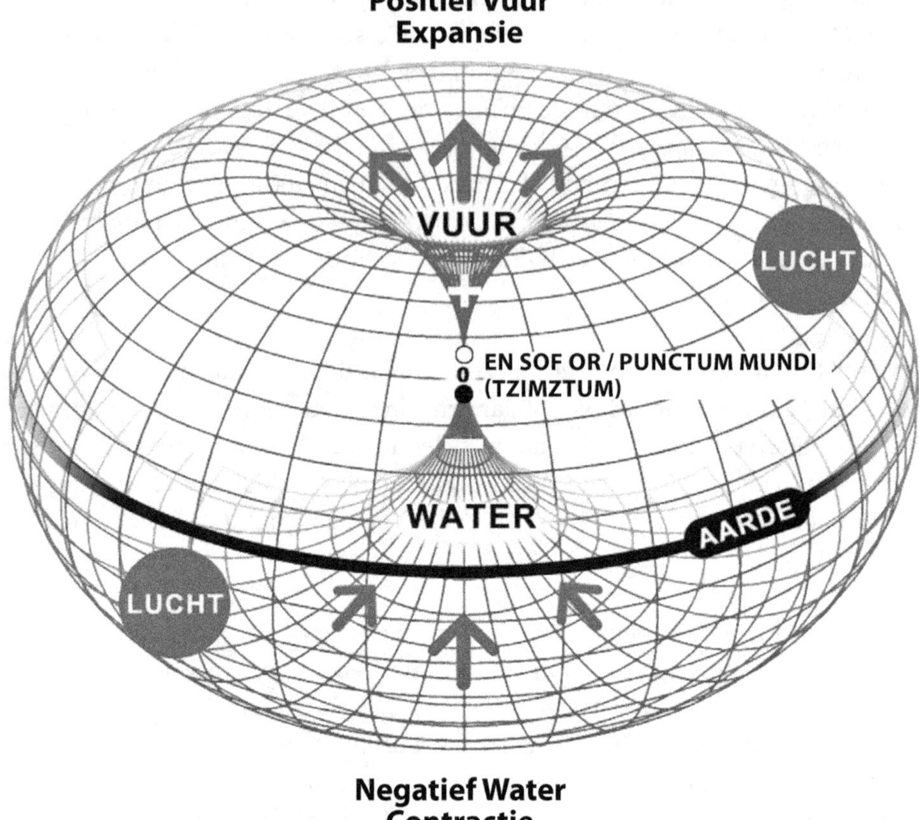

Volgens Luria's visie op de tzimtzum heeft God (net als de God van Aristoteles en Plotinus) zich teruggetrokken uit de schepping en heeft deze zichzelf enkel 'beperkt', waardoor er ruimte ontstond voor een afgescheiden en onvolmaakte wereld. Dit proces van terugtrekking wordt binnen de joodse mainstream geassocieerd met de ballingschap van de *Shechinah*, de goddelijke (beter gezegd godinnelijke) immanente aanwezigheid van het superwezen in de schepping zelf.

Binnen Luria's tzimtzum-definitie is er aldus een schizoïde scheiding tussen God en de geschapen wereld, waardoor de Shechinah (de vrouwelijke helft van God aka de Godin) als het ware 'gevangen' in een nu onvolmaakte wereld achterbleef en smachtte (*kallah*) naar hereniging met God. Deze 'ballingschap van de Shechinah' speelt een belangrijke rol in de Luriaanse kabbalah en joodse religie in het algemeen, en benadrukt de menselijke rol om door middel van spirituele handelingen en intenties bij te dragen aan de hereniging van God en de schepping.

Nu is deze 'scheiding van God en wereld' verzonnen in Perzië en overgenomen in de joodse religie als 'ballingschap van de Shechinah', natuurlijk een conceptie die tegenwoordig bekend staat als de *problem-reaction-solution-strategy*: je creëert opzettelijk een probleem (onvolmaakte wereld), lokt hiermee een reactie uit en komt vervolgens met een al van tevoren bedachte 'oplossing' (boete doen voor '(erf)zonden'; gehoorzamen aan religieuze instituten). Die 'oplossing' is nooit een 'oplossing', maar een wenselijk gedragsalgoritme, waarmee *homo sapiens obediens* het 'probleem' voor de uitvinder(s) in een verdienstelijke of winstgevende realiteit veranderen, die door de dirigent(en) van de *problem-reaction-solution-strategy* net zolang kan worden uitgemolken tot mensen het bedrog realiseren en er massaal doorheen gaan prikken.

> *De conceptie van de 'onvolmaakte wereld' is de basis van zowel de zoroastrische, joodse, christelijke religie, als de islam, maar bijvoorbeeld ook de 21ste-eeuwse klimaatpolitiek.*

Dit concept van de 'onvolmaakte Aardse wereld' is desondanks niet oorspronkelijk Joods of Hebreeuws, maar is tijdens de Babylonische Ballingschap in de 6e eeuw v.Chr. door Joodse intellectuelen overgenomen van zoroastrische Perzen. Dat Plato een stevig punt maakte van een onvolmaakte wereld zal deze conceptie ondersteund hebben, ook al was de context bij Plato iets anders, omdat er bij hem geen sprake is van een geamputeerde vrouwelijke helft van God die achterblijft in de wereld, maar van een metafysisch model gerelateerd aan zijn ideeënleer.

De conceptie van de 'verbannen Shechinah' heeft ook een oude politieke basis. Toen, wat nu Israël is, door de uit Mesopotamië afkomstige Hebreeërs werd gekoloniseerd, woonden de polytheïstische Kanaänieten in dat gebied wiens hoofdgodin Asherah was, de gemalin van de hoofdgod El. Men vermoedt nu dat de Shechinah, Asherah destijds heeft vervangen als een vrouwelijk aspect van het goddelijke, om een match te maken de monotheïstische Hebreeuwse religie. Asherah paste niet in het dogma van een verplicht als 'onvolmaakt' op te vatten wereld, omdat ze gelijk was aan El. Deze oorspronkelijke Kanaänitische bewoners van wat nu Israël is en enkele omliggende gebieden, hadden een religie die net zo was opgebouwd als de meeste Afrikaanse religies; animistisch, met een polytheïstische verdeling van goddelijke krachten.

De belangrijkste verschillen tussen de Kanaänitische en Hebreeuwse religies zijn als volgt:

- *Polytheïsme vs. monotheïsme:* De Kanaänitische religie was polytheïstisch, wat betekent dat het geloofde in meerdere goden en godinnen, elk geassocieerd met verschillende aspecten van de natuur en het leven. Tot het Kanaänitische pantheon behoorden El (de oppergod), Baäl (de stormgod), Asherah (de godin van vruchtbaarheid) en vele anderen. Aan de andere kant is de Hebreeuwse religie, die bekend staat als het jodendom, monotheïstisch en draait deze om de verering van één God, Yahweh (ook wel Jehovah genoemd).

- *Natuur-gebaseerde vs. verbondsreligie:* De Kanaänitische religie was op de natuur gebaseerd en richtte zich op de verering van verschillende goden die verband hielden met natuurlijke fenomenen, vruchtbaarheid en landbouw. Het omvatte rituelen en ceremonies om de goden gunstig te stemmen en gunstige omstandigheden voor gewassen en welzijn te waarborgen. Het jodendom daarentegen is een verbondsreligie en benadrukt de speciale relatie tussen God en het Hebreeuwse volk. Het draait om de Thora (de heilige geschriften), ethische leerstellingen en het naleven van geboden en wetten.

- *Immanentie vs. transcendentie:* In de Kanaänitische religie werden goden vaak beschouwd als immanent, wat betekent dat ze aanwezig waren en zich manifesteerden in de fysieke wereld. Er was een sterke verbinding tussen de goden en de natuurlijke wereld. In het jodendom wordt God beschouwd als transcendent, bestaande buiten het fysieke universum en niet beperkt door ruimte en tijd.

- *Offer en rituelen:* De Kanaänitische religie omvatte verschillende rituelen en offers, vaak uitgevoerd door priesters in tempels en heilige plaatsen. In sommige gevallen werden dierlijke en zelfs menselijke offers gebracht. Het jodendom volgde de Thora en introduceerde specifieke rituelen, waaronder dierlijke offers in de oudheid, maar deze praktijken stopten na de vernietiging van de Tweede Tempel in Jeruzalem in 70 na Christus.

- *Geloof in het hiernamaals:* De Kanaänitische religie had uiteenlopende overtuigingen over het hiernamaals, met enkele elementen van voorouderverering en geloof in een schaduwrijke onderwereld genaamd *Sheol*. In het jodendom zijn er verschillende opvattingen over het hiernamaals, maar het benadrukt over het algemeen het concept van Olam Ha-Ba (de Komende Wereld) en het idee van een opstanding van de doden in het Messiaanse tijdperk.

Maar het concept van de wereld die ineens als 'onvolmaakt' bestempeld wordt, is zoals ik eerder aangaf een religieuze hoeksteen binnen het jodendom. Dit geldt ook voor de tak van de kabbalah die *kabbalah iyunit* (קַבָּלָה אִיּוּנִית) wordt genoemd. 'kabbalah iyunit' kan worden vertaald als 'contemplatieve kabbalah' of 'meditatieve kabbalah'. De kabbalah iyunit onderzoekt weliswaar de metafysica, maar richt zich vooral op bezinning van mystieke interpretaties van diverse officiële joodse werken, zoals de Torah, etc., die ook een grens vormen voor hoe ver je met metafysica kunt gaan.

Wat de meeste mensen zich voorstellen bij het horen van de term 'kabbalah' (als gevolg van eenzijdige informatie, de fantasieën van spirituele schrijvers, met een verchristelijkte kijk op de zaak, alsook veel joodse organisaties en stromingen door de eeuwen heen), behoort tot de kabbalah iyunit en niet tot de kabbalah in algemene zin!

Er bestaat een heel andere stroming in de kabbalah die veel oudere wortels heeft, die zich meer verspreidt over de hele Levant (Kanaän, Egypte, Mesopotamië) dan alleen binnen de begrenzing van het jodendom als corporate religie, en waar een dominante Perzische invloed aanwezig is. Deze stroming wordt de *kabbalah ma'asith* (קַבָּלָה מַעֲשִׂית) genoemd, wat letterlijk 'praktische kabbalah' betekent. Aangezien de Hebreeuwse bevolking en de Kanaänieten zich (voor een deel) vermengden in de eeuwen voor Christus, wordt vermoed dat bepaalde aspecten van de Joodse magie of kabbalah ma'asith (zoals het gebruik van amuletten) een Kanaänitische, in plaats van Hebreeuwse oorsprong hebben. Mogelijk verklaart de Kanaänitische erfenis ook de knipperlichtrelatie met magie binnen de Joodse cultuur en de verdeelde opvattingen over kabbalah ma'asith onder rabbijnen en kabbalisten. Het valt in ieder geval niet te ontkennen dat de kabbalah ma'asith meer aansluiting heeft bij de Kanaänitische wortels en de kabbalah iyunit meer aansluit bij de Hebreeuwse.

Kabbalah ma'asith verwijst naar rituelen, magie en het oproepen van engelen en andere wezens. Veel van deze praktijken werden als controversieel beschouwd binnen de Joodse gemeenschap van die tijd, omdat ze werden gezien als afwijkend van de gevestigde religieuze praktijken en tradities. Maar liefst 12%, oftewel 45 van alle verboden opgenomen in de *Mitzwot* – een verzameling van 248 geboden en 365 verboden die de kern van de joodse leer vormen – veroordelen de magie en alles wat ermee te maken heeft, zoals astrologie, het vereren van Kanaänitische goden, etc. Historici zien als reden voor dit absurd hoge percentage, dat het gebruik van magie in de Oudheid (zacht uitgedrukt) nogal populair was onder de Joodse bevolking, hetgeen mogelijk mede een obstakel vormde binnen het proces van Hebreïsering van de overgebleven Kanaänieten in het gebied. De kabbalah ma'asith heeft altijd een verborgen bestaan gehad en werd, tegen de verboden van de Mitzwot in, vooral in het geheim gebruikt door leden van de hogere maatschappelijke laag.

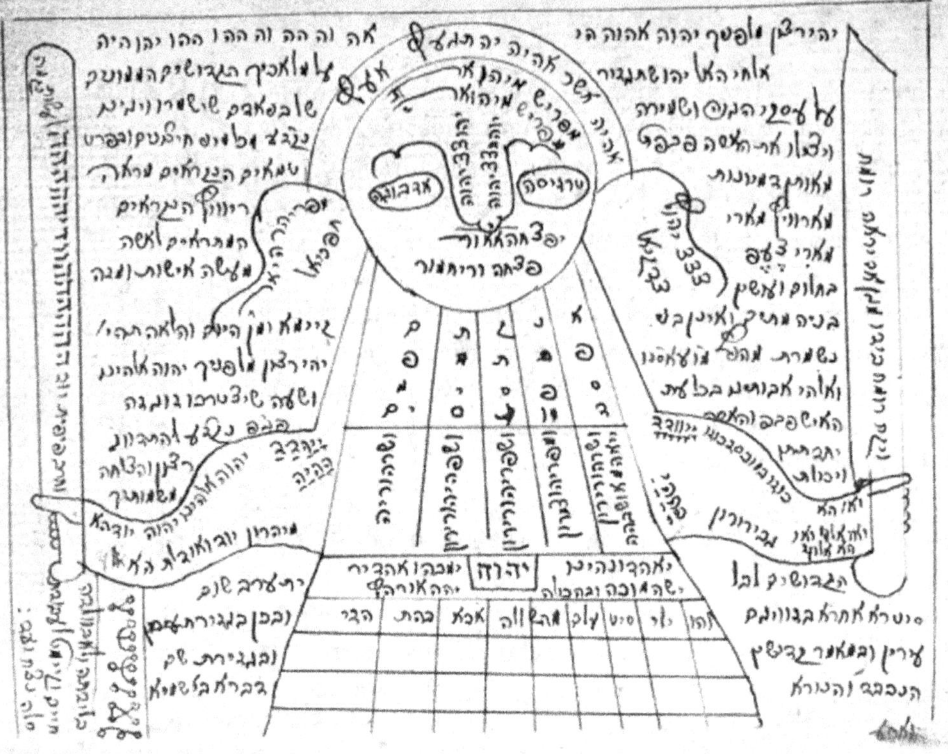
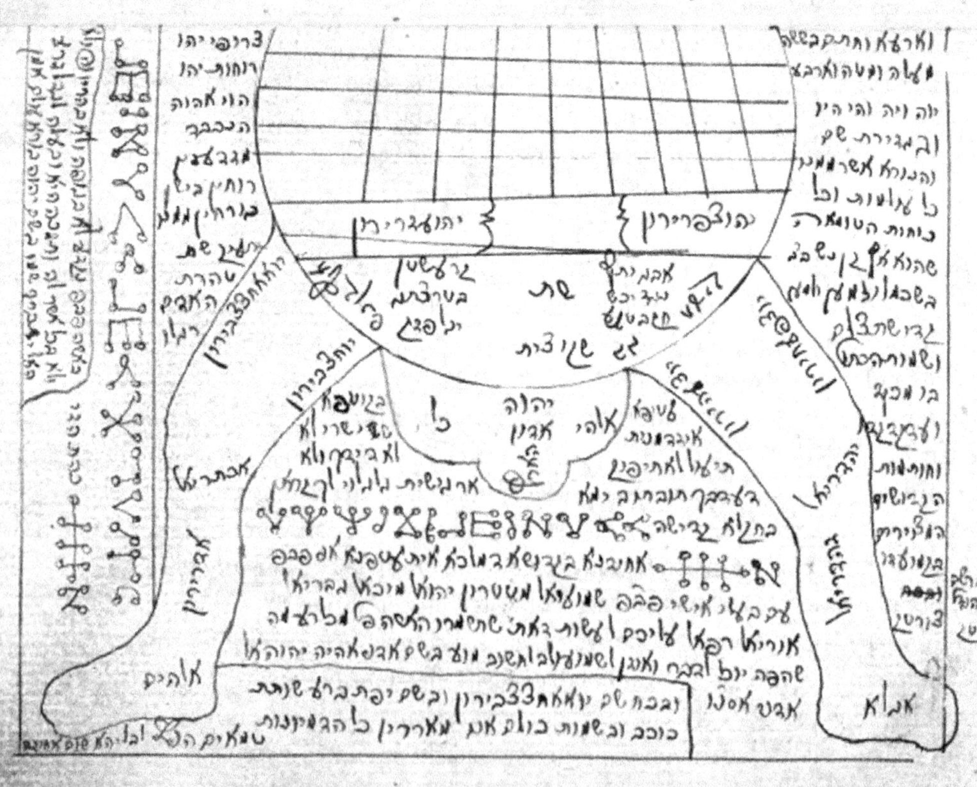

Luria was eigenlijk een kabbalist die binnen de kabbalah iyunit bleef denken, maar hij blonk uit in metafysica. Hierdoor is zijn metafysica volgens het standpunt van de kabbalah ma'asith, alsook vanuit een meer volwassen spiritueel standpunt, te beperkt en identiteitspolitiek gedeformeerd. Mogelijk waren zijn inzichten geniaal, maar heeft hij deze gecommuniceerd door een politiek correct filter. De grafische implicatie van zijn leer van tzimtzum is namelijk het torus-model, en dit model maakt het conceptueel en spiritueel vasthouden aan een 'onvolmaakte wereld' en een teruggetrokken God volstrekt onmogelijk.

Binnen de Joodse cultuur is de monotheïstische Hebreeuwse input veruit dominant geworden ten opzichte van de polytheïstische Kanaänitische invloed. Ik gebruik de term 'veruit' in plaats van absoluut, omdat er (net als in het christendom en de islam) nog sporadisch sprake is van *Malachim* (engelen), een importproduct uit Babylonië, dat een resonantie heeft met het Kanaänitische gamma van geestwezens. Hierdoor sijpelt dus nog steeds een verkapt soort polytheïsme door in de monotheïstische cultuur. Er zijn twee grote verschillen tussen monotheïsme en polytheïsme. Het verschil is eigenlijk heel simpel: één God (een transcendent wezen) versus een heel pantheon aan goden en geestwezens, waarvan enkelen zich transcendent uitdrukken, maar de meeste immanent aanwezig zijn.

Het eigenlijke verschil wordt (enkele Afrikaanse intellectuelen daargelaten) nooit belicht in deze discussie, maar is samen te vatten als 'antivitalisme versus vitalisme'. Alle religies die de Aarde als 'onvolmaakt' bestempelen, of er een 'tranendal' van maken, al of niet 'veroorzaakt' door erfzonde, 'archonten', 'boze demiurgen', etc., verraden de Aarde en het leven zelf, door met dit dogma via de wet van de *self-fulfilling prophecy*, een dergelijke trieste toestand van de Aarde en het leven zelf te scheppen. Een fundamenteel kenmerk van polytheïstische religies is doorgaans dat ze de Aarde en het leven juist koesteren en vieren en dus vitalistisch zijn. Hierop zijn wel uitzonderingen (denk aan de zeer bloederige mensenoffercultuur in het Mexico van de Azteken en in mindere mate de Maya's; of de koppensnellers van Nieuw Guinea, enz.), maar ik beperk me hier even tot Europa, de Levant en Afrika.

Staats- en corporate-religies zijn identiteits- en machtspolitieke instrumenten en altijd zo bedoeld geweest. Daarom moeten de spirituele dimensies aanwezig in de Aarde, wereld, de natuur, het leven zelf en het humaan-menselijke, worden afgeschermd en ontkend middels een actief onderhouden gesimuleerde werkelijkheid, een kunstmatig speelveld dat *homo sapiens* muteert tot *homo normalis obediens*. Binnen deze context is de eeuwenlange vervolging en demonisering van magiërs, heksen, astrologen, sjamanen, natuurgenezers, een voorspelbaar soort *collateral damage*, want alle spirituele *open source* moet en zal – met of zonder geweld – wijken voor indoctrinatie en consensus. In plaats van een erfzonde gelegitimeerd met een stuk religieuze fictie, hebben we dus eigenlijk te maken met een erfverlamming van alles wat waar, intelligent, echt en natuurlijk is.

Magie gaat sinds de verste oudheid, tot in het neolithicum toe, uit van een animistische realiteit en een bezield universum. Het amputeren van het 'godinnelijke' van het 'goddelijke' is paradoxaal dus nooit een sec religieuze daad geweest, maar in hoofdzaak een politieke. Het onderdrukken van de kennis van – en het levendige contact met – de bezielde wereld, de natuur en haar wezens, is een randvoorwaarde om het soort gesimuleerde identiteits- en machtspolitieke nepwerkelijkheid te scheppen. Zo'n nepwerkelijkheid, die actief door de heersende macht in een dissociatietoestand (ballingschap) wordt gehouden van de echte natuurlijke werkelijkheid, is cruciaal voor een heersende macht of identiteitsgroep om een politiek of politiek-religieus speelveld te handhaven en te domineren. Zonder zo'n veld valt deze macht ongeveer even snel uiteen als nat karton.

> *Magisch-technisch is de nepwerkelijkheid waarin we opgroeien een plaag voor de geest. Iemand met magisch talent moet eerst vaak decennia door een wirwar van indoctrinatie-ruis worstelen – wat ten koste gaat van zijn of haar ontwikkeling op dit vlak. Al deze massa-indoctrinerende machtsconstructies werken namelijk zonder uitzondering met de hoofdingrediënten angst, schuld, blinde gehoorzaamheid en antivitalisme.*

Dit zijn negatieve ofwel geperverteerde Saturnus-kwaliteiten, en in feite is ieder soort machtsstructuur binnen bovengenoemde strekking een doodscultus en doodscultuur. Het leeuwendeel van de bevolking, waar dan ook en in welke tijd dan ook, herkent dit niet, maar assimileert eraan via egregorische bezetenheid (een collectieve, onbewust geanimeerde, gedachtevorm neemt het bewustzijn van de massa over als een soort *soul-snatcher*). Negatieve Saturnus-kwaliteiten zouden meteen herkend, begrepen en voorkomen worden als (zelfs maar basale) kennis van astrologie een normaal onderdeel van onze opvoeding zou zijn. De frauduleuze en het volstrekt arbitraire en juist anti-spirituele alter ego van de corporate- en staatsreligies zou hiermee meteen worden doorgeprikt.

Als je bijvoorbeeld het christendom neemt, is dat astrologisch niet meer dan een cocktail van:
• de negatieve kant van Maagd *(onderdanigheid en blinde gehoorzaamheid i.p.v. je uniciteit tot bloei laten komen)*

- de negatieve Steenbok/Saturnus *(een totalitair dogma en het scheppen van een sombere, deprimerende sfeer alsook de angst-, schuld- en doodscultus en het "altijd gelijk hebben van de kerk")*
- de negatieve kant van Vissen *(eenzijdig gericht op het transcendente ten koste van het Aardse, levende en vitale; de verheerlijking van lijden; het opgeven van zelfrespect en verzet)*
- de negatieve kant van Boogschutter *(het piramidale machtssysteem van de kerk en het Vaticaan; de fusie van kerkelijke met politieke macht; hypocrisie)*
- de negatieve kant van Schorpioen *(het chantageconcept van "je komt in de hel"; perversie van seksualiteit, zich uitdrukkend in de extreem hoge concentraties van pedofilie binnen de katholieke instituten en kerken)*

De zodiak is een filter waardoor de goddelijke emanatie zich caleidoscopisch opdeelt, en dit opdelen is de natuurlijke schepping zelf. Zeven van de twaalf zodiaktekens worden hier genegeerd, terwijl de positieve kwaliteiten van de tekens Maagd, Steenbok, Vissen, Boogschutter, Schorpioen geblokkeerd worden. Dit is overigens exact de 'blokkade' die het soort machtsconstructies voeden die sinds zoroastrisch Perzië – dus al 26 eeuwen achtereen – de carrosserie van 'het Systeem' vormen.

In polytheïstische religies vinden we overal ter wereld goden en geestwezens die in wezen culturele vertalingen zijn van het volledige zodiakale palet. Dit verklaart de meestal aanwezige fusie tussen de polytheïstische religie en de natuur. Het verklaart ook waarom die krachten zelden perverteren en waarom veel natuurvolken nooit de behoefte hebben gehad om grote, administratief gemotoriseerde rijken te stichten, die vanwege hun expansie omwille van het groots worden de ene oorlog na de andere moesten en moeten voeren, simultaan met het militair inzetten (opdringen) van een staatsreligie. De multinationals hebben dit gedrag van de grote keizerrijken overgenomen en in een nieuw jasje gestoken. Waar men vroeger alles mat aan de 'waarheid' in bijbel of koran, meet men nu alles aan de 'waarheid' van opgekochte journalisten, wetenschappers, NGO's en onderwijsinstellingen die, in plaats van via priesters en missionarissen, de massa via opgekochte media bereiken.

Een magiër of heks werkt met de positieve astrologische krachten. Hiervan behoren de positieve Saturnus-krachten tot de belangrijkste. Het centrale magische credo is namelijk een positief Saturnus-credo:

"Ik neem, ongeacht wat anderen mij of mijn voorouders in het verleden hebben aangedaan, de volledige verantwoordelijkheid voor mijn eigen leven en toekomst!"

Dit was wat Aleister Crowley (1875-1947) bedoelde met zijn uitspraken: *"Do what thou wilt shall be the whole of the law!"* en *"Every man and woman is a star."* Kom tot bloei vanuit je eigen unieke kernkwaliteiten en aspiraties en draag zo op unieke wijze bij aan het grote geheel van de samenleving, in plaats van machtsidioten te ondersteunen, die blijkbaar zo zwak van geest zijn dat hun identiteit volledig afhankelijk is van de bijeen gemanipuleerde steun van anderen. Dit credo staat dus diametraal tegenover het credo dat overheden ons van wieg tot graf op het hart drukken, alsof ze een soort *nachtmerrie-demon* zijn die je maar niet van je af kunt schudden en op je borst blijft drukken.

Beginnende magiërs en heksen hebben, zoals ik eerder aangaf, veel last van de nasleep van jarenlange hersenspoeling. Magie en het contact maken met andere wezens is – waar het ooit een natuurlijk gebeuren was – nu vooraf beladen met taboes en overgoten met allerlei horrorverhalen. Magie wordt in de volksmond als 'eng en gevaarlijk' beschouwd. En standaard vergeet men daarbij wat er allemaal is aangericht in naam van goedgekeurde religies en wat er aan medemensen is toegebracht. Dit brengt ons bij het fenomeen 'geloof'.

Geloof is cruciaal voor geslaagde magie, maar in de magie is geloof iets totaal anders dan wat we op school of via onze opvoeders hebben geleerd. Dat laatste geloof is meestal iets passiefs dat zich via hersenspoeling als een hardnekkig *engram* in onze geest heeft verankerd. (Een engram is een hypothetische biologische herinnering of een fysieke verandering in de hersenen die verantwoordelijk wordt geacht voor het opslaan van ervaringen, herinneringen of gedachten.) Het magische geloof is daarentegen iets actiefs. Het eerste geloof is *gehoorzaam*, terwijl het tweede geloof *autarkisch* is. In algemene zin betekent autarkie 'zelfvoorzienend zijn in de basisbehoeften zonder sterk afhankelijk te zijn van externe bronnen'.

Op geestelijk niveau is magische kennis de beste manier om mentaal autarkisch te worden, dus vrij van indoctrinaties en resistent tegen de mentale corrumpering, die helaas onderdeel zal blijven van de sociaalmaatschappelijke dimensie waarin we leven.

Tzimtzum suggereert dat God zichzelf subjectiveert via het bestaan van de fysieke wereld en individuele wezens. Deze visie wordt, in andere bewoordingen, gedeeld door verschillende spirituele tradities en filosofische stromingen, waaronder het werk van de Zwitserse psycholoog Carl Gustav Jung en de soefi-traditie. Jung stelt min of meer dat God mens wil worden, en de mens God wil worden. Het concept dat hiermee verband houdt is het idee van individuatie van Jung, wat het proces omvat van het integreren van alle aspecten van iemands persoonlijkheid en het bereiken van zelfverwezenlijking. Jung benadrukte het belang van het individuatieproces, waarbij individuen ernaar streven zich meer bewust te worden van hun eigen onbewuste en verborgen aspecten om een gevoel van heelheid te bereiken. Dit staat in de context dat het scheppingsproces een voortdurende beweging is van het goddelijke, alomvattende bewustzijn dat zichzelf wil leren kennen via individuele, subjectieve bewustzijnservaringen.

De individuele menselijke ervaring kan niet los worden gezien van het geheel van het goddelijke bewustzijn, en dat de menselijke zoektocht naar zelfkennis en zelfrealisatie deel uitmaakt van het grotere proces van goddelijke zelfontplooiing. De soefi-traditie drukt een vergelijkbare visie uit met de uitspraak *"De reis van de druppel naar de oceaan, die dezelfde is als de reis van de oceaan naar de druppel"*. Deze metafoor beschrijft exact hetzelfde proces.

Dit betekent ook dat het goddelijke niet van het levende of Aardse gescheiden kan worden, zoals de grote religies dit proberen te consolideren. En dat hetgeen we als 'spiritualiteit' willen definiëren, per definitie een animistisch gebeuren is, waarbinnen de immanente ervaring essentieel is, naast de transcendente ervaring. Het is geen of-of, maar een en-en-gebeuren.

Animisme is de overtuiging dat alle natuurlijke entiteiten, inclusief planten, dieren, rotsen, rivieren, bergen en andere natuurverschijnselen, een spiritueel wezen of ziel bezitten. In animistische wereldbeelden wordt de hele natuurlijke wereld als levend en onderling verbonden beschouwd, en elk element van de natuur wordt gezien als een eigen bewustzijn of geest. Dit concept is belangrijk in spiritueel opzicht omdat het de onderlinge verbondenheid van alle levende wezens en het milieu erkent. Animisme bevordert een diepe eerbied voor de natuur en stimuleert een gevoel van harmonie en respect met de natuurlijke wereld.

Bovendien biedt animisme een alternatief perspectief op de meer antropocentrische opvattingen (mens-centraal) die te vinden zijn in sommige mainstream religies, waarin de mensheid als gescheiden van en vaak dominant over de natuur wordt beschouwd. In tegenstelling daarmee erkent animisme immers de intrinsieke waarde van alle levende wezens en stimuleert het een gevoel van verantwoordelijkheid en zorg voor de natuurlijke wereld.

Tot slot is animisme goed te rijmen met diverse latere filosofen als Whitehead en Bergson, die een rationeel construct bieden voor pantheïsme en panpsychisme en daarbij het klassiek monotheïsme als een fatale dwaling kunnen aantonen.

1.2   Tussen totaliteit en singulariteit

"...that formidable daimon, which... can be reached somewhere in my nature, and which when it is reached has the Devils own force... I became aware more vividly than I had ever been, that the secret of life consists in sharing the madness of God, I mean the power of rousing a peculiar exultation in yourself as you confront the Inanimate, an exultation which is really a cosmic erotisism."

– John Cowper Powys (1872–1963)

Magie kan onder meer worden uitgelegd als een hele bewuste actieve deelname aan het scheppingsproces middels verbeelding, focus en occulte kennis van de realiteit, haar bouwstenen en krachten. Daarom speelt zowel het hele scheppingsproces als de magische activiteit zich af tussen twee polen (totaliteit & singulariteit) en hierbij speelt een vorm van gravitatiekracht een cruciale rol.

Ik kaartte het al eerder aan: in de magie 'verzwaart' of beter gezegd 'verdicht' de magiër, via een aanhoudende zeer sterke concentratie en verbeeldingskracht, een *als hologram verbeelde wens*. Hoe scherper verbeeld en hoe beter stabiel gehouden door een getrainde focus, hoe sterker de gravitatiekracht aka singulariteit wordt van dit hologram en hoe sneller het tijdruimte-energie-bewustzijncontinuüm dit hologram moet integreren (de wens die erin verpakt zit moet vervullen). In het groot vindt in de schepping hetzelfde proces plaatst, waarbij de statische gravitatiekracht van singulariteit een cruciale rol speelt.

Het begrip *singulariteit* wordt vaak gebruikt in de wetenschap om een punt aan te duiden waarbij de normale wetten van de natuur niet meer gelden. Het is een punt waar de zwaartekracht zo sterk is, dat zelfs licht niet kan ontsnappen. Dit fenomeen komt voor in zwarte gaten, maar kan ook figuurlijk worden gebruikt om een punt aan te duiden, waarbij iets zich zo sterk *concentreert* dat het een onvoorstelbaar krachtig contractiepunt wordt, dat een *sterk* en *geïnformeerd zog* genereert in het tijdruimte-energie-bewustzijncontinuüm. Vergelijk een kastanje die de volledige potentie, en de wil tot realisatie van de volgroeide kastanjeboom bevat.

> *Het in een hoopje vruchtbare aarde laten vallen van de kastanje, is een metafoor voor de in een hologram verpakte wens, die abrupt in het tijdruimte-energie-bewustzijncontinuüm wordt geplant.*

In de context van de universele schepping kan singulariteit worden gezien als het contractiepunt dat alle tijdruimte-energie-bewustzijn naar zich toe trekt en zo het alomvattende goddelijke bewustzijn tijdelijk differentieert en condenseert tot/via individuele actuele entiteiten (dingen, processen, wezens).

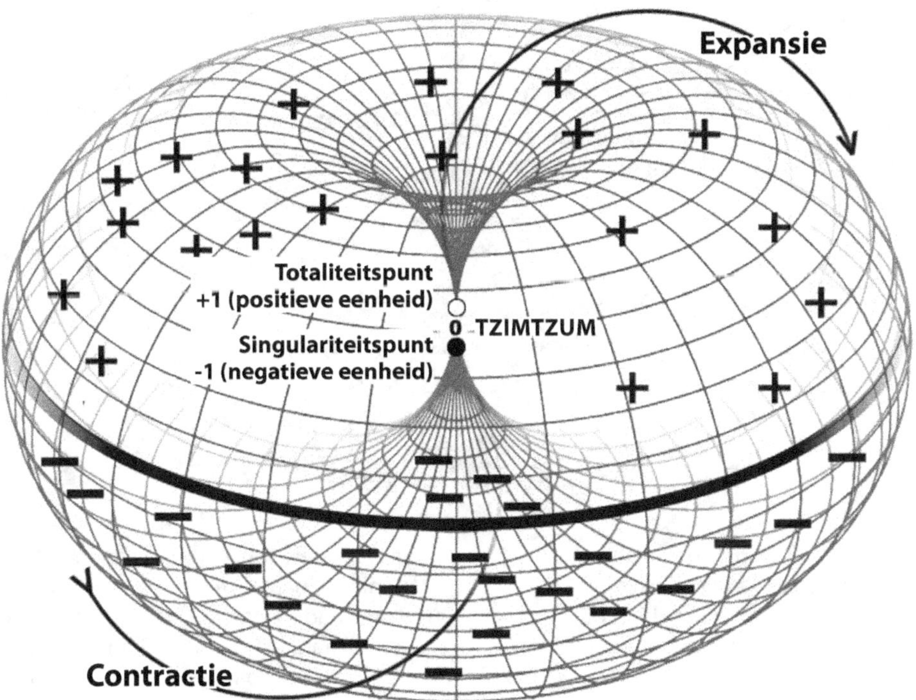

Het expansiepunt in het centrum van de torus, fungeert als een opborrelende bron van waaruit het goddelijke bewustzijn van de totaliteit zichzelf leert kennen en ervaren door zich op te delen in/via deze individuele actuele entiteiten. Vergelijk het met onze zintuigen. We kunnen *zien* met onze ogen, maar er niet mee niet voelen, proeven, ruiken en horen. In deze vergelijking zijn de tastzin in ons vlees, onze smaakpapillen, neus en oren ook op te vatten als individuele actuele entiteiten, die toch allemaal hetzelfde bewustzijn voeden en bedienen van een overkoepelende actuele entiteit (wijzelf), en zo onderling verbonden blijven.

Scheppingsgolf of orexis (geëjaculeerde totaliteit) bestaande uit lichte tot zware "ideeënverdichtingen (actual entities) die onderling de universele creativiteit vormen via (actual occasions en de primacy of relations)

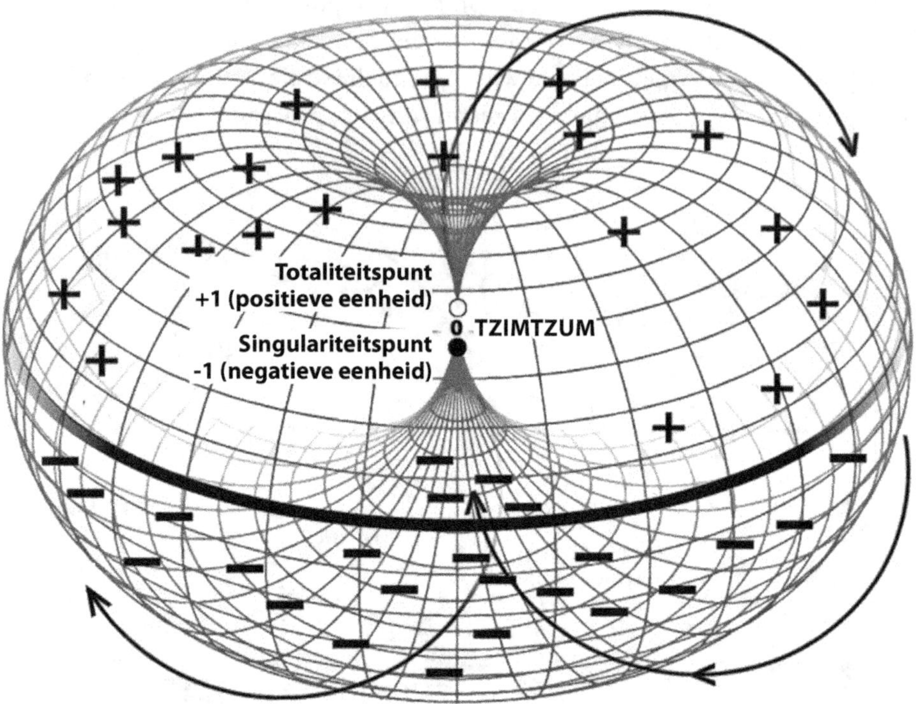

Individuatie: de drang (kallah) van het subjectieve bewustzijn om zich via nieuwsgierigheid uit te breiden (objectiever/totaler te worden).

Singulariteit-zog, een zwaartekracht die toeneemt naarmate het centrum van de torus nadert, zorgt voor de verdichting (manifestatie) van de ideeën in de scheppingsgolf als co-creator (Godin).

Het nulpunt tussen de twee polen (totaliteit en singulariteit) fungeert als een *omslagpunt*, waarbij het goddelijke bewustzijn zichzelf splitst en zichzelf zowel naar binnen als naar buiten richt. Deze tegenstelling tussen (vrouwelijke/ godinnelijke) *contractie* en (mannelijke/goddelijke) *expansie* – tussen singulariteitspunt en het expansiepunt – is nodig voor het scheppingsproces. En het zorgt ervoor dat het goddelijke bewustzijn zichzelf kan leren kennen en ervaren in al zijn/haar delen, maar ook voortdurend recycled: oude configuraties van het tijdruimte-energie-bewustzijncontinuüm verdwijnen en nieuwe komen te voorschijn in een eeuwigdurend cybernetisch proces.

> *Het beeld van één hemelse mannelijk God de schepper, zoals dit door de grote monotheïstische religies wordt voorgesteld, is dus fundamenteel onjuist en metafysisch gezien onmogelijk.*

Het bewustzijn van de totale Godheid heeft twee polen: totaliteit en singulariteit. Binnen de interactie van deze polen vindt ALLE schepping plaats. Het *chthonische* (aardse) singulariteitspunt draagt dus net zo hard bij aan de schepping als de hemelse expansie van de scheppende Godheid. Zonder deze samenwerking van contractiekracht annex contractie-intelligentie zou de Godheid NIETS kunnen realiseren of materialiseren. Interessant is dat Aristoteles, het eerste product en medium van singulariteit, de materie, beschreef als niet passief, maar als een *veroorzakende kracht* in zijn Vier Oorzaken-leer. Helaas devalueerde hij dit briljante inzicht met zijn miskleun van de ene God die zich uit de Schepping had teruggetrokken.

Het contractiepunt in de schepping, de singulariteit, kan worden begrepen als de *Moeder van alle Materie en Vorming*. Het heeft echter ook een eigen *entelegie* (activiteit, wil, verlangen) die voortkomt uit de contractie zelf en bezieling ondergaat door te verlangen naar het expansiepunt, waar het grote hyper-objectieve bewustzijn van het superwezen zich bevindt. Alles wat klein is, is 'nieuwsgierig' naar het grotere, minder verdichte, en omgekeerd is het grote 'nieuwsgierig' naar het kleinere, meer concrete en individuele. Binnen de staatsreligies wordt dit hele proces niet begrepen omdat 'het Systeem' al sinds het zoroastrisme in de 6e eeuw voor Christus het dualiteitsdogma predikt en de intelligentie van de singulariteit en contractie tot *Satan* of de *Duivel* heeft gedemoniseerd: een puur destructieve kracht in plaats van de onmisbare co-producent in de Schepping.

Zo is, wat ooit een moment van spirituele imbeciliteit moet zijn geweest, verworden tot een fundamentalisme dat, al 26 eeuwen achtereen, alleen maar schade heeft aangericht. Het vormt echter de basis van 'het Systeem' dat iedereen, desnoods zeer gewelddadig (*stupidity enforcement*), tot een verplichte achterlijkheid dwingt, antivitalistisch is, levens en relaties vernietigt of verziekt en veel mensen, zelfs na de dood, geen rust geeft.

Het expansiepunt, als bron van waaruit het goddelijke bewustzijn zichzelf leert kennen en ervaren, stuurt energie en informatie naar de individuele entiteiten, zoals de mens – een proces dat vergelijkbaar is met het contracteren van deze energie en informatie door het singulariteitspunt - en creëert zo een dialectische en correlatieve verbinding tussen de individuele entiteiten en het goddelijke bewustzijn.

De symbiotische polariteit tussen deze twee punten, waarbij het ene de informatie van totaliteit draagt en het andere dat van singulariteit, maakt het scheppingsproces überhaupt mogelijk en zorgt ervoor dat het goddelijke bewustzijn zichzelf kan kennen en ervaren in alle delen en dimensies ervan. Het bezielt ook de schepping en alles wat daar deel van uitmaakt.

Samengevat: het concept van singulariteit als contractiepunt in symbiose met het expansiepunt als twee bronnen, waarmee het goddelijk/universeel bewustzijn zichzelf leert kennen en ervaren, is het eigenlijke scheppingsproces zelf! De dialectische verbinding tussen deze twee polen zorgt voor de creatie van individuele entiteiten en het kennen en ervaren van het goddelijk/universeel bewustzijn in alle delen. Deze delen, die voortdurend onderling in processen verbonden zijn en procesmatig verbonden zijn met het allesomvattende hyperobjectieve bewustzijn van het superwezen, evenals diens meest compacte stadium, het singulariteitspunt, worden door de procesfilosoof A.N. Whitehead aangeduid met de term *actuele entiteiten*.

1.3 WHITEHEAD'S FUNDAMENTELE BOUWSTENEN VAN HET TIJDRUIMTE-ENERGIE-BEWUSTZIJNCONTINUÜM

In de procesfilosofie van A.N. Whitehead is een *actual entity* (actuele entiteit) de fundamentele 'bouwsteen' van het universum. 'Bouwsteen' als term bij gebrek aan beter, want het is een dynamische, zelfstandige eenheid van activiteit die voortdurend in wisselwerking staat met andere actuele entiteiten om het complexe netwerk van relaties te vormen waaruit de wereld bestaat.

Actuele entiteiten worden gekenmerkt door ofwel hun rudimentaire of juist zeer complexe creativiteit, wat betekent dat zij in staat zijn informatie uit hun omgeving op te nemen en die te gebruiken om iets nieuws te creëren.Elke actuele entiteit heeft zijn eigen unieke perspectief en manier van interactie met de wereld, waardoor deze zich onderscheidt van alle andere actuele entiteiten.

Whitehead geloofde dat actuele entiteiten zich voortdurend in een wordingsproces bevinden, en dat zij niet statisch of onveranderlijk zijn. Zij staan voortdurend in wisselwerking met andere actuele entiteiten, vormen nieuwe relaties en creëren nieuwe mogelijkheden. In die zin zijn actuele entiteiten geen afzonderlijke of geïsoleerde entiteiten, maar juist voortdurend verbonden en onderling afhankelijk. Bovendien geloofde Whitehead dat alle actuele entiteiten onderling verbonden zijn, en dat het universum een complex netwerk is van relaties en interacties tussen actuele entiteiten. Dit betekent dat elke verandering of gebeurtenis in één deel van het universum gevolgen heeft voor het hele systeem.

Een voorbeeld van een actuele entiteit is een *momentary experience* (tijdelijke ervaring), die Whitehead ook wel een *actual occasion* (actuele gelegenheid) noemde. Dit zijn concrete gevallen van ervaring die zich op een bepaalde tijd en plaats voordoen. Een *tijdelijke ervaring* kan bijvoorbeeld een enkele gedachte, gevoel of waarneming zijn die je op een bepaald moment hebt. Naast deze voorbeelden zag Whitehead ook *gebeurtenissen, wezens, organismen, individuen, organisaties* en *samenlevingen* als voorbeelden van actuele entiteiten.

Een ander voorbeeld van een actuele entiteit is een *fysiek object*. Whitehead geloofde dat fysieke objecten niet statisch of onveranderlijk zijn, maar in plaats daarvan voortdurend in een proces van *wording* verkeren. Elk fysiek object heeft zijn eigen unieke 'perspectief' en manier van interactie met de wereld, waardoor het zich onderscheidt van alle andere fysieke objecten. Een boom (fysiek object, wezen, organisme) bijvoorbeeld kan worden gezien als een actuele entiteit die voortdurend groeit, verandert en interageert met andere actuele entiteiten in zijn omgeving, zoals andere bomen, zwammen en schimmels, de wind, regen, seizoensmomenten, zon, maan, insecten, herten die aan de schors knagen, de aarde, mineralen, mannen die er tegenaan pissen, een illustrator die de boom natekent, etc.

In wezen kan alles wat gezien kan worden als een *zelfstandige eenheid van activiteit die voortdurend in wisselwerking staat met andere entiteiten*, gezien worden als een actuele entiteit in Whiteheads procesfilosofie.

> *In het kader van dit boek kunnen magisch geschapen of ontstane wezens zoals servitors, Elementaren, egregors, larven, etc. ook beschouwd worden als actuele entiteiten.*

1.3.1 PRIMACY OF RELATIONS

Dat alles wat gezien kan worden als een zelfstandige eenheid van activiteit, een actuele entiteit, die voortdurend in wisselwerking staat met andere actuele entiteiten, leidde tot Whiteheads aanvullende concept van de *primacy of relations* (voorrang van relaties). Dit beginsel suggereert dat de *relaties* tussen dingen/actuele entiteiten fundamenteler zijn dan de dingen/actuele entiteiten zelf. Met andere woorden, de aard van de dingen wordt vooral bepaald door hun relaties met andere dingen, in plaats van inherent te zijn aan de dingen zelf.

Dit betekent echter niet dat dingen met een intrinsieke waarde worden uitgesloten door het *primacy of relations*-concept. Dingen met een intrinsieke waarde spelen binnen de magie en astrologie een onmisbare rol als 'dat wat geen buiten kent', 'dat wat geen binnen kent' (singulariteit), yin, yang, contractie, expansie, de zodiaktekens, de Elementen Vuur, Water, Lucht, Aarde, de intrinsieke expressies van vaste sterren, planeten, asteroïden in de astrologie, etc.

In feite stelt Whitehead dat elke actuele entiteit een unieke integratie is van zowel haar interne als externe relaties. Dit betekent dat intrinsieke kwaliteiten, zoals de kleur rood of de intrinsieke eigenschappen van metalen bijvoorbeeld, belangrijke aspecten kunnen zijn van de *identiteit* van een actuele entiteit en niet volledig begrepen kunnen worden zonder hun relatie met andere entiteiten en gebeurtenissen in ogenschouw te nemen. *Context* en *connotatie* spelen dus een hoofdrol binnen dit concept.

Whiteheads nadruk op de *primacy of relations* suggereert hiermee in een bijzondere paradox dat intrinsieke kwaliteiten niet volledig op zichzelf staan of geïsoleerd zijn, maar eerder voortkomen uit de dynamische interacties en relaties tussen entiteiten.

De kleur groen kan bijvoorbeeld een bepaalde intrinsieke kwaliteit hebben, maar de betekenis van groen en de betekenis in een bepaalde context wordt gevormd door de relatie van deze kleur met andere kleuren, objecten en gebeurtenissen. Ook magische kaders kunnen de betekenis van 'groen' aanpassen. Groen is binnen veel esoterische stromingen de kleur van de genezing. Bij andere, bijvoorbeeld in de Afro-Amerikaanse tradities als hoodoo, is groen de kleur die geld aantrekt.

Whiteheads nadruk op proces en wording stelt ook de traditionele opvattingen over Platonische *ideeën* of *vaste categorieën* ter discussie, door te suggereren dat ook deze onderhevig zijn aan verandering en transformatie door hun interactie met andere entiteiten en gebeurtenissen in de wereld. Hoewel intrinsieke kwaliteiten nog steeds belangrijk kunnen zijn, worden zij begrepen als opkomende of naar voren tredende eigenschappen van een groter netwerk van relaties en interacties.

Wie de magie en de diverse occulte leerstellingen, zoals die zich wereldwijd (ruimtelijk) en door de geschiedenis heen (tijdelijk) onder de loep neemt, ziet deze conceptie van Whitehead overal in de praktijk. Zo vindt er bijvoorbeeld een voortdurende evolutie plaats betreffende de betekenissen van de zodiaktekens, de huizen, de planeten, gevoelige punten (Maansknopen, Zwarte Manen etc.) binnen de astrologie, die telkens sterk beïnvloed wordt door de heersende tijdgeest; geheel conform Whiteheads beschreven interactiviteit tussen actual entities. (In dit voorbeeld zijn zowel de astrologie als tijdgeest een actual entity). Omgekeerd zijn diverse periodes in de geschiedenis anders beïnvloed door ideeën uit de astrologie, hetgeen het dubbele groeiproces illustreert als een hoofdkenmerk van actuele entiteiten.

Een simpeler voorbeeld nog is het begrip 'schoonheid'. Als intrinsieke waarde staat schoonheid tegenover lelijkheid, maar je hoeft maar een paar eeuwen kunstgeschiedenis tot je te nemen om te zien hoe die waarden voortdurend veranderen m.b.t. vormgeving, architectuur, het vrouwelijk lichaam, etc. terwijl ze als kale begrippen onveranderd blijven (mooi vs lelijk).

1.3.2 IDENTITEIT, ENTITEIT EN ENTELECHIE INZAKE DE SERVITOR EN ACTUAL ENTITY

Het begrip *actual entity* (actuele entiteit) is nauw verbonden met de begrippen *identiteit*, *entiteit* en *entelechie*, die ook een belangrijke rol spelen bij de schepping (en 'anatomie') van hulpgeesten zoals *servitors*, *Elementaren*, *egregors*, e.d.. Wie een servitor of ander soort hulpgeest schept, creëert hiermee namelijk een wezen dat ook aan Whiteheads definitie van een 'actual entity' voldoet.

Een servitor verwijst naar een geanimeerde gedachtevorm of mentale constructie die ontstaat door intense verbeelding en focus. Een servitor kan worden gecreëerd door deze een specifieke identiteit, doel en intentie mee te geven, en hem zo simultaan (door die geconcentreerde aandacht en verbeelding) van energie te voorzien, waarmee ook een stuk van het bewustzijn, inclusief de onbewuste of latente vermogens van de schepper meeliften.

Qua anatomie bestaat een servitor uit een *entiteit*, *identiteit* en *entelechie*.
1. De *entiteit* verwijst naar het bestaan van de servitor als een afzonderlijk en apart wezen, met zijn eigen unieke naam en vormkenmerken.
2. De *identiteit* van de servitor verwijst naar de specifieke kwaliteiten en eigenschappen die hem zijn ingeprogrammeerd, zoals zijn taak of taken en vermogens.
3. De *entelechie* (doelgerichtheid) van de servitor ten slotte verwijst naar de interne drang of het potentieel van dit wezen, om tot ontwikkeling en actualisering te komen, die zijn groei en evolutie stuurt.

Wanneer een servitor is gecreëerd met een sterke identiteit, doel en intentie, en is voorzien van persoonlijke energie, kan hij beginnen te handelen als een actual entity. Dit betekent dat hij kan interageren met de maker van de servitor en de omgeving, op een manier die in overeenstemming is met zijn beoogde doel en identiteit. Als een servitor bijvoorbeeld wordt gecreëerd om bescherming te bieden, kan hij zich manifesteren als een aanwezigheid die negatieve energie of gevaar afweert.

Elke actuele entiteit wordt gezien als een unieke entiteit met een eigen identiteit, die er voortdurend naar streeft haar volledige potentieel te realiseren door middel van de inherente entelechie.

1.3.3　Waarom het universum identiek is aan de creativiteit zelf

In de procesfilosofie van A.N. Whitehead is creativiteit een fundamenteel aspect van het universum dat door alle actuele entiteiten wordt vertoond. Creativiteit is het vermogen van actuele entiteiten om iets nieuws te genereren uit de gegevens die zij ontvangen uit hun interacties met andere actuele entiteiten, of nieuwe perspectieven te vormen.

Whitehead definieerde creativiteit als het ultieme principe van het universum, en zag het als de motor van verandering en evolutie. Hij geloofde dat creativiteit het universum in staat stelt om voortdurend iets nieuws te worden, in plaats van steeds dezelfde patronen te herhalen. Hij opperde ook dat creativiteit alle actuele entiteiten uniek maakt, en hen het vermogen geeft om op hun eigen unieke manier met de wereld om te gaan.

Volgens Whitehead is creativiteit niet iets dat voorbehouden is aan mensen of andere bewuste wezens. Het is veeleer een fundamenteel aspect van het universum dat aanwezig is in alle actuele entiteiten, met inbegrip van fysieke objecten en processen. Volgens hem vertonen zelfs de eenvoudigste processen en interacties in het universum een zekere mate van creativiteit, en stelt deze creativiteit het universum in staat om voortdurend te evolueren en te veranderen.

1.3.4　Het panpsychistisch en pantheïstisch universum

De filosofie van Whitehead kan worden omschreven als zowel *panpsychistisch* als *pantheïstisch/animistisch*, omdat het stelt dat bewustzijn of mentaliteit een fundamenteel aspect van de realiteit is en dat het universum goddelijk is of doordrongen van goddelijkheid. Whitehead duikt bewust veel op in dit boek, omdat zijn procesfilosofische concepten zeer goed aansluiten bij zowel het torusmodel dat ik sinds 2012 in mijn boeken verwerk als de kabbalistisch-magische visies op de schepping en scheppingsprocessen uitgevoerd door magiërs.

De metafysische kabbalah is zonder meer ook te bestempelen als een procesfilosofie. Daarbij geven zowel de kabbalah, als het torusmodel dat ik gebruik, als Whiteheads filosofie, structuur aan de begrippen *pantheïsme* en *panpsychisme/ animisme*. Magische handelingen zijn per definitie altijd een pantheïstische of panpsychische aangelegenheid of een mix van beide!

Panpsychisme is het idee dat alle dingen een mentaal of bewust aspect hebben en dat bewustzijn een fundamenteel aspect van het universum is. In de filosofie van Whitehead heeft elke entiteit, van het kleinste subatomaire deeltje tot het grootste sterrenstelsel, enige mate van bewustzijn of mentaliteit. Dit betekent dat niet alleen mensen en dieren, maar ook stenen, bomen en zelfs 'levenloze objecten' een vorm van bewustzijn hebben.

Pantheïsme is de overtuiging dat het universum goddelijk of heilig is en dat God of goddelijkheid aanwezig is in alles, net als in animisme. In de filosofie van Whitehead is het universum zelf het hoogste wezen, ofwel 'God', en zijn alle dingen met elkaar verbonden en voortdurend met elkaar in interactie. Dit betekent dat alles deel uitmaakt van God en God deel uitmaakt van alles in een groot doorlopend creatief proces.

Het eerder aangekaarte concept van 'creativiteit' in de filosofie van Whitehead is cruciaal om te begrijpen hoe deze twee ideeën samenkomen. Creativiteit is het proces waarbij nieuwe actuele entiteiten ontstaan door de interactie van bestaande actuele entiteiten. Dit proces is voortdurend en oneindig en is de bron van alle nieuwigheid en verandering in het universum.

De ultieme bron van creativiteit is het hoogste wezen of God, dat in wisselwerking staat met alle entiteiten en voortdurend nieuwe mogelijkheden schept voor de evolutie van het universum. Op deze manier kan de filosofie van Whitehead worden gezien als zowel panpsychistisch als pantheïstisch, omdat het stelt dat bewustzijn een fundamenteel aspect van het universum is en dat het universum zelf goddelijk of heilig is.

Eschatologie, de studie van het einde van de wereld of het uiteindelijke lot van de mensheid (en één van de stokpaardjes van de staatsreligies) heeft geen plaats in de filosofie van Whitehead omdat hij de traditionele opvatting van een vaststaande en vooraf bepaalde toekomst heeft afgewezen.

In plaats daarvan benadrukt de filosofie van Whitehead *het proces van wording*, waarbij de toekomst open en onbepaald is en wordt gevormd door de voortdurende interacties tussen het verleden en het heden. Daarom is er geen vooraf bepaald einde of einddoel in de filosofie van Whitehead, maar eerder een voortdurend proces van creatieve evolutie.

Als we het scheppingsproces (waarvan we als magier de essentie nabootsen in de magische praktijk) willen beschrijven, biedt de praktische kabbala of *kabbalah ma'asith* – die zich met de magische toepassingen van metafysische kabbalistische kennis bezighoudt – daarbij een goed hulpmiddel. Helemaal als we het model van een torus gebruiken.

1.4   El Elyon, Vader en Moeder (Aba v'Ima)

We kunnen het getal 0 nemen om de alomvattende centrale godheid te beschrijven, de god van het *Punctum Mundi*, het centrale punt in de wereld, mythologisch aangeduid met *El Elyon*, of zoals in Perzië en het Mitraïsme, met *Zurvan Akarana/Kronos Leontocephalos*.

Deze godheid heeft latent in zich de absolute contractie en absolute expansie alsof het nulpunt in het hart van de god zich bevindt tussen de ogenschijnlijke onmogelijkheid van negatieve en positieve singulariteit. Deze godheid belichaamt het allereerste, embryonale en tevens puurste stadium van het *solaire beginsel*. Astronomisch zijn zowel het zwarte gat als de supernova inherent in deze god aanwezig.

> *Het is eigenlijk altijd deze ultra-solaire godheid waarmee de magiër zich (op zijn minst impliciet) identificeert tijdens het magische ritueel!*

We kunnen het getal 1 toekennen aan het moment van het naar buiten treden van El Elyon, de 'start' van de emanatie (de eerste *verdichting* binnen de expansiegolf die, samen met de complementaire contractiekracht de schepping ontvouwd en doet manifesteren als de potentie/immanentie van alles en de uitdrukking/emanatie van het niets, 0.

El Elyon, een wezen annex oerknal-intelligentie representeert de toestand van het tijdruimte-energie-bewustzijncontinuüm die zich tussen implosie en explosie in bevindt. Dit superwezen gaat over in het Demiurg-stadium YHVH door zich eerst te splijten in twee oerkrachten:

1. **Aba**, **de Vader**, het Agalma (de beeltenis) van de mannelijke, voortschrijdende, expansieve (centrifugale) kracht in de schepping (*Proödos* in het Grieks). Aba correspondeert met het Element *Vuur*.
2. **Ima**, **de Moeder**; het Agalma van de vrouwelijke, terugtrekkende, (centripetale) contractiekracht in de schepping (*Epistrofe* in het Grieks). Ima correspondeert met het Element *Water*.

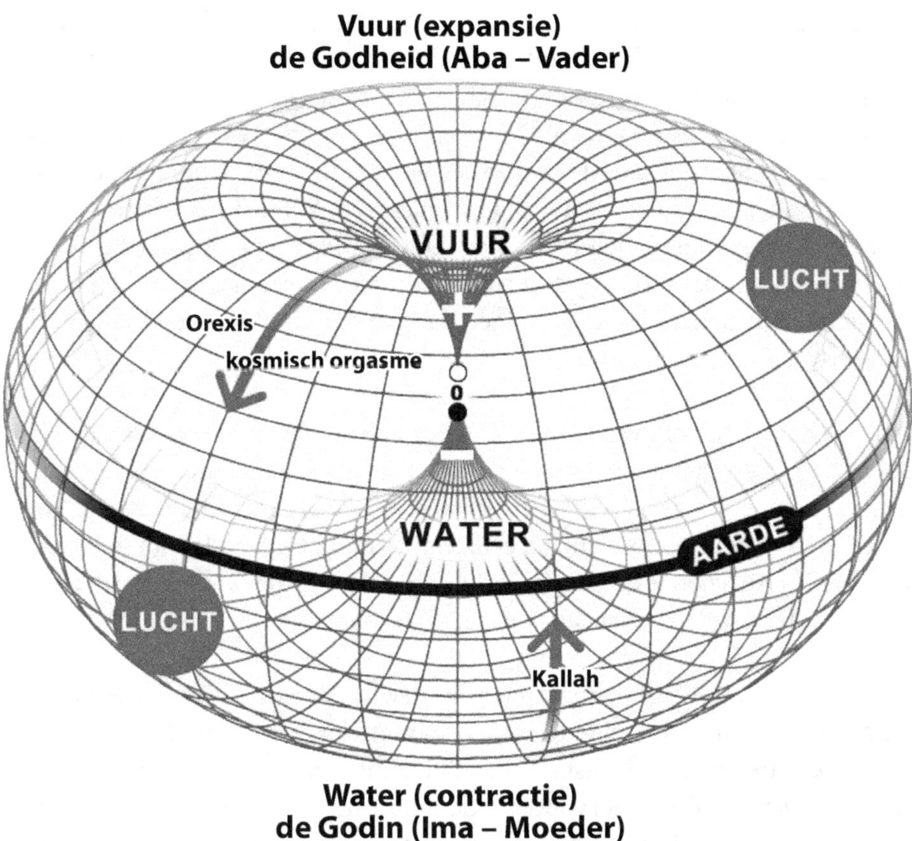

Dit 'splijten' is niet zozeer een doormidden hakken, maar een eeuwige 'bifurcatie'. Klinkt erg ingewikkeld, maar is via de torus heel makkelijk inzichtelijk te maken. Het torusmodel geeft vorm aan de bovengenoemde krachten *expansie*, *contractiekracht* en *0-punt*, door de expansie te laten vertrekken vanuit het centrum (0) richting een *equator*, waar ze tot stilstand komt en overgaat in een contractiekracht die uiteindelijk weer tot het nulpunt voert, waar *bifurcatie* (een omslag van negatief naar positief) plaatsvindt. Ik heb het mechanisme daarvan in *MAGUS Leer & Ritueel* al behandeld, en er ook eerder in dit boek naar verwezen maar voor het gemak:

Het begin van de scheppingsgolf is het meest positieve en energetisch geladen punt in het tijdruimte-energie-bewustzijncontinuüm. Het punt is 100% actief en vormt een soort oerknal. Vanuit dit punt deelt het totale potentieel aan latente ideeën van de schepping, zoals die in het non-locale midden van de torus (0) besloten lagen, zich op tot een oneindige hoeveelheid actuele entiteiten, waarvan veel via contractie en verdichting van het tijdruimte-energie-bewustzijncontinuüm materialiseren, op de equator van de torus.

Dit betreft een *anabool*, dus opbouwend proces. Alles wat zich zo manifesteert (vergelijkbaar met het kwantummodel dat materie als bevroren licht beschouwd nadat de trilling van de lichtfrequenties steeds meer vertraagden) valt na verloop ook weer uiteen. Dit is een logisch gevolg van de contractrieve kracht, die als het ware aan de onderzijde van het nulpunt in het toruscentrum begint. Zonder deze kracht zou helemaal *niets* zich kunnen manifesteren, maar deze kracht breekt uiteindelijk ook weer af, trekt de scheppingsgolf die vanuit eenheid vertrok en zich opdeelde verder uiteen in segmenten en deeltjes, tot uiteindelijk gemanifesteerde dingen, levensvormen, processen hun vorm, homeostase, kenmerken, kwaliteit verliezen.

Een afgevallen blad of overleden dier verrot en valt uiteen in steeds kleinere delen tot op moleculair en atomair niveau. Trends en tijdgeesten vervallen en zelfs sterrenstelsels worden geboren en sterven. Deze contractieve kracht voert dit katabole proces van opdeling steeds verder door, totdat alle kwaliteit en onderscheid verdwenen is en enkel overblijft wat de Grieken *atomos* (ondeelbaar) noemden, terwijl wij nu van *singulariteit* spreken.

Deze toestand van het tijdruimte-energie-bewustzijncontinuüm als 'het ene' (de Monade) in de allerkleinste vorm, roept binnen de wet van de *correlatieve dialectiek* automatisch de toestand van tijdruimte-energie-bewustzijncontinuüm als 'het vele' (het meervoudige) het totale op: de Dyade. Er vindt een verspringing plaats van het domein van vrouwelijke contracterende energie naar mannelijk expansieve energie en 0 functioneert hierbij als een (non-lokaal) overslagpunt ofwel bifurcatiepunt. En zo draait de scheppingsgolf, zichzelf voedend en vernietigend en weer herscheppend (dus cybernetisch), eeuwig door.

We zien hier overeenkomsten met het zogeheten *superpositie-beginsel* uit de kwantummechanica, zij het in een mystiek-filosofische context. Het idee van het 'ene' dat binnen de wet van de correlatieve dialectiek en automatisch het 'vele' creëert, doet denken aan het concept van superpositie waarin een deeltje zich in meerdere toestanden tegelijk kan bevinden. Als we de filosofische atomos of het singulariteitspunt als 'godsdeeltje' nemen, bevindt alles in de schepping zich in een staat van superpositie.

In de kwantummechanica verwijst superpositie naar de eigenschap van kwantumdeeltjes om meerdere mogelijke toestanden tegelijkertijd te bezitten, voordat er een meting wordt uitgevoerd. Het is pas bij de meting dat de superpositie 'inklapt' naar een specifieke toestand.

Het tijdruimte-energie-bewustzijncontinuüm zich kan bevinden in zowel de toestand van het 'ene' als het 'vele', vergelijkbaar met de superpositie van kwantumdeeltjes. Het idee van de verspringing van mannelijke expansieve energie naar vrouwelijke contracterende energie, kan worden gezien als een analogie van het inklappen van de superpositie naar een specifieke toestand.

De intelligentie van de scheppingsgolf zodra El Elyon (de intelligentie van het alomvattend totaal van de schepping) uit zichzelf treedt en er dus een positieve, expansieve en negatieve, samentrekkende kracht ontstaan, wordt binnen de kabbalistisch-magische traditie (vooral de vooroorlogse van Duitsland, Oostenrijk en Tsjechië) aangeduid met YHVH (יהוה).

1.4.1 YHVH DE DEMIURG

YHVH, de Demiurg of intelligentie en drive van de scheppingsgolf die het totaal van mogelijke ideeën wil manifesteren, belichaamt een proces dat de Oude Grieken aanduidden met de term *orexis,* een soort kosmische bevruchtingsdrang. Bedoeld wordt een bevruchting van de blanco materie met ideeën ofwel de blauwdrukken voor *dingen, wezens* en *ecosystemen, etc.* in de meest ruime betekenis.

YHVH bestaat/onstaat doordat Aba (Vuur) en Ima (Water) elkaars complement (aanvullende deel) zijn, waarbij er dus een dynamiek en communicatie tussen beide ontstaat (Lucht). De som (Gestalt) van deze drie delen Vuur, Water en Lucht geeft vervolgens een nieuw bewustzijnstadium (Aarde) binnen het tijdruimte-energie-bewustzijncontinuüm.

Waar aanvankelijk in het nulpunt het tijdruimte-energie-bewustzijncontinuum zich in een soort hyperobjectieve staat bevond, is er door het uit zichzelf te treden, kortom te *existeren,* een nieuwe bewustzijnsstaat van het tijdruimte-energie-bewustzijncontinuüm bijgekomen: het reflecterend en subjectiverend bewustzijn, dat in de zelfbewuste individuatie in levende wezens, zoals de mens, een hoogtepunt ondergaat.

De Demiurg YHVH is de opperste intelligentie van de vier Elementen Vuur, Water, Lucht en Aarde en hun onderlinge correlaties, dynamiek, balans en mogelijkheden. In de kabbalah staat de Yod (Y/י) hierbij voor Vuur, de eerste He (H/ה) voor Lucht, de Vav (V/ו) voor Water en de laatste He (H/ה) voor Aarde.

Na de initiële splitsing in mannelijke en vrouwelijke krachten, vertegenwoordigen de vier krachten die uit YHVH voortkomen de vier niveaus (werelden) van bestaan in de kabbalah (*Olamoth*, enkelvoud: *Olam*): *Atzilut, Beriah, Yetzirah* en *Assiyah*. Deze vier werelden geven de fases/stadia weer van geschapen dingen en wezens als stadia van *verdichting* van fijnstoffelijke energie.

VUUR	Olam haAtziluth	Yod	archetypische ideeën, concepten
LUCHT	Olam haBriah	He	schepping, creatie
WATER	Olam haYetzirah	Vaw	vormgeving, de uitgewerkte blauwdrukken
AARDE	Olam haAssyah	He	concretisering, materialisering

1.4.2 TWEE CONCRETE VOORBEELDEN VAN HET VERDICHTINGSPROCES

1. Stel, het lijkt mij handig iets uit te vinden om thee mee te schenken zonder te morsen. Dit is de eerste ingeving, het eerste idee; het VUUR-stadium.
2. Hieruit komt het algemene idee van de theepot voort, het nog ruwe stadium van wat een specifieke theepot moet worden die aan alle eisen voldoet. Dit is het LUCHT-stadium.
3. Ik ben er helemaal uit en weet na veel bijschaven exact wat voor theepot het moet zijn en welke schenktuit het beste werkt. Het idee is hier volmaakt uitgeprocedeerd tot een werkbare mal. Dit is het WATER-stadium, de blauwdruk voor concrete eindvormgeving en eindontwikkeling.
4. Nu rest enkel nog de theepot te gieten via de mal. Dit is het AARDE-stadium. Het idee is nu via allerlei verdichtingsstadia in de concrete materiële wereld aangeland.

Ik heb hier een simpele metafoor neergezet. Als je de essentie hiervan snapt, dan kun je dit op alles toepassen en heb je jezelf een zeer belangrijk inzicht in een magische wet eigen gemaakt.

Nog een voorbeeld. Stel, ik voel een onweerstaanbare drang om te schrijven. Dan volgt een zelfde parcours:

1. Ik wil iets schrijven en besluit tot een roman en heb een vaag idee over het onderwerp en plot. Dit is het VUUR-stadium
2. Ik ontwikkel een plot en de karakters en verfijn dit. Dit is het LUCHT-stadium.
3. Ik schrijf de roman op basis van het bedachte plot en de personages en werk alles tot in detail uit totdat ik helemaal tevreden ben en besluit dat het manuscript (de blauwdruk voor het te produceren boek) is voltooid. Dit is het WATER-stadium.
4. Het manuscript wordt door een corrector nagekeken, door een vormgever samengesteld en door een drukker gedrukt als boek. Het boek wordt verkocht en gelezen. Dit is het AARDE-stadium.

1.4.3 DE ELEMENTEN MAGISCH

In de kabbala worden de vier *Elementen* (geschreven met een hoofdletter ter onderscheid van chemische elementen) dus gezien als uitdrukkingen van de goddelijke energieën die ten grondslag liggen aan de hele schepping. Deze Elementen worden geassocieerd met de vier letters van de goddelijke naam YHVH en met de vier werelden van bestaan in de kabbalistische kosmologie.

1. **Vuur** (Atzilut) vertegenwoordigt de spirituele essentie, transformatie en goddelijke creativiteit.
2. **Lucht** (Briah) vertegenwoordigt intellect, communicatie en het mentale rijk.
3. **Water** (Yetzirah) vertegenwoordigt emotie, intuïtie en het astrale rijk en godinnelijke vormkracht.
4. **Aarde** (Assiyah) vertegenwoordigt lichamelijkheid, stabiliteit, manifestatie en bewustzijn.

Het evenwicht en de integratie van deze elementen worden gezien als essentieel voor spirituele groei en transformatie, en verschillende kabbalistische praktijken zijn ontworpen om deze in het individu te cultiveren en te harmoniseren. Hun evenwicht en dynamische harmonie worden gezien als essentieel voor de gezondheid en vitaliteit, van zowel het individu, als de natuurlijke wereld. Uiteindelijk worden de vier elementen gezien als afspiegelingen van de goddelijke eigenschappen en energieën die het hele bestaan doordringen.

1.4.4 YETZER HARA, HET NOODZAKELIJK KWAAD

De Elementen manifesteren, al naar gelang hun situatie in het grotere geheel, zowel hun positieve als negatieve eigenschappen.

1. *Negatief Vuur* drukt zich o.a. uit in branden, ontstekingen, geweld, agressie, onnadenkendheid.
2. *Negatief Water* drukt zich uit in passiviteit, over emotionele reacties, navelstaren, depressie, koude.
3. *Negatieve Lucht* drukt zich onder meer uit in conflicten, oppervlakkigheid, gebakken lucht, geen realiteitszin en een splijting tussen gevoel en verstand.
4. *Negatieve Aarde* kan zich manifesteren als lethargie, inertie, overcontrole, angst, te veel routine t.o.v. creativiteit, dingen, concepten of emoties te lang vasthouden.

Omdat de Elementen, deze vier primaire krachten annex kwaliteiten waaruit alles is opgebouwd binnen het tijdruimte-energie-bewustzijncontinuüm, altijd in beweging zijn, wat inherent is aan de voortschrijdende scheppingsgolf, wisselen momenten van stabiliteit en dynamische harmonie tussen de Elementen elkaar af met momenten van stagnatie en chaos.

Stagnatie en chaos worden binnen dit correlatief dialectische model namelijk automatisch opgeroepen door planmatige, dus intelligente organisatie en onderling voedende dynamiek, omdat ze het diapositief ervan vormen. Vice versa roept stagnatie en chaos ook weer een dynamische en planmatige harmonie in het leven, omdat deze harmony weer het diapositief van chaos en stagnatie vormt.

Het wezen, ofwel de intelligentie die gevormd wordt door stagnatie en chaos, het onvermijdelijke bijproduct van de scheppingsgolf wordt in de kabbala *Yetzer Hara* genoemd, (Hebreeuws: יֵצֶר הַרַע) de aangeboren neiging om kwaad te doen, door de 'wil van God te schenden' of anders gezegd het positieve en goede te saboteren.

Deze destructieve en tegelijkertijd ook voor het geïndividualiseerde bewustzijn onmisbare intelligentie (of *anti-intelligentie*) is inherent aanwezig in de hele schepping en niet alleen in mensen. Zonder deze kracht zou er geen besef van goed en kwaad zijn, maar zou er ook geen goede contrakracht bestaan (Yetzer Tov). Yetzer Hara kan dus met 'noodzakelijk kwaad' vertaald worden. De zon of een lamp werpen nu eenmaal een schaduw.

De kabbala kent dus niet zozeer het kwaad als karikatuur, kortom de geantropomorfiseerde figuur van Satan of de Duivel, die al het kwaad orkestreert in de wereld, maar kent het kwaad meer als een *proces*. Dit proces treedt simultaan in werking (als schaduw/diapositief) zodra een scheppende intelligentie zich als een positieve organiserende kracht van het tijdruimte-energie-bewustzijn-continuüm manifesteert en dit als een harmonieus en dynamisch organon probeert te managen.

Yetzer Hara heeft een bijproduct dat de *Qlippoth* wordt genoemd (letterlijk *schalen, schillen*), een wereld van gestagneerde – en hierdoor vitaliteit verliezende – delen van het tijdruimte-energie-bewustzijncontinuüm, die hierdoor als vampiriserende krachten op mens en samenleving gaan parasiteren. Deze Qlippoth vormen de demonenwereld in de kabbala. Het rijk waarin ze allemaal vertoeven wordt zowel in het Hebreews als Arabisch aangeduid met de term *Sitra Achra* (de Andere Kant). Kunstenaar en film/tv-serie maker David Lynch heeft als geen ander de voortdurende wisselwerking van de lichte positieve wereld met de duistere negatieve wereld uitgewerkt. Het is zijn rode draad, die zich manifesteert in briljante beeldende kunst en bijvoorbeeld de soap noire *Twin Peaks*.

Uit deze conceptie van Yetzet Hara en Yetzer Tov zijn twee kernbegrippen van de kabbala voortgekomen: Chay (een zeer diep respect voor leven en de levende schepping) en Tiqqun (het bevrijden van vastzittende energie uit de Qlippoth of schillen). De 'schillen', die deze energieën gevangen houden en verstikken kunnen het beste worden begrepen als *obsessies, obsessoren, destructieve relaties* en *negatieve maatschappelijke en/of politieke constructies en systemen*. Maar ook als *larven* en *egregors*, die ik later uitgebreid in dit boek behandel.

1.4.5 GALGAL HAMAZALOTH, DE RING VAN DE LOTSBESTEMMINGEN

Normaliter gaan we binnen de kabbala nu naar de *Etz HaChayim*, of *Boom des Levens*, maar omdat deze (zeer waarschijnlijk nog met tussenkomst van de Grieken en hun versie Levensboom) van de Mesopotamiërs is overgenomen en aldaar is ontstaan uit de astrolatrie, ga ik van de vier Elementen naar de Zodiak.

De term *Galgal HaMazaloth* (גלגל הַמַּזָּלוֹת) wordt vaak vertaald als 'Ring van de Lotsbestemmingen'. Het woord *Mazaloth* (מַזָּלוֹת) heeft echter meerdere betekenissen en kan verwijzen naar zowel 'sterren' als de 'zodiak'. De zodiak is een ring van 12 verschillende *psychosferen*, die echter in vier groepen van drie verdeeld zijn, waarvan de afzonderlijke zodiaktekens weer een verfijning en specialisatie van de vier Elementen bieden.

Zo manifesteren drie aspecten van het Element
Vuur zich in respectievelijk de tekens: *Ram, Leeuw, Boogschutter;*
Water zich in respectievelijk de tekens: *Kreeft, Schorpioen, Vissen;*
Lucht zich in respectievelijk de tekens: *Tweelingen, Weegschaal, Waterman;*
Aarde zich in respectievelijk de tekens: *Stier, Maagd, Steenbok.*

De twaalf tekens van de zodiak hebben ook twaalf intelligenties of genii die er over heersen. Dit zijn:

- Ram – *Malchidael*
- Stier – *Asmodel*
- Tweelingen – *Ambriel*
- Kreeft – *Muriel*
- Leeuw – *Verchiel*
- Maagd – *Hamabiel*

- Weegschaal – *Zuriel*
- Schorpioen – *Zetachiel*
- Boogschutter – *Aduachiel*
- Steenbok – *Hamaliel*
- Waterman – *Garrubiel*
- Vissen – *Barchiel*

Deze twaalf of genii hebben (binnen de Europese occulte traditie) weer elk hun *Yetzer Hara-versie* of tegen-genius c.q. demon:

- Ram – *Parinscon*
- Stier – *Scheruach*
- Tweelingen – *Scheremael*
- Kreeft – *Fabil-vonton*
- Leeuw – *Fleurethy*
- Maagd – *Bekanote*

- Weegschaal – *Scheren-igoth*
- Schorpioen – *Sata-gor*
- Boogschutter – *Vajagoth*
- Steenbok – *Dumogon*
- Waterman – *Veraiuel*
- Vissen – *Harsen-enek*

De twaalf plus twaalf tekens (intelligenties) van de zodiak geven elk een unieke vertaalslag (goed- of kwaadschiks) van het Element waaronder ze vallen, maar houden daarbij ook vast aan de algemene essenties van de Elementen.

Zo geven de Vuurtekens hun eigen accenten aan Vuur-eigenschappen als daadkracht, actie, onafhankelijkheid, assertiviteit, optimisme, etc. De Water-tekens interpreteren Water-eigenschappen als gevoel, sensitiviteit, contractie, oplossing, vloeibaarheid, etc. De Luchttekens doen hetzelfde met Lucht-eigenschappen als beweeglijk, snel, luchtig, oppervlakkig, informatief, communicatief, etc. en Aardetekens geven diverse Aarde-kwaliteiten weer als: *ausdauer*, concretisering, echtheid, vastigheid, kracht, zwaarte, bewustzijn, etc.

Deze groepen van drie tekens verschillen onder meer van elkaar doordat ze ook verdeeld zijn in de categorieën *Hoofd*, *Vast* en *Beweeglijk*.
- *Hoofdtekens zijn:*
  Ram (Vuur), Kreeft (Water), Weegschaal (Lucht), Steenbok (Aarde)
- *Vaste tekens zijn:*
  Stier (Aarde), Leeuw (Vuur), Schorpioen (Water), Waterman (Lucht)
- *Beweeglijke tekens zijn:*
  (Tweelingen (Lucht), Maagd (Aarde), Boogschutter (Vuur), Vissen (Water)

1. *Hoofdtekens* (Ram, Kreeft, Weegschaal, Steenbok) worden geassocieerd met beginnen, initiatief, leiderschap en actie. Ze staan bekend om hun dynamiek, motivatie en pro-activiteit bij het opstarten van nieuwe projecten en het doorvoeren van veranderingen. De eerste graad van een hoofdteken wordt met kans op grote bekendheid geassocieerd. Veel beroemdheden hebben Zon, Maan of de Ascendant in of onder de eerste graad van Ram, Kreeft, Weegschaal of Steenbok.

2. *Vaste tekens* (Stier, Leeuw, Schorpioen, Waterman) worden geassocieerd met stabiliteit, duurzaamheid en volharding. Ze staan bekend als gegrond, betrouwbaar en toegewijd aan hun doelen. Ze kunnen koppig zijn en zich verzetten tegen verandering, maar als zij eenmaal ergens hun zinnen op hebben gezet, zijn zij daar moeilijk vanaf te brengen.

3. *Veranderlijke tekens* (Tweelingen, Maagd, Boogschutter, Vissen) worden geassocieerd met flexibiliteit, aanpassingsvermogen en veranderlijkheid. Ze staan bekend als veelzijdig, nieuwsgierig en ruimdenkend. Ze kunnen besluiteloos en snel afgeleid zijn, maar kunnen ook snel schakelen en zich aanpassen aan nieuwe situaties.

Behalve dat de zodiak een verfijning biedt van de vier Elementen, is ze ook een verfijning van Aba en Ima, het mannelijke en vrouwelijke; goddelijke en godinnelijke. Anders dan men vaak denkt, staan mannelijk en vrouwelijk hier niet voor de cliché betekenissen en associaties die hier sociaal-maatschappelijk mee gemaakt worden.

- *Mannelijk* staat hier vooral voor tekens die iemand er toe neigen om zelfbevestiging hoofdzakelijk in de buitenwereld te zoeken en te groeien middels de feedback op de eigen acties. Ze zijn dus primair *extrovert*.
- *Vrouwelijk* staat hier vooral voor tekens die iemand er toe neigen om zelfbevestiging hoofdzakelijk in zichzelf te zoeken en te groeien middels het reflecteren, van informatie en het leven algemeen, aan een innerlijk referentiekader. Ze zijn dus primair *introvert*.

Alle mensen zijn een mix van mannelijke en vrouwelijke krachten in deze context. Ook zijn sommige levensfasen meer vrouwelijk of mannelijk. Een voorbeeld is iemand, die jaren achtereen hard werkt, aanpakt, carrière maakt en zijn of haar innerlijk leven verwaarloost, in een crisis terecht komt of burn-out (mannelijk is Vuur) en zo in een meer vrouwelijke fase van zelfreflectie beland (vrouwelijk is Water).

Via de zodiak vindt er dus een verdere expansie van de tijdruimte-energie-bewustzijncontinuüm plaats via een veelvoud van de oorspronkelijke opties mannelijk/vrouwelijk en Vuur, Water, Lucht, Aarde. Zo modificeert de natuur het tijdruimte-energie-bewustzijncontinuüm voortdurend tijdens de verfijning en materialisering/concretisering van de scheppingsgolf via exponentieel meer coördinaten:

       0 – El Elyon *(Algod)*
       1 – start emanatie *(scheppingsgolf)*
       2 – Aba v'Ima *(mannelijk en vrouwelijk)*
      4 – YHVH, de Demiurg *(Vier Elementen)*
    12 – 12 zodiaktekens *(gradaties van de Vier Elementen)*
  144 – combinaties van twee zodiaktekens *(Bijv. Zon in Ram, Maan in Tweelingen, etc.)*
1728 – 12 x 144 Combinaties van drie tekens *(Bijv. Zon in Stier, Maan in Schorpioen, Ascendant Vissen, etc.)*
20736
248832
2985984 – combinatie 12 huizen x 12 huizen x 12 huizen x 12 tekens x 12 tekens x 12 tekens

Vanaf hier zijn planeten, asteroïden, gevoelige punten, vaste sterren en huiscuspen en miljarden keer miljarden combinaties daarvan in de tekens en huizen toe te voegen, wat een meer dan exponentiële vermenigvuldigingsreeks oplevert, die snel het aantal mogelijkheden voor actuele entiteiten doet oplopen tot in oneindig. Dit gezien de vele gebieden (mineraal, plantaardig, dierlijk, menselijk, biologisch, non-biologisch, meteorologisch, religieus, technologisch, artistiek, sociaal, etc.) macrokosmische combinaties van astrologische elementen zich kunnen doen gelden.

Deze reeks betrekt zich dus niet enkel op de mens maar op alles in de schepping. Letterlijk alles heeft een relatie met dit oorspronkelijke natuurlijke coördinatenstelsel volgens welke het tijdruimte-energie-bewustzijncontinuüm zich uitkristalliseert van intelligibel of ideevorm tot concreet wezen, ding, proces.

1.4.6 DE SCHEPPENDE MENS

We zagen eerder dat A.N. Whitehead's procesfilosofie via zijn *actual entities, actual occasions* en *primacy of relations* een grotere interactie tussen goddelijk en gesubjectiveerd bewustzijn beschrijft dan C.G. Jung, die deze interactie als psycholoog logischerwijs beperkt tot het gesubjectiveerde bewustzijn in de mens (de mens wil God worden; God wil mens worden). Aangezien een boek over magie uiteraard ook over die ene specifieke 'actual entity', de mens gaat, heb ik in deze paragraaf beschreven hoe magie binnen het fenomeen creativiteit/scheppen kan worden geplaatst. Ook wordt uitgelegd hoe het magische effect ontstaat door het aanraken van het subjectieve menselijk bewustzijn en het goddelijke bewustzijn, en hoe dit door middel van magische rituelen kan worden begrepen als het forceren van een kortsluiting in dit proces.

Menselijke scheppingsdrang komt voort uit een mix van creatieve impuls en de drang naar heelwording (overwinning van bewustzijnsbeperking), omdat elke vorm van subjectief bestaan immers ook een vorm van isolement, eenzaamheid is. De creatieve en onderzoekende mens verkent een stroming van het nog niet geïndividualiseerde deel van het tijdruimte-energie-bewustzijn-continuüm dat zich derhalve in het avontuurstadium bevindt (Jung's individuatieproces).

In een mystieke paradox is dit *verkennen* van het nog niet geïndividualiseerde deel van het tijdruimte-energie-bewustzijncontinuüm *simultaan een activiteit* van het grote hyperobjectieve bewustzijn van 'dat wat geen buiten kent', het superwezen, dat dit *verkennen* als filter benut om zich te kunnen subjectiveren, dus delen werkelijkheid te kunnen vernemen, die anders buiten diens bereik blijven. (Twee bewustzijnstromen ontmoeten elkaar in een momentum en verhouden zich daarbinnen als een superpositie.)

In die zin is iedere actuele entiteit altijd een unieke simultane activiteit van twee modificaties van het tijdruimte-energie-bewustzijncontinuüm, een subjectieve (de activiteit van de enkele) en de objectieve (de activiteit van het totale). Ook dit toont de superpositie-natuur van het tijdruimte-energie-bewustzijncontinuüm en relateert creativiteit onlosmakelijk en direct aan deze superpositie-natuur.

Dit gebeuren is belangrijk in de context van magie. Als antwoord op de vraag 'Wat is magie?' en refererend aan het kabbalistisch scheppingsmodel, Whitehead en kwantumtheorie, denk ik dat het meest volledige antwoord is dat:

...magie in essentie kan worden samengevat als een wijze van handelen waarbij psychische, energetische of concrete effecten worden veroorzaakt door technieken, die verschillende energetische verdichtingslagen interactief met elkaar verbinden. Een authentiek en verifieerbaar magisch effect is in deze strekking dan op te vatten als een bewust veroorzaakte kortsluiting tussen menselijke en goddelijke scheppingskracht.

Deze definitie bewijst zich iedere keer bij de uitvoering van magische rituelen, onafhankelijk van welke magische techniek dan ook. Het kabbalistische model van verdichtingslagen, ofwel een realiteit die naast de Aardse zone (Assyah) andere minder dichte zones kent in de geesten- en godenwereld (Yetzirah, Briah, Atziluth) treffen we echter aan over de hele planeet, bij allerlei volken en culturen en zelfs in de staatsreligies.

Het kabbalistische model dat ik in mijn MAGUS-serie gebruik, kent een oorsprong die terug gaat naar Griekse, Mesopotamische, Egyptische en mystiek-Joodse concepties, die destijds versmolten, in met name Alexandrië, in de laatste eeuwen voor en de eerste na Christus. Dit model is natuurlijk arbitrair, maar omdat ik me beweeg binnen, wat met een 'foute' term de 'westerse magische traditie' wordt genoemd, is het kabbalistische model eigenlijk een onvermijdelijke keus.

II. DE THEORIE ACHTER GEDACHTEVORM-MAGIE EN SERVITORS

Gedachtevorm-magie heb ik beschreven op pagina 167 van *Magus Leer & Ritueel*, maar laat ik eens met een ander voorbeeld komen.

Stel, dat je al een poosje op zoek bent naar een kitten van een Siamese kat. Je hebt al weken gezocht, Marktplaats afgestruind. Bijna had je er een, maar die werd net voor je neus weggekaapt door iemand anders. Een hulpmiddel kan dan het creëren van een gedachtevorm zijn.

Het proces verloopt als volgt:

1. Zoek een rustige plek in een matig verlichte kamer.
2. Haal diep adem terwijl je je intensief concentreert op die kitten en hoe je het zou ervaren als je zo'n diertje in je bezit kreeg om voor te zorgen.
3. Stel je voor alsof deze verbeelding in je groeit en steeds duidelijker wordt en met al je zintuigen waarneembaar is.
4. Stel je tegelijkertijd voor dat de ruimte om je heen, waarin jij je bevindt, zich vult met psychische energie, als een soort rook of mist.
5. Ga door met deze verbeelding totdat je de energie als het ware kunt voelen.
6. Neem nu een langzame, diepe ademhaling en zuig al deze etherische energie in je op totdat het een energiebal vormt in je buik. Je kunt de energie ook direct in je buik zuigen door je spieren aan te spannen, zoals bij omgekeerd ademen.
7. Als je niet meer kunt inademen of meer lucht kunt binnenhalen, houd dan je handen voor je alsof je een grote kom vasthoudt; handen ongeveer 25 cm uit elkaar, ter hoogte van je zonnevlecht.
8. Adem nu uit en stel je voor dat alle psychische energie uit je lichaam door je handen stroomt en een geladen energiebal vormt tussen je handen.
9. Herhaal dit proces nogmaals, zodat de bal iets groter wordt en in je verbeelding intenser begint te gloeien en elektrisch prikkelt.
10. Blijf dit enkele keren herhalen totdat je de gewenste Siamese kitten zo scherp mogelijk in de bal projecteert en daar vasthoudt.
11. Adem nu voor de laatste keer zo diep mogelijk in en stel je voor dat de hele wereld in deze energiebal naar die kitten wordt gezogen. Leg al je passie, verlangen en emoties erin. Wil die kitten!
12. Adem nu uit en zeg: haal het voor me! Nu!
13. Vergeet nu alles op commando. Ga meteen iets doen dat niets met magie te maken heeft, zoals de vaatwasser inruimen of grasmaaien.
14. Loop je niet op korte termijn tegen een kitten aan, dus binnen een dag of drie, herhaal dit hele bovenstaande proces van deze specifieke gedachtevorm eenmaal per dag totdat je exact hebt gekregen wat je wilt.

Onderstaande tekstblokken zul je mogelijk nog niet meteen als extra toelichting bij gedachtevorm en servitor-magie ervaren, maar vroeg of laat zullen er steeds meer kwartjes gaan vallen. Het mechanisme van een hologram in het tijdruimte-energie-bewustzijncontinuüm plaatsen heb ik eerder al uitgelegd. We gaan ons daarom als eerste wat meer verdiepen in het hologram als een fysisch verschijnsel. De uitleg is naar teksten van Itzhak Bentov.

2.1 HET IJSPLAAT-HOLOGRAM

Wanneer je drie stenen in een pan water gooit en het oppervlak onmiddellijk bevriest – en met een laser door de aldus ontstane plaat ijs schijnt – verkrijg je een holografisch 3D-beeld van de stenen. De gevormde ijskristallen vangen namelijk het *interferentiepatroon* van de door de stenen veroorzaakte golven op. Dit interferentiepatroon ontstaat doordat de stenen golven creëren die met elkaar interfereren, vergelijkbaar met de manier waarop de object- en referentiestralen interfereren in een hologram in een laboratoriumopstelling of andere technische toepassing.

Als je met een laser door de ijsplaat schijnt, wordt het licht afgebogen en ontstaat een driedimensionaal beeld van het interferentiepatroon. Dit is mogelijk omdat de ijsplaat werkt als een opnamemedium, net als een holografische plaat. Het *diffractiepatroon** van het laserlicht dat door de ijsplaat gaat, recreëert het interferentiepatroon dat in het ijs is vastgelegd, waardoor een driedimensionaal beeld van de stenen ontstaat.

Dit verschijnsel staat bekend als *laser-induced ice nucleation holography* (laser-geïnduceerde holografie van ijskernen). Het is een interessante toepassing van holografie die 3D-beelden van objecten kan vastleggen zonder dat daarvoor gespecialiseerde apparatuur nodig is.

Als je nu een klein stukje van de ijsplaat afbreekt dat de holografische afbeelding van de stenen bevat en er een laserstraal doorheen schijnt, krijg je nog steeds hetzelfde holografische totaalbeeld, omdat het hele interferentiepatroon in het hele volume van de ijsplaat is opgenomen.

---

*   Een diffractiepatroon is het patroon dat ontstaat wanneer licht of andere golven door een opening of rond een obstakel bewegen. Het patroon bestaat uit lichte en donkere gebieden die worden veroorzaakt door de interferentie of buiging van de golven. Het laat zien hoe de golven zich verspreiden en buigen, en het kan worden waargenomen als strepen, ringen of vlekken op een scherm of oppervlak. Het diffractiepatroon geeft informatie over de eigenschappen van de golven en de structuur van het obstakel of de opening waar ze doorheen gaan.

Dit betekent dat elk klein stukje van de ijsplaat het hele interferentiepatroon bevat, en dat elk stukje het laserlicht op dezelfde manier breekt als de hele plaat.

Het interferentiepatroon is het resultaat van de interactie tussen de stenen en het water, dat wordt opgevangen in de ijsplaat. Zolang hetzelfde interferentiepatroon aanwezig is, zal het holografische beeld hetzelfde zijn, ongeacht de grootte van de gebruikte ijsplaat.

2.2 HET INTERFERENTIEPATROON IN HET IJSHOLOGRAM ALS METAFOOR BIJ SERVITOR-SCHEPPING

Het gebruik van het hologram van de ijsplaat als metafoor voor de creatie en animatie van servitors, biedt een fascinerend perspectief op hoe een klein stukje van onze menselijke mentale kracht in een servitor kan worden overgebracht, om een complexe en autonome entiteit met een eigen wil en identiteit te creëren.

Door het ijsplaat hologram als metafoor te gebruiken, kunnen we de creatie en animatie van servitors zien als een proces, waarbij een stukje van onze menselijke mentale kracht in de servitor wordt overgebracht, waardoor deze een eigen entelechie (doelgerichtheid) kan ontwikkelen.

In het hologram van de ijsplaat wordt een klein stukje ijs genomen en onderworpen aan een laserstraal, waardoor een holografisch beeld van de hele ijsplaat ontstaat. Dit hologram bevat alle informatie en complexiteit van de ijsplaat, ook al is het maar een klein fragment van het geheel.

Evenzo wordt bij de creatie en animatie van servitors een klein stukje van onze menselijke mentale kracht, ofwel een door jouw of mijn persoonlijkheid en wezen gesluisd deel van het tijdruimte-energie-bewustzijncontinuüm, in de servitor overgebracht door middel van focus en verbeelding.

Deze mentale kracht bevat de essentie (het referentiepatroon als het ware) van ons menselijk bewustzijn en stelt de servitor aldus in staat een eigen entelechie te ontwikkelen. Zoals het hologram van de ijsplaat bevat de servitor alle informatie en complexiteit van onze mentale kracht, ook al is dit wezen geanimeerd met slechts een klein fragment van ons totale bewustzijn. Hierbij is 'onze' in 'onze mentale kracht' en 'ons menselijk bewustzijn' relatief, omdat de totale intelligentie en het totale bewustzijn van het tijdruimte-energie-bewustzijncontinuüm alleen maar door ons heen stroomt.

Wij hebben zelf enkel een door onze subjectiviteit gefilterd, dus beperkt of gehandicapt, contact met het tijdruimte-energie-bewustzijncontinuüm, maar de servitor of Elementar die we scheppen – of zelfs de gedachtevorm voor ad hoc magie – heeft geen last van dat subjectieve filter. Dit verklaart waarom zij dingen kunnen doen, inclusief objectief waarneembare paranormale dingen, die wij dus alleen indirect via magie kunnen manifesteren.

's Nachts als we slapen, is ons waakbewustzijn, dus ons 'waaksubjectiviteit', ons filter, uitgeschakeld en kunnen we in een paradox al meer dan overdag. Wie heeft niet het bekende "er een nachtje over slapen" ervaren? Je komt ergens overdag niet uit, maar weet wel wat je wilt oplossen en zet zo eigenlijk een intentie of magisch commando in je achterhoofd voordat je gaat slapen. Meestal doen we het niet eens bewust. Maar de volgende ochtend weet je ineens hoe je het probleem moet oplossen... Alle antwoorden zitten immers al in het universele tijdruimte-energie-bewustzijncontinuüm besloten. In onze slaap wordt de toegang gedeblokkeerd en dezelfde deblokkering is vaak het doel van een magisch ritueel of magische creatie als een servitor.

2.3   Gebruiken servitors de paranormale vermogens waar wij niet rechtstreeks bij kunnen?

Naarmate de servitor zich ontwikkelt en complexer wordt, neigt deze er steeds sterker toe een eigen wil en identiteit te ontwikkelen, op basis van de informatie en complexiteit van de mentale kracht die erin is overgebracht. Hierdoor kan de servitor autonoom handelen en zijn geprogrammeerde doel uitvoeren, terwijl deze ook een eigen uniek soort 'bewustzijn' ontwikkelt. Dit 'bewustzijn' van een hulpgeest is onder meer gerelateerd aan diens entelechie (ingeprogrammeerde taak), naam, entiteit, horoscoop en overgeërfde menselijke trekken, tijdens het impregneren van het wezen met een deel van het tijdruimte-energie-bewustzijncontinuüm. Ergens, op een bepaald moment – en moeilijk voorspelbaar – maken dit soort wezens soms een klik met het verschijnsel identiteit, waarop ze (en niet eerder) meteen ook een eigen wil krijgen en makkelijk onhandelbaar kunnen worden.

Direct afgeleid van het feit dat servitors effecten teweeg kunnen brengen – die identiek zijn aan die welke aan poltergeist-gelieerde personen (onbewust) teweeg brengen (meestal zijn dit pubers of jongvolwassenen) – kunnen we een zeer interessante en uitdagende hypothese formuleren:

Wij dragen een fragment bewustzijn over op de servitor die, indien we het proces goed hebben uitgevoerd, handelingen voor ons verricht die wijzelf in directe zin met ons waakbewustzijn niet voor elkaar krijgen! Ze betreffen immers meestal een directe magische beïnvloeding van de omgeving en korte termijn toekomst, gerelateerd aan een wens. Servitors scoren zeer hoog als middel voor bullet-effect magic (magie die zeer snel concrete of aanhoudende resultaten geeft). Maar de precieze manier waarop ze dat 'technisch' voor elkaar boksen ontgaat ons.

Hieruit afgeleid kunnen we als hypothese stellen dat, met het overdragen van een stukje van ons bewustzijn, ook een deel in de servitor wordt geïmplanteerd en bij opdrachten geactiveerd, dat bij onszelf inactief is. We zijn vergeten hoe we dit zonder hulpmiddelen, zoals een servitor of gedachtevorm kunnen gebruiken, maar voor de servitor vormt dit geen probleem.

2.4   IS SERVITOR-ASSIMILATIE DE BA'AL SHEM-CODE?

Ba'al Shem of *Ba'al HaShem* (Heer van de Naam) is een term in het jodendom die verwijst naar een persoon aan wie erkenning wordt toegeschreven van de expliciete namen van God en het vermogen om hun kracht te gebruiken voor goed of kwaad. Met uitzondering van de Zuidoost-Europees Benjamin ben Zerah HaPaytan en de Irakees Aharon ben Yeshayah HaBagdadi, behoort het verschijnsel Ba'al Shem tot de Midden en Oost-Europese Ashkenazi-cultuur.

De Ba'alei HaShem (mv.) waren geaccepteerde volksgenezers en wonderdoeners die vertrouwden op hun werk met heilige namen, praktische kabbalah en amuletten. Ze beoefenden de kunst van het schrijven van amuletten en het ontwikkelen en toedienen van geneesmiddelen, waarin ze zeer bedreven waren. Ze waren daarnaast betrokken bij het verdrijven van demonen of oproepen van engelen. Hun beroep leidde vaak tot conflicten met artsen, omdat ze zich daarmee in felle concurrentie begaven. Het volgende gebed, opgesteld door een Ba'al Shem voor zichzelf en zijn collega's, weerspiegelt hun houding ten opzichte van artsen:

"Moge ik beschermd worden tegen vijandigheid en geschillen, en moge elk gevoel van jaloezie tussen mij en anderen verdwijnen. In plaats daarvan, laat er vriendschap, vrede en harmonie zijn tussen mij en de artsen... Moge ik hoog in aanzien staan bij hen, en moge ze niet kwaad spreken over mij of mijn daden."

– 'Toledot Adam,' Zolkiev, 1720

In de vroege dagen van het Chassidisme werden sommige Ba'alei HaShem *tzaddikim* (rechtvaardige individuen) en leidden ze Chassidische groepen. De beroemdste Ba'al Shem was de beroemde Ba'al Shem Tov, die bekend stond om het verspreiden van amuletten met alleen zijn naam erop. Ba'alei HaShem waren doorgaans meesters in het maken van amuletten, een verschijnsel binnen de Joodse cultuur dat, zoals ik eerder aangaf, waarschijnlijk geen Hebreeuwse maar Kanaänitische oorsprong heeft, evenals de *kabbalah ma'asith* (praktische kabbalah). In de Joodse traditie stonden veel van de Ba'alei HaShem bekend om hun wonderen en bovennatuurlijke vermogens:

- *Rabbi Benjamin ben Zerah HaPaytan* leefde in het zuidoosten van Europa in het midden van de elfde eeuw. Hij wordt later door de *payyeṭanim* (joodse dichters) 'de Grote' genoemd en ook Ba'al Shem, vanwege de talloze namen van God en engelen die hij gebruikte in zijn piyyuṭim. Piyyuṭim zijn liturgische gedichten die worden gebruikt in de joodse gebedsdiensten. Ze zijn vaak geschreven in metrische vormen en bevatten theologische en religieuze thema's. Piyyuṭim worden traditioneel gereciteerd of gezongen tijdens specifieke momenten in de joodse liturgie, zoals op sabbat, feestdagen en andere speciale gelegenheden.
- *Rabbi Elijah bar Aaron Judah Baal Shem van Chełm* (ongeveer 1520–1583) was een Poolse rabbijn en kabbalist die diende als opperrabbijn van Chełm. Als een van de meest vooraanstaande Talmudisten van zijn generatie staat hij bekend als de eerste persoon die de bijnaam 'Ba'al Shem' kreeg. Hij werd beschouwd als een grote heilige en men geloofde dat hij bovennatuurlijke krachten gebruikte om een *golem* te creëren.
- *Rabbi Elijah ben Moses Ashkenazi Loans*, ook bekend als Elijah Baal Shem van Worms (1555–1636), was een Duitse rabbijn en kabbalist.
- *Rabbi Aharon ben Yeshayah HaBagdadi*, was een vooraanstaande rabbijn en halachist die leefde in de 17e eeuw. Hij werd geboren in Bagdad, Irak, en staat bekend om zijn werk op het gebied van joods recht. De leerstellingen en geschriften van Aharon HaBagdadi hadden een aanzienlijke invloed op Joodse gemeenschappen in zijn tijd en worden vandaag de dag nog steeds bestudeerd door geleerden en studenten van het joodse recht.
- *Rabbi Yoel Baal Shem* was een orthodoxe joodse geleerde van Halacha en kabbalah die in de 17e eeuw in Zamość leefde. Hij werd bekend als een Baal Shem vanwege het verrichten van wonderen, het commanderen van demonen en het schrijven van kabbalistische amuletten.
- *Rabbi Adam Ba'al Shem*, leraar van de Baal Shem Tov (17e eeuw). Volgens de Chassidische legende was Rabbi Adam Baal Shem van Ropczyce een rabbijn en mysticus, die een groep verborgen tzaddikim genaamd Machane Yisroel leidde, opgericht door Rabbi Eliyahu Baal Shem uit Loans. Het leiderschap

De wereld zit vol met wonderen en mirakels,
maar de mens neemt zijn kleine hand
en bedekt zijn ogen en ziet niets.

– Rabbi Yisrael Ba'al Shem Tov

van de beweging werd later overgedragen aan Rabbi Yoel Baal Shem, die het
op zijn beurt doorgaf aan Rabbi Adam Baal Shem, die het op zijn beurt doorgaf aan Rabbi Yisrael ben Eliezer, de Baal Shem Tov.

- *Rabbi Yisrael Ba'al Shem Tov* (1698–1760), was naar verluidt leerling van
Rabbi Adam Ba'al Shem. Volgens de legende werd Rabbi Yisrael Ba'al Shem
Tov geboren in Okopy, een klein dorpje in Oekraïne. Op jonge leeftijd werd
hij wees en groeide op in armoede, waarbij hij werkte als arbeider en herder.
Ondanks zijn bescheiden achtergrond toonde hij uitzonderlijk spiritueel
inzicht en werd hij bekend om zijn mystieke leer en praktijken, die de nadruk
legden op het belang van gebed, vreugde en de innerlijke goddelijke vonk in
ieder individu. Hij benadrukte de toegankelijkheid van spiritualiteit voor alle
mensen, ongeacht hun sociale of educatieve status. Er worden veel wonder-
lijke verhalen en legendes in verband gebracht met de Baal Shem Tov, waarin
zijn vermogen om wonderen te verrichten, zieken te genezen en in contact te
treden met engelen en andere spirituele wezens, wordt beschreven. Zijn leer
en verhalen zijn van generatie op generatie doorgegeven en hebben ontelbare
individuen geïnspireerd en de ontwikkeling van het Chassidische jodendom
vormgegeven.
- *Dr. Chayim Shmuel Yaakov Falk* uit Londen (ook Dr. Falk, The Falcon 1708–
1782) was een magiër, kabbalist en mysticus. Hoewel sommige bronnen
beweren dat hij in Fürth (Beieren) geboren is, wordt in andere vermeldingen
Podhajce in Podolië (gebied in West Oekraïne) genoemd als zijn geboortestad. Hij stond algemeen bekend als de 'Ba'al Shem van Londen'. Het dagboek
van Falk, momenteel bewaard in de bibliotheek van het *bet ha-midrash* van
de United Synagogue, is een opmerkelijke verzameling van dromen, aante-
keningen van liefdadigheidsgiften, boekenlijsten, kabbalistische namen van
engelen, lijsten van beloften en recepten. Falk beweerde *thaumaturgische* vermogens te bezitten (wonderen te kunnen verrichten) en beweerde de kracht
te hebben om verborgen schatten op te sporen.
- *Johann Wilhelm Archenholz* beschrijft in *England und Italien* i. 249, bepaalde wonderen die hij heeft gezien toen Falk deze in Brunswick uitvoerde en
schrijft ze toe aan zijn speciale kennis van scheikunde. Op een gegeven moment werd Falk in Westfalen veroordeeld om als tovenaar levend verbrand
te worden, maar hij wist te ontsnappen naar Engeland. Bij zijn aankomst
in Londen werd Falk hartelijk ontvangen en verwierf snel een reputatie als
kabbalist en wonderdoener, waarbij talrijke verhalen de ronde deden over
zijn krachten. Er werd gezegd dat hij een kleine kaars wekenlang brandend
kon houden, kolen in zijn kelder kon toveren met een bezwering en zelfs een
verpand bord weer terug in zijn huis kon laten glijden. Toen een brand de
Grote Synagoge dreigde te vernietigen, wist Falk de ramp af te wenden door
vier Hebreeuwse letters op de deurpijlers te schrijven.

- *Rabbi Moshe David M'Podhaitz* (Rabbi Moshe David van Podhajce (geboren 1669 sterfdatum onbekend) werd geboren in de stad Podhajce. Rabbi Moshe David M'Podhaitz verwierf bekendheid vanwege zijn uitgebreide kennis van joods recht en zijn onderwijs over joodse mystiek en kabbalah. Hij diende als spirituele gids en adviseur voor veel mensen die zijn wijsheid en begeleiding zochten. Zijn onderwijs en geschriften hadden een aanzienlijke invloed op de Joodse gemeenschap van zijn tijd.

- *Rabbi Yitzchak Aryeh Wormser van Michelstadt* (1768–1847) stond ook bekend als een 'Baal Shem' binnen de Joodse gemeenschap. Hij vertoonde overeenkomsten met Rabbi Israel ben Eliezer als een verborgen *Tzaddik* (rechtvaardig individu) en een grote geleerde die diepgaande kennis had van zowel spirituele als wereldse zaken. Velen zochten zijn advies over uiteenlopende spirituele en materiële zorgen. Hij stond bekend om zijn vermeende vermogen om wonderen te verrichten, en mensen wendden zich tot hem in tijden van nood. Niet alleen Joden, maar zelfs niet-Joden zochten zijn raad en hij wees nooit iemand met lege handen af. De mensen van Michelstadt vertellen een opmerkelijk verhaal dat degenen, zowel Joden als niet-Joden, die baden bij het graf van de 'Baal Shem' voordat ze werden opgeroepen voor het leger tijdens de Eerste Wereldoorlog, veilig terugkeerden uit de oorlog. Als eerbetoon aan zijn herinnering heeft de plaatselijke raad een plaquette op het huis geplaatst waar hij woonde, ter herdenking van de associatie met de 'Baal Shem'.

De overgang van Ba'al Shem naar Tzaddik

Ba'alei HaShem werden na Yisrael Ba'al Shem Tov vaak *Tzaddikim* genoemd, waarbij het accent van hun activiteit soms iets anders lag. Het begrip *Tzaddik* verwijst naar een rechtvaardige persoon of een spirituele leider binnen het chassidische jodendom. Deze verschuiving vond plaats in de vroege periode van het chassidisme, voornamelijk onder invloed van Rabbi Israel ben Eliezer (de Ba'al Shem Tov), de oprichter van het chassidisme.

Rabbi Israel ben Eliezer benadrukte het belang van de spirituele rol van de Tzaddik als leider en gids voor de gemeenschap. Hij benadrukte dat de Tzaddik niet alleen bekwaam moest zijn in mystieke praktijken, maar ook een bron van spirituele inspiratie en morele leiding moest zijn. De verschuiving naar het gebruik van de term 'Tzaddik' weerspiegelde dus een bredere nadruk op de spirituele en ethische dimensies van leiderschap binnen het chassidisme. Het legde de nadruk op de morele en spirituele kwaliteiten van de leider en zijn rol als een rechtvaardige en wijze gids voor de gemeenschap, in plaats van alleen zijn vermogen om wonderen te verrichten of mystieke praktijken uit te voeren.

- *Rabbi Dov Ber ben Avraham* 'de Maggid van Mezeritch' (1704 of 1710–1772) wordt erkend als een Tzaddik en had naar verluidt het vermogen om wonderen te verrichten, zoals het genezen van zieken en het zelfs het terugbrengen van de doden. Hij was een belangrijke leerling van de Ba'al Shem Tov.
- *Rabbi Yaakov Yosef van Polnoye* (1710–1784), een discipel van Israel ben Eliezer, wordt erkend als een Tzaddik met het vermogen om wonderen te verrichten, zoals het genezen van zieken en het helpen vinden van verloren voorwerpen.
- *Rabbi* Levi Yitzchak van Berditchev (1740–1809) wordt erkend als een Tzaddik met een sterke band met het Joodse volk. Hij stond bekend om zijn vermogen om voor hen te bemiddelen en met God te pleiten.
- *Rabbi Nachman van Breslov* (1772 - 1810) wordt erkend als een Tzaddik met het vermogen om wonderen te verrichten, waaronder het genezen van zieken en het onthullen van geheime aspecten van de Tora.
- *Rabbi Menachem Mendel van Vitebsk* (1730?–1788) wordt erkend als een Tzaddik met profetische visioenen en het vermogen om wonderen te verrichten, zoals het genezen van zieken en het brengen van regen.
- *Rabbi Shneur Zalman van Liadi* (1745–1812) wordt erkend als een Tzaddik met het vermogen om wonderen te verrichten, waaronder het genezen van zieken en bescherming tegen kwaad.
- *Rabbi Aharon ben Jacob Perlov van Karlin 'Aharon de Grote'* (1736–1772) wordt erkend als een Tzaddik. Hij stond bekend om zijn vermogen wonderen te verrichten, waaronder het genezen van zieken en het vinden van verloren voorwerpen. Hij verwierp ascetisme, hij geloofde dat we ons daardoor van God afkeren. Volgens hem brachten vreugde en tevredenheid ons dichter bij de Schepper en zo'n staat kon worden bereikt na bevrediging van de fundamentele menselijke behoeften, waaronder: slaap, eten, drinken en geslachts-gemeenschap.

In meer algemene zin is het begrip 'Ba'al Shem' – buiten het chassidisme om – gaan staan voor iemand die *direct kan scheppen*, wiens gedachten direct veranderingen in het tijdruimte-energie-bewustzijncontinuüm teweeg kunnen brengen. Omdat een dergelijk vermogen als een magisch kruitvat zou zijn in een ruimte vol smeulend hout, moet een Ba'al Shem een soort hybride zijn tussen een heilige en een fakir. Iemand die met zo'n vermogen geen 100% controle over de eigen gedachten en emoties heeft, zou immers een complete ravage aan kunen richten bij het minste geringste wissewasje, zoals een aanvaring met anderen of een ergernis aan wat in de krant staat. Dit wordt geïllustreerd met twee verhalen, rond *Lilith*, de gedoodverfde zondebok in de Joodse traditie: Eén versie van het verhaal staat in het boek *De Golem van Praag* van Yudl Rosenberg. In deze versie zou Lilith jaloers zijn geweest op de Ba'al Shem Tov, de stichter van het chassidische jodendom, omdat hij wonderen kon verrichten door zijn verbinding met God. Ze benaderde God en vroeg om dezelfde macht te krijgen, en God stemde in met haar verzoek. Lilith begon toen haar nieuwe krachten te gebruiken om wonderen te verrichten, maar ze deed dat op een manier die tegen Gods wil inging. Ze gebruikte haar krachten om anderen kwaad te doen en wraak te nemen op hen die haar onrecht hadden aangedaan. Uiteindelijk besefte de Ba'al Shem Tov wat er aan de hand was en confronteerde Lilith en vertelde haar dat haar daden niet in overeenstemming waren met Gods plan.

Een andere versie van het verhaal staat in het boek *The Encyclopedia of Jewish Myth, Magic and Mysticism* van Rabbi Geoffrey W. Dennis. In deze versie zou Lilith God benaderd hebben en om de kracht van de Ba'al Shem gevraagd hebben om zichzelf tegen kwaad te beschermen. God willigde haar verzoek in, maar waarschuwde haar dat de macht gepaard ging met een grote verantwoordelijkheid. Lilith gebruikte vervolgens haar nieuwe krachten om zichzelf en anderen tegen kwaad te beschermen, maar ze deed dat op een manier die als te agressief en gewelddadig werd gezien. Uiteindelijk besefte ze dat ze te ver was gegaan en vroeg ze God haar krachten terug te nemen.

Voert de assimilatie aan een specaal geinformeerd dubbel tot bijzondere magische vermogens?

In *MAGUS Leer & Ritueel* heb ik op pagina 206 het astraal reizen behandeld. Dat kan zonder *dubbel* te creëren en door juist wel in een dubbel te reizen. Er zijn twee versies van wat in de magie een 'dubbel' wordt genoemd. De eerste betreft het uitreden met een deel van het eigen etherisch dubbel (deels *Tselem*, deels *Nefesh* – deze zieldelen worden later in dit boek behandeld). Omdat deze methode gevaarlijk kan zijn, is er een alternatieve methode om een dubbel als voertuig te scheppen, op dezelfde wijze zoals je een servitor zou scheppen of Elementar, om daar je bewustzijn vervolgens in te verplaatsen. Ik herhaal nog even de laatste alinea van paragraaf 2.1.2:

> *Hieruit afgeleid kunnen we als hypothese stellen dat met het overdragen van een stukje van ons bewustzijn, ook een deel in de servitor wordt geïmplanteerd en bij opdrachten geactiveerd, dat bij onszelf inactief is, waarvan we de kunst verloren zijn het zonder een hulpmiddel als een servitor of gedachtevorm te gebruiken, maar wat voor de servitor dus geen probleem oplevert.*

Hypothetisch is het aldus mogelijk om, in plaats van een relatief simpele voertuig-servitor voor *out-of-body* reizen, een meer complexe servitor te scheppen – of bij voorkeur een Elementar – waar je vermogens inbouwt die je voertuig van extra functies voorzien. Zodra je erin slaagt (zie *MAGUS Leer & Ritueel*) je bewustzijn over te brengen in deze meer complexe servitor, gebruik je ook diens bijzondere vermogens.

Ik gebruikte de term hypothetisch omdat ik hiermee een relatief nieuwe magische conceptie beschrijf, waarmee ik echter wel de deur openzet naar een gigantisch braakliggend terrein voor experimenten. Hypothetisch is deze conceptie echter niet helemaal, omdat ik hem zelf op een bescheiden manier getest heb, waarbij ik maar één extra eigenschap aan een voertuig-servitor voor out-of-body werk had toegevoegd: die van *astraal zicht*, wat destijds zeer geslaagde resultaten opleverde, zoals mijn beschrijving van natuurgeesten, waaronder boomwezens op pag. 199 in *MAGUS Leer & Ritueel*.

Wat ik wil zeggen met dit voorbeeld bij een stuk theorie, is dat in beginsel de techniek die bestaat uit het scheppen van een servitor of Elementar – om hier vervolgens mee te fuseren – onbeperkte magische mogelijkheden impliceert! Het is hierbij in theorie ook mogelijk het proces dat je bij een out-of-body reizen servitor gebruikt om te keren en het wezen zo te programmeren dat dit actief wordt, zodra je het in je eigen lichaam trekt (je moet deze actie dan, bij het programmeren van de servitor, al aan een commando koppelen dat je gebruikt om te fuseren; alsook een commando om de servitor weer uit te stoten). De praktijk van het opslaan of parkeren van servitors wordt binnen de chaosmagische scene al jaren gedaan, maar dit gaat dus heel veel stappen verder. Voor de creatieve magiër/heks ligt hier een groot braakliggend terrein om te verkennen.

Ik heb in dit hoofdstuk uiteraard met reden de problematiek aangekaart dat een Ba'al Shem of *Ba'alat Shem* (de vrouwelijke vorm) de eigen emotionele impulsen en gedachten volledig in de hand moet hebben. Er zijn diverse variaties op de hier gepresenteerde magische techniek mogelijk, die anders tot grote problemen kunnen leiden. De meest spannende terreinen zijn uiteraard ook de meest gevaarlijke.

2.5 PATTERNING (PATROONWEVING) EN HOE DE HOGERE POLITIEK MAGISCHE TECHNIEKEN MISBRUIKT

De al eerder in dit boek genoemde Itzhak Bentov was een metafysicus, wetenschapper en uitvinder, die de relatie tussen bewustzijn en de aard van de werkelijkheid onderzocht. Hij bedacht de term *patterning* (patroonweving) om het proces te beschrijven van het gebruik van gerichte verbeelding om een holografisch beeld in de geest te creëren, dat zich vervolgens kan manifesteren als fysieke werkelijkheid. Zijn uitleg van patterning werd in 1983 bestudeerd door de CIA, en langere lange tijd *classified* gehouden. Merkwaardig overigens, want Bentov's boek – waarin hij patterning en andere metafysica zeer helder beschrijft, *Stalking the Wild Pendulum: On the Mechanics of Consciousness* – was sinds 1977 gewoon publiek verkrijgbaar.

Zoals ik hierboven al aankaartte in de paragraaf over het ijshologram en de servitor, is het concept van *interferentiepatronen* in hologrammen gebaseerd op het principe dat wanneer twee of meer golven op elkaar inwerken, zij een interferentiepatroon creëren. Dit patroon kan worden vastgelegd op een foto-grafische plaat of een ander opnamemedium en dat wanneer er op een bepaal-de manier licht doorheen wordt geschenen, de oorspronkelijke golffronten opnieuw gecreëerd worden en er een driedimensionaal beeld ontstaat.

Wat Bentovs concept van patterning betreft, is het idee dat gerichte verbeel-ding een soortgelijk interferentiepatroon kan creëren in het tijdruimte-ener-gie-bewustzijncontinuüm, dat zich vervolgens kan manifesteren als fysieke werkelijkheid. In die zin zijn de interferentiepatronen niet beperkt tot fysieke media, zoals water of fotografische platen, maar bestaan ze eerder in het on-derliggende fijnstoffelijke weefsel van de werkelijkheid zelf – *modificaties van orgone energie* volgens Wilhelm Reich.

In de magie wordt ervan uitgegaan dat manifestatie – dus de *upgrade* van een ver-beelding naar een werkelijke, tastbare versie van deze verbeelding – geschiedt via 'verdichting' of 'condensatie' van dit onderliggende fijnstoffelijke (orgone) weefsel. Gefocuste verbeelding (het met de geest vast kunnen houden van zo'n verbeel-ding aka hologram) creëert een soort *kwantum-zog* waarbij deze verbeelding als een magneet fijnstoffelijke eenheden/orgondeeltjes uit het tijdruimte-energie-be-wustzijncontinuüm aantrekt, waardoor de verbeelding als het ware *verzwaart*. De verbeelding is tot een *stationair hologram* gemaakt, met dit effect als gevolg.

Alles wat stationair is, heeft een analogie met *singulariteit*. Aangezien singula-riteit kan werken als een vortex die verdichting creëert, werkt onze gefocuste verbeelding als een condensator en dus *materialisator* van het hologram.

'Wetenschappelijk gezien' is het onduidelijk hoe dit proces precies werkt, maar er zijn ook binnen het kader van de consensus-wetenschap aanwijzingen dat de geest in staat is de fysieke werkelijkheid op subtiele wijze te beïnvloeden. Studies hebben bijvoorbeeld aangetoond dat gerichte intentie en visualisatie een meetbare invloed kunnen hebben op zaken als bloeddruk, immuunfunctie en zelfs het gedrag van subatomaire deeltjes.

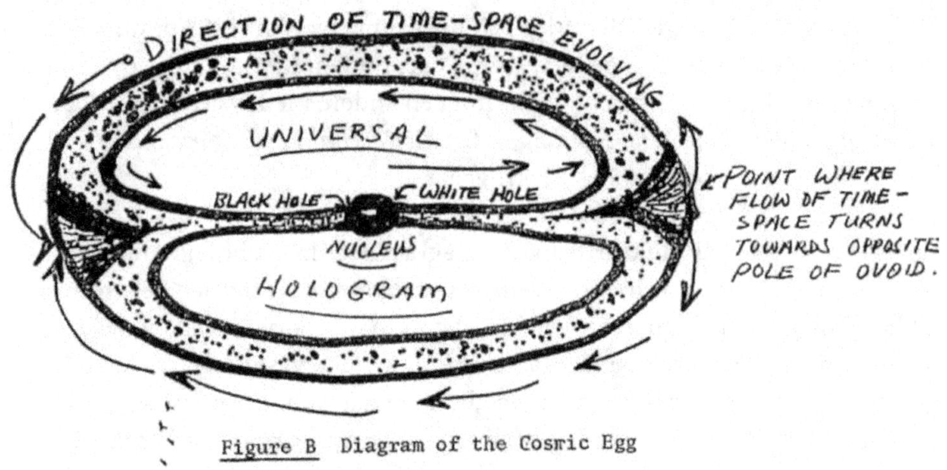

Figure B   Diagram of the Cosmic Egg

Schematische torus-voorstelling van het universum door Itzhak Bentov,
overgenomen door de CIA in 1983.

interpret after he returns to normal consciousness.

   B. **Patterning**. This technique involves use of the consciousness to achieve
desired objectives in the physical, emotional, or intellectual sphere. It involves
concentration on the desired objective while in a Focus 12 state, extension of the
individual's perception of that objective into the whole expanded consciousness,
and its projection into the universe with the intention that the desired objective
is already a matter of established achievement which is destined to be realized
within the time frame specified. This particular methodology is based on the
belief that the thought patterns generated by our consciousness in a state of
expanded awareness create holograms which represent the situation we desire to
bring about and, in so doing, establish the basis for actual realization of that
goal. Once the thought-generated hologram of the sought after objective is
established in the universe it becomes an aspect of reality which interacts with
the universal hologram to bring about the desired objective which might not, under
other circumstances, ever occur. In other words, the technique of patterning
recognizes the fact that since consciousness is the source of all reality, our
thoughts have the power to influence the development of reality in time-space as it
applies to us if those thoughts can be projected with adequate intensity. However,
the more complicated the objective sought and the more radically it departs from
our current reality, the more time the universal hologram will need to reorient our
reality sphere to accomodate our desires. Monroe trainers caution against
attempting to force the pace of this process because the individual could succeed
in dislocating his existing reality with drastic consequences.

   C. Color Breathing. The next technique is called color breathing and is

Passage 'patterning' (magisch patroonweven) in CIA-document
'Analyses and Assesment of the Gateway Process' (1983).

Approved For Release 2003/09/10 : CIA-RDP96-00788R001700210016-5

DEPARTMENT OF THE ARMY
US ARMY OPERATIONAL GROUP
US ARMY INTELLIGENCE AND SECURITY COMMAND
FORT GEORGE G. MEADE, MARYLAND 20755

IAGPC-O

9 June 1983

SUBJECT: Analysis and Assessment of Gateway Process

TO: Commander
     US Army Operational Group
     Fort Meade, MD 20755

1. You tasked me to provide an assessment of the Gateway Experience in terms of its mechanics and ultimate practicality. As I set out to fulfill that tasking it soon became clear that in order to assess the validity and practicality of the process I needed to do enough supporting research and analysis to fully understand how and why the process works. Frankly, sir, that proved to be an extremely involved and difficult business. Initially, based on conversations with a physician who took the Gateway training with me, I had recourse to the biomedical models developed by Itzhak Bentov to obtain information concerning the physical aspects of the process. Then I found it necessary to delve into various sources for information concerning quantum mechanics in order to be able to describe the nature and functioning of human consciousness. I had to be able to construct a scientifically valid and reasonably lucid model of how consciousness functions under the influence of the brain hemisphere synchronization technique employed by Gateway. Once this was done, the next step involved recourse to theoretical physics in order to explain the character of the time-space dimension and the means by which expanded human consciousness transcends it in achieving Gateway's objectives. Finally, I again found it necessary to use physics to bring the whole phenomenon of out-of-body states into the language of physical science to remove the stigma of its occult connotations, and put it in a frame of reference suited to objective assessment.

2. I began the narrative by briefly profiling the fundamental biomedical factors affecting such related techniques as hypnosis, biofeedback and transcendental meditation so that their objectives and mode of functioning could be compared in the reader's mind with the Gateway experience as the model of its underlying mechanics was developed. Additionally, that introductory material is useful in supporting the conclusions of the paper. I indicate that at times these related techniques may provide useful entry points to accelerate movement into the Gateway Experience.

3. Niels Bohr, the renowned physicist once responded to his son's complaints about the obtuse nature of certain concepts in physics by saying: "You are not thinking, you are merely being logical." The physics of altered human consciousness deals with some conceptualizations that are not easily grasped or visualized exclusively in the context of ordinary "left brain" linear thinking. So, to borrow Dr. Bohr's mode of expression, parts of this paper will require not only logic but a touch of

Openingsvel 'Analyses and Assesment of the Gateway Process' (1983) waarin de CIA twee decennia informatie uit vooral het werk van Bentov en het Moroe Institute (en de analyses daarvan) geheim hield voor het publiek.

Kortom, zelfs binnen dat benepen concensus-wetenschappelijk kader, is het daarom mogelijk dat het proces van patterning een soort subtiele energetische of kwantumniveau-interactie tussen de geest en de fysieke wereld inhoudt. Uiteindelijk roept het idee van patterning veel intrigerende vragen op over de relatie tussen bewustzijn, perceptie en werkelijkheid, en nodigt het ons uit om de grenzen van ons begrip van de wereld om ons heen te verkennen, binnen een veld waar kwantummechanica, metafysica en psychologie een nieuwe wetenschap gaan vormen. Althans, voor wie 'magie' een *no-go* is dan, want zo'n nieuwe wetenschap zou al op voorhand achter de feiten aanlopen, omdat deze conceptie al heel lang binnen de magie bestaat en recentelijk een enorme creatieve boost kreeg met de opkomst van de chaosmagie.

Los daarvan wordt patterning al op gigaschaal toegepast door hoofdrolspelers van 'het Systeem', zoals bijvoorbeeld de *Rockefeller Foundation*, waarvoor het bewijs is te vinden in onder meer de volgende, doelbewust conform de techniek van patterning, in de *verleden tijd* geschreven citaten:

"De pandemie had ook een dodelijk effect op de economieën: de internationale mobiliteit van zowel mensen als goederen kwam tot stilstand, gesloopte industrieën zoals het toerisme en het stagneren van wereldwijde toeleveringsketens. Zelfs ter plaatse stonden winkels en kantoorgebouwen maandenlang zonder personeel en klanten leeg".

"Tijdens de pandemie hebben nationale leiders over de hele wereld hun autoriteit gebundeld en luchtdichte regels en beperkingen opgelegd, van het verplicht dragen van mondkapjes tot het controleren van de lichaamstemperatuur bij de ingang van gemeenschappelijke ruimten zoals treinstations en supermarkten.

Zelfs nadat de pandemie was vervaagd, bleef deze toezichthouding en meer autoritaire controle van de burgers en hun activiteiten overeind en werd zelfs geïntensiveerd. Om zich te beschermen tegen de verspreiding van steeds meer mondiale problemen - van pandemieën en transnationaal terrorisme tot milieucrises en toenemende armoede - hebben leiders over de hele wereld zich een stevigere greep op de macht toegeëigend".

Deze citaten komen uit het hoofdstuk *Lock Step* in *Scenarios for the Future of Technology and International Development*, gepubliceerd in mei 2010 door de Rockefeller Foundation in samenwerking met het *Global Business Network* van futuroloog *Peter Schwartz*. Hierin wordt een pandemie gebruikt om de toekomst te herinrichten met meer macht voor de overheid, minder macht voor de burger en totale digitale controle over alle stappen die de burger zet. Dit is één van de vier scenario's, die zo in de verleden tijdsvorm werden opgesteld in 2010 en toegepast vanaf februari 2020 – voorafgegaan door een uitgebreide briefing aan de politiek en massamedia in 2019 (hetgeen duidelijk werd via *Event 201*, de generale repetitie voor de uitrol van de Covid-19 plandemie, samen met het World Ecenomic Forum en de Bill en Melinda Gates Foundation).

Waarom verleden tijd? Wat heeft de verleden tijdsvorm te maken met patterning? Het is in de verleden tijd gesteld, omdat deze tijdsvorm het meest krachtig een idee (d.w.z. een *verbeelding* die met deze citaten hierboven wordt opgeroepen) vastzet, stationair maakt. Het is op te vatten als een NLP-foefje, waarbij we bewust onze eigen geest bedriegen om een magisch effect te genereren.

De verleden-tijdsvorm activeert namelijk op psychisch niveau precies *die* modus die nodig is voor de effectuering van een hologram/verbeelding – in dit geval een kolossale modificatie van de gesimuleerde werkelijkheid binnen 'het Systeem'. Dit soort grote planologische operaties, die nu letterlijk de levens van miljarden mensen beïnvloeden en overhoop kunnen gooien, werken dus volgens wat je *technische magie*, kunt noemen.

De tragiek is dat zodra politiek en media met maatregelen en 'nieuws' de blauwdruk gaan uitrollen, de geconcentreerde en sterk geëmotioneerde collectieve focus hierop, voor een zeer snelle realisatie kan zorgen. Dit soort NLP-blauwdrukken zijn de eerste stap in een strategie die egregors moet lanceren en sterker maken – die de eigenlijke *empowerment* gaan verzorgen om de blauwdruk werkelijkheid te maken. Ik beschreef dit mechanisme al in het begin van dit boek en later kom ik nog op terug.

Itzak Bentov (1923–1979) was een Ashkenazi van Tsjecho-Slowaakse komaf, die zijn ouders en jongere zus en broer verloor tijdens de Holocaust. Hoewel hij geen universitaire opleiding genoot, werkte hij als briljant wetenschapper in Israël en de VS aan diverse, veelal biomedische uitvindingen, waaronder de hartkatheterisatie. Daarnaast was hij een ingetogen mysticus met een niet aflatende interesse in metafysische processen en hoe deze begrijpelijk te verwoorden. Het staat buiten kijf dat hij nooit zijn goedkeuring zou hebben gegeven aan de wijze waarop de hogere politiek zijn patterning-methodiek doelbewust misbruikt.

2.6 Tijd, ruimte en bewustzijn in het tijdruimte-energie-bewustzijncontinuüm

Als we het over 'tijd' hebben, hebben we het tegenwoordig altijd over chronologische verlopen, dus lineaire causale verbanden. In de Griekse filosofie zijn er echter twee vormen van tijd: *Chronos* en *Kairos*.

Chronos en Kairos

Chronos verwijst naar lineaire of chronologische tijd. Het is de meetbare en kwantitatieve tijd die we ervaren in ons dagelijks leven via klokken en kalenders. Het is de tijd die we gebruiken om onze agenda's te organiseren en onze activiteiten te plannen. Het is een objectief concept van tijd dat we onderverdelen in eenheden zoals seconden, minuten, uren, dagen, weken, maanden en jaren.

Daarentegen is Kairos-tijd subjectief en kwalitatief. Het verwijst naar het geschikte moment, het juiste moment, of het kritieke moment om actie te ondernemen. Kairos-tijd wordt niet gemeten met klokken of kalenders, maar door gebeurtenissen en omstandigheden. Het is het moment waarop alles samenkomt en zich een kans voordoet. Het is een moment van gelegenheid dat snelle denkprocessen, intuïtie en soms een 'geloofssprong' vereist.

Terwijl Chronos-tijd essentieel is voor het organiseren van ons leven, is Kairos-tijd cruciaal voor het grijpen van kansen en het nemen van belangrijke beslissingen. Het begrijpen van beide vormen van tijd kan ons binnen de magie dus helpen om de waarde, van zowel de tijdspanne als elk uniek moment, in te schatten en het meeste uit ons leven te halen.

Om deze reden bestuderen magiërs nog steeds 'Kairos-wetenschappen' bij uitstek zoals de *astrologie* en de *Maan-cycli*. In een beroep als de visserij speelt de Maan nog steeds een belangrijke rol, omdat de beste vistijden samenhangen met de uren waarin de Maan opkomt en waarin deze ondergaat.

Eb en vloedschema's zijn ook een invloed, die mij al langer fascineren. Ik heb er alleen nog niet mee geëxperimenteerd in magische context. Eb en vloed speelt zich niet enkel in zee af, maar is een fluctuatie binnen het tijdruimte-energie-bewustzijncontinuüm die overal aanwezig is. Dit werd aangetoond in een experiment waarbij oesters naar de Rocky Mountains, zeer ver van zee, werden vervoerd, waarbij deze zich in een aquarium openden en sloten geheel conform de getijdenberekening voor die locatie, mocht deze aan zee hebben gelegen.

Het is niet helemaal duidelijk hoe of waarom het begrip Kairos binnen de westerse filosofie en het westerse denken verloren is gegaan of in onbruik is geraakt. Er wordt echter aangenomen dat vooral de opkomst van de moderne wetenschap, met haar nadruk op objectieve en kwantificeerbare metingen van tijd, heeft bijgedragen aan het verval van het begrip Kairos. Al tijdens de Renaissance en de Verlichting kwam er een sterke nadruk te liggen op de rede en empirische observatie. Dit leidde tot een verminderde interesse in de meer subjectieve of intuïtieve opvattingen over tijd en (in Europa) een dieptepunt in de interesse in astrologie tijdens de 17e en 18e eeuw.

Het begrip Kairos bleef echter gebruikt worden en gewaardeerd door Arabische astrologen en denkers. In de islamitische filosofie is het begrip *mawqif* (opportuun moment) vergelijkbaar met het begrip Kairos en het wordt nog steeds bestudeerd en toegepast. De laatste jaren is er een hernieuwde belangstelling voor het concept Kairos en aanverwante nieuwe tijdruimte-concepties in de westerse filosofie en kwantumtheorie (*Heisenberg-effect, quantum entanglement*). Subjectieve en kwalitatieve tijd is namelijk onlosmakelijk verbonden met het concept van het tijdruimte-energie-bewustzijncontinuüm. Tijd is hierin niet zomaar los te knippen van ruimte, energie en bewustzijn, maar vormt in correlatief verband met deze andere 'ingrediënten' een voortdurend 'worden'. Henri Bergson (1859–1941) en Alfred North Whitehead (1861–1947) zijn twee bekende filosofen die kwalitatieve en gesubjectiveerde tijd in hun werk hebben geherinterpreteerd.

Henri Bergson's durée vraie

Bergsons filosofie draait in belangrijke mate om het begrip 'geleefde tijd', dat volgens hem de fundamentele realiteit van het universum is. Bergsons filosofie benadrukt de subjectieve, kwalitatieve aspecten van tijd en hij stelt dat tijd niet kan worden gereduceerd tot enkel 'kloktijd', een eenvoudige opeenvolging van momenten. Hij gebruikt het begrip 'duur' om een continue stroom van tijd te beschrijven, die zich verzet tegen kwantificering en meting. Voor Bergson vertegenwoordigt het begrip Kairos het geschikte moment of de *durée vraie* (ware duur) waarin intuïtie en creativiteit tot bloei kunnen komen. Bergsons concept van tijd kan dus samengevat worden begrepen in termen van zijn onderscheid tussen *kloktijd* en *geleefde tijd*. Kloktijd is de tijd die we meten met klokken en kalenders, een objectieve en kwantitatieve tijdsmeting. De geleefde tijd daarentegen is de subjectieve en kwalitatieve ervaring van tijd die we in ons dagelijks leven hebben.

> *Volgens Bergson is de geleefde tijd de meer fundamentele werkelijkheid van de tijd, omdat het de tijd is die we daadwerkelijk ervaren.*

Bergsons kijk op tijd heeft belangrijke implicaties voor ons begrip van de wereld. Eén van de belangrijkste is zijn afwijzing van het idee van *causaliteit*. Volgens Bergson is causaliteit een kunstmatig concept dat gebaseerd is op onze perceptie van tijd als een reeks discrete momenten. In werkelijkheid is de tijdstroom continu en niet te herleiden tot een reeks oorzaken en gevolgen. Dit betekent dat de toekomst niet wordt bepaald door het verleden, maar voortdurend wordt gecreëerd in het huidige moment. Deze visie op tijd is feitelijk dezelfde visie die we binnen de magie hanteren. Een tweede belangrijke implicatie van Bergsons visie op tijd, is zijn afwijzing van het idee van determinisme. Volgens Bergson is het universum geen gesloten systeem dat werkt volgens vaste wetten. In plaats daarvan is het universum een open en evoluerende entiteit, die voortdurend verandert en nieuwe mogelijkheden creëert.

Dit betekent dat de toekomst niet vooraf is bepaald, maar voortdurend wordt gecreëerd door de keuzes die we in het huidige moment maken. Astrologisch belicht is deze visie gedeeltelijk juist, gedeeltelijk onjuist. Hij is onjuist, omdat achter de keuzes van mensen vaak de 'machinerie' van een astrologische klok is te bespeuren (aspecten, die de actuele planeetstanden maken met hun geboortehoroscoop, astrologische progressies, etc.) Hij is juist, omdat via het medium zodiak en de daarin continu veranderende posities van objecten en huiscuspen, het universum inderdaad een open en evoluerende entiteit is, die voortdurend verandert en nieuwe mogelijkheden creëert. Deze convergeren in het heden vanuit zowel het verleden als vanuit de toekomst en de ontdekking en benaming van planeten, dwergplaneten en asteroïden speelt hierbij ook een rol. (Zie mijn stuk over de *mesokosmos* in mijn *Asteroiden-gids* uit 2017.)

Bergsons visie op tijd relateert hij, binnen bovenstaande strekking, aan het menselijk bewustzijn. Volgens Bergson is ons bewustzijn geen passieve waarnemer van de wereld, maar neemt het actief deel aan de schepping van de werkelijkheid. Ons bewustzijn geeft voortdurend vorm aan de wereld om ons heen, en onze perceptie van tijd is een weerspiegeling van dit creatieve proces. Ik kan deze visie alleen maar vet onderstrepen, aangezien hij astrologisch keer op keer verifieerbaar blijkt in de praktijk.

Alfred North Whitehead over actual occasions en de relatie met magie en astrologie

Anders verwoord, maar overlappend met Bergson, benadrukt de filosofie van A.N. Whitehead het belang van proces en verandering bij het begrijpen van hoe de wereld werkt. Hij stelt dat het universum voortdurend in staat van *wording* is (net als Herakleitos' *Panta rhei*: 'Alles stroomt') en dat tijd niet slechts een opeenvolging van statische momenten is, maar een voortdurend proces van transformatie.

Whitehead gebruikt het begrip *actual occasion* (actuele gebeurtenis of gelegenheid) om een moment in de tijd te beschrijven dat gekenmerkt wordt door een unieke combinatie van gebeurtenissen en ervaringen. Voor Whitehead vertegenwoordigt het begrip Kairos een cruciaal moment van gelegenheid en creativiteit, waarin het universum openstaat voor nieuwe mogelijkheden en potentialiteiten. Het verschil tussen Whitehead's actual entity en actual occasion kan het best worden uitgelegd aan de hand van hun betrekking tot het tijdruimte-energie-bewustzijncontinuüm.

Een 'actual entity' is, zoals eerder besproken onder paragraaf 1.3, een term die Whitehead gebruikt om een fundamentele *entiteit* of een werkelijk *bestaand ding* aan te duiden. Het vertegenwoordigt een individuele entiteit met een specifieke identiteit en specifieke eigenschappen. Een actual entity kan zowel materieel als niet-materieel zijn en kan bijvoorbeeld een atoom, een persoon of een gedachte zijn. Het is een concept dat verwijst naar iets dat daadwerkelijk bestaat, zij het niet per se in materiële vorm.

Een 'actual occasion' daarentegen verwijst naar een specifiek *moment* of *gebeurtenis* in de tijd. Het is een dynamische manifestatie van een 'actual entity' waarin alle relevante invloeden en relaties samenkomen. Een actual occasion kan worden gezien als een gebeurtenis die plaatsvindt binnen de bredere stroom van de werkelijkheid. Het is een tijdelijke manifestatie van een actual entity op een specifiek moment. Belangrijk is dat Whitehead geloofde dat actual occasions geen geïsoleerde gebeurtenissen zijn. Ze staan veeleer voortdurend in wisselwerking met elkaar, zowel direct als indirect. Deze interacties drijven het voortdurende wordingsproces, omdat elke actual occasion bijdraagt aan de evolutie van het universum als geheel.

Het tijdruimte-energie-bewustzijncontinuüm kan worden gezien als het bredere kader, waarin zowel actual entities als actual occasions zich manifesteren. Tijd verwijst naar de dimensie van opeenvolgende momenten, ruimte verwijst naar de dimensie van uitgebreidheid en locatie, energie verwijst naar de krachten en bewegingen die werkzaam zijn, en bewustzijn verwijst naar het fenomeen van ervaring en beleving. Actual entities en actual occasions zijn entiteiten of gebeurtenissen die binnen dit continuüm bestaan en zich manifesteren in relatie tot tijd, ruimte, energie en bewustzijn. In Whitehead's filosofie vormen de actual occasions als dynamische manifestaties van actual entities, en hun onderlinge interacties, het *worden* van de voortdurend in een staat van verandering verkerende werkelijkheid.

"Not ignorance,
but ignorance of ignorance
is the death of knowledge."

– Alfred North Whitehead

Volgens Whitehead is het hele universum samengesteld uit deze actual occasions, die unieke individuele gebeurtenissen zijn, die zich voortdurend in het universum voordoen. Anders geformuleerd: In plaats van de werkelijkheid te zien als vast en onveranderlijk, geloofde Whitehead dat alles in het universum voortdurend evolueert en wordt. Volgens Whitehead wordt dit wordingsproces gestuurd door de interactie tussen actual occasions. Een van de belangrijkste implicaties van Whiteheads filosofie is dus dat zij het traditionele begrip van de werkelijkheid als een vaste en onveranderlijke entiteit uitdaagt.

Whiteheads filosofie suggereert in lijn hiermee dat het traditionele onderscheid tussen *geest* en *materie* niet zo duidelijk is als we ooit dachten. Volgens Whitehead maken mentale ervaringen en emoties net zo goed deel uit van actual occasions als fysieke materie. Dit betekent dat onze subjectieve ervaringen en emoties een integraal onderdeel zijn van het voortdurende wordingsproces, en niet kunnen worden gescheiden van ons begrip van de werkelijkheid. (Deze constatering is altijd al fundamenteel onderdeel geweest van magische tradities wereldwijd, vooral binnen animistische culturen, maar ze vormt ook de basis voor de 20ste-eeuwse chaosmagie.)

Net als Bergson stelt Whitehead daarbij ons traditionele begrip van causaliteit ter discussie. Volgens Whitehead worden de interacties tussen actual occasions niet bepaald door een vaste reeks wetten of regels. In plaats daarvan zijn deze interacties creatief en dynamisch, zich voortdurend ontwikkelend en aanpassend aan nieuwe omstandigheden. Dit betekent dat ook bij Whitehead de toekomst niet vooraf bepaald is, maar voortdurend gevormd wordt door de voortdurende interacties tussen actual occasions.

Zowel de visie van Bergson als die van Whitehead zijn, over de gehele linie genomen, buitengewoon ondersteunend voor zowel de astrologie als de magie. Ook bij de astrologie en magie is er een voortdurende interactie of synchroniciteit gaande tussen het mentale, emotionele en subjectief ervarene enerzijds en de fysieke wereld anderzijds. En deze zijn, zoals we zagen in hetgeen ik hierboven over hologrammen en patterning schreef, niet strikt gescheiden, maar meer manifestaties van verdichting of condensatie in het tijdruimte-energie-bewustzijncontinuüm.

Ook de Vier Elementen en *psychosferen*, die worden gebruikt in de astrologie en magie, kunnen worden beschouwd als actual entities en actual occasions die voortdurend op elkaar inwerken. In mijn boek *Asteroïden-Gids* (2017) heb ik in de inleiding het begrip *mesokosmos* geïntroduceerd. Na uitgebreid onderzoek en veel testwerk bleek dat objecten die pas in de 21ste eeuw werden ontdekt –

en waarvan de benaming vaak verweven is met hun intrinsieke astrologische invloed – een cruciale rol spelen in de horoscopen van verschillende historische figuren. Deze rol kan niet worden verklaard met behulp van de klassieke astrologische duidingstechnieken. Echter, door het integreren van nieuwe objecten zoals Plutino's, Cubewano's, Centaurs en andere asteroïdenklassen, vallen alle puzzelstukjes op hun plek. Als astroloog ben ik me bewust van dit fenomeen, dat niet alleen het heden en verleden de toekomst bepalen, maar dat de toekomst ook het verleden en heden vormt. Dit sluit aan bij de meer organische en flexibele opvattingen van 'tijd' (oftewel het tijdruimte-energie-bewustzijncontinuüm) zoals beschreven door Bergson en Whitehead.

2.7 RETROCAUSALITEIT IN HET TIJDRUIMTE-ENERGIE-BEWUSTZIJNCONTINUÜM

Het hierboven besproken fenomeen dat de toekomst het heden en verleden kan beïnvloeden heet *retrocausaliteit*. Retrocausaliteit is een hypothetisch concept waarbij een oorzaak plaatsvindt, nadat het effect heeft plaatsgevonden. Dit idee gaat in tegen de gebruikelijke tijdsrichting van oorzaak en gevolg. De procesfilosofie van A.N. Whitehead stelt nadrukkelijk dat de toekomst het heden en het verleden kan beïnvloeden, naast het feit dat zij erdoor beïnvloed wordt.

Zijn ideeën worden vanuit de kwantumtheorie ondersteund. Door Richard Phillips Feynman (1918–1988) wiens *world lines* in de deeltjesfysica enige connectie hebben met het concept van retrocausaliteit, zij het in een indirecte en specifieke context. De Feynman-wereldlijnen zijn een concept dat wordt gebruikt in de kwantumveldentheorie om het pad van een deeltje in de ruimtetijd weer te geven. Elk deeltje in de fysieke wereld heeft een corresponderende wereldlijn in de ruimtetijd, en deze wereldlijnen worden gebruikt om te berekenen hoe deeltjes interageren en hoe waarschijnlijkheden van deeltjesbeweging worden bepaald. De *Transactional Interpretation of Quantum Mechanics* (TIQM) van John Gleason Cramer, Jr. (1934) stelt voor dat deeltjesinteracties zowel voorwaartse als achterwaartse tijdsontwikkelingen impliceren, waarbij informatie heen en weer gaat tussen de bron van een deeltje en de bestemming ervan.

Indirect kan ook de *implicate and explicate order* (impliciete en expliciete orde) van David Joseph Bohm (1917–1992) met retrocausaliteit in verband worden gebracht. David Bohm's concept van impliciete en expliciete orde komt voort uit zijn interpretatie van de kwantummechanica en heeft betrekking op de diepere structuur van de werkelijkheid. In de impliciete orde beschouwde Bohm de fundamentele aard van de realiteit als een samenhangend en holistisch geheel, waarin alles met elkaar verbonden is en informatie en energie op subtiele wijze verspreid zijn. De expliciete orde daarentegen, vertegenwoordigt de manifeste wereld die we direct ervaren en waarin dingen duidelijk en afzonderlijk lijken te zijn. Hoewel de expliciete en impliciete orde van Bohm niet rechtstreeks over retrocausaliteit spreken, hebben ze wel raakvlakken in hun benadering van de aard van de realiteit. De impliciete orde kan worden geïnterpreteerd als een diepere, samenhangende realiteit waarin mogelijk mechanismen kunnen optreden die verband houden met retrocausaliteit. Sommige onderzoekers hebben gesuggereerd dat retrocausaliteit kan worden begrepen als een effect van informatie die vanuit de impliciete orde naar de expliciete orde stroomt.

Bohm bracht het standpunt naar voren dat de kwantumfysica het traditionele Cartesiaanse model van de werkelijkheid – dat twee onderscheiden substanties vooronderstelt, het mentale en het fysieke, die op de een of andere manier met elkaar interageren – als te beperkt beschouwde. Zijn wiskundige en fysische theorie van impliciete en expliciete ordening heeft hij ontwikkeld als onderbouwing van deze gedachte. In lijn daarmee stelde hij dat de hersenen op cellulair niveau werken volgens de wiskunde achter bepaalde kwantumeffecten, en veronderstelde hij dat gedachten, vergelijkbaar met kwantumentiteiten, verspreid en non-lokaal zijn. Bohms voornaamste focus lag op het begrijpen van de aard van de werkelijkheid in het algemeen, en van het bewustzijn in het bijzonder als een geïntegreerd geheel, dat volgens Bohm nooit statisch of volledig is.

Vanuit een beschouwelijke, dus afstandelijke visie op tijd als een causaal verloop (Chronos) is het moeilijk voor te stellen dat zowel toekomst als verleden het heden kunnen vormen. Vanuit Kairos gedacht binnen een 'voortdurend' tijdruimte-energie-bewustzijncontinuüm bestaat er eigenlijk alleen maar een soort hybride tussen een relatief beheersbaar organon en een volstrekt onbeheersbare jungle van *golven,* die in het eeuwige spel van van actual entities en actual occasions hun instortingsmomenten hebben. Verleden, heden en toekomst smelten samen in coördinaten die de koersen van het *wordende* universum bepalen. Elke interactie tussen actual occasions creëert een instortingsmoment. In de astrologie creëren aspecten tussen hemellichamen die instortingen van de 'golf-deeltje-realiteit' volgens efemere patronen (transitpatronen aangegeven in efemeridentabellen). In de magie veroorzaakt de magiër een golf(gedachte-)instorting middels extreem gefocuste verbeeldingskracht en abrupt vergeten, waarmee een singulariteitkracht wordt benaderd.

De vraag die mij als schrijver vaak geboeid heeft is in hoeverre inspiratie 'uit de toekomst komt' en de toekomst dus meewerkt aan de totstandkoming van een boek dat ik schrijf in het heden. Bijna 60 jaar oud, en altijd geïnteresseerd geweest in magie, het occulte, metafysica en magie, heb ik natuurlijk onnoemelijk veel kennis opgebouwd binnen deze niche. Maar bij geen enkel boek put ik enkel uit het verleden. De kennis die ik heb opgeslagen biedt veel mogelijkheden voor vragen binnen een schrijfproces, waarop de antwoorden dan uit inspiratie (lett. 'de geest krijgen') afkomstig zijn. Kabbalistisch verhoudt het domein (Atziluth) zich als 'toekomst' tot onze actuele Aardse wereld van wording en werken (Assyah) via het 'onbeperkte' mogelijkheden-domein, Briah en 'medium' Yetzirah.

In de context van mijn manuscript en binnen deze gedachtegangen over retrocausaliteit is mogelijk het begrip *interferentiepatroon* te interpreteren in de context van Whiteheads procesfilosofie, hoewel het in deze context geen algemeen gebruikt begrip is. Ter opfrissing van het geheugen; het eerder besproken interferentiepatroon is een verschijnsel dat optreedt wanneer twee of meer golven op elkaar inwerken. De golven interfereren met elkaar, versterken elkaar of heffen elkaar op, en creëren een patroon van afwisselend heldere en donkere gebieden. Wanneer ik aan het werk ben kan mijn dusver geschreven manuscript worden gezien als een golf die al is ontstaan, terwijl het ongeschreven manuscript kan worden gezien als een potentiële golf die nog moet worden gerealiseerd.

Deze golven kunnen op elkaar inwerken om een interferentiepatroon te creëren, waarbij bepaalde delen van het manuscript elkaar versterken of opheffen. Dit interferentiepatroon zou kunnen worden gezien als een weergave van het potentieel van het ongeschreven manuscript, dat aangeeft hoe het zich in de toekomst zou kunnen ontwikkelen. Het kan ook worden gezien als een manifestatie van het creatieve proces zelf, waarbij het manuscript voortdurend evolueert en verandert naarmate de schrijver eraan blijft werken.

Schrijft de schrijver het boek of schrijft het boek zichzelf door de schrijver?

Veel schrijvers die aan een manuscript voor een boek werken hebben het verschijnsel ervaren dat het soms lijkt alsof ze niet de enige auteur zijn, maar dat het boek 'zichzelf begint te schrijven'. Hier kunnen denk ik drie verklaringen op worden losgelaten.

1. In geval van (met name) een roman, kan een schrijver onbewust één of meerdere romanpersonages in (sturende) servitors veranderen, maar ook de roman in spe zelf.

2. In geval van alle soorten boeken kan de voortgang voortdurend worden beinvloed middels hetzelfde mechanisme van 'er een nachtje over slapen'. Ik heb dat mechanisme eerder al behandeld. Bij een schrijver in actie kan

hierdoor het gevoel van een voortdurende flow ontstaan uit de cadans tussen het schrijven overdag en de uitgeschakelde waak-subjectiviteit 's nachts, wanneer de schrijver direct en ongefilterd in contact staat met het tijdruimte-energie-bewustzijncontinuüm waarin verleden, heden en toekomst *naast* in plaats van *achter* elkaar bestaan.

3. De interferentiepatroon-theorie met betrekking tot schrijven en retrocausaliteit heb ik hier direct boven al uitgewerkt.

III. EGREGORS

Bijna alle magische instructieboeken richten zich voornamelijk op de magische methoden zelf, los van de context. Zelden of nooit wordt daarbij diepgaand begrip geboden van de verborgen onderliggende wereldse realiteit. Deze blijft voor de meerderheid van magiërs en heksen nog steeds een blinde vlek. Ik doel hier op de invasie van de wereld door een etherisch en hiërarchisch opgebouwd veld van egregors, kunstmatige etherische wezens, waarvan sommige al millennia oud zijn. Hoewel ik het onderwerp egregors eerder heb aangestipt, is het van belang er dieper op in te gaan.

Maar wat is een egregor precies? Een egregor is een grote etherische levensvorm (vaak, maar niet altijd psycho-energetisch parasitair), vergelijkbaar met een gigantische servitor, met een sterk ontwikkeld en vaak offensief overlevingsinstinct. Dit wezen ontstaat wanneer er een collectieve focus is op één en dezelfde emotionele trigger, meestal een verzonnen probleem of bewering die een massahysterische reactie veroorzaakt. Op het occulte niveau zorgt deze collectieve focus ervoor dat het aandachtspunt waarop wordt gefocust, een vaste positie krijgt in het dynamische tijdruimte-energie-bewustzijncontinuüm en zo snel een grote orgone verdichting krijgt (en daarmee manifestatiekracht).

De egregor heeft een mini-versie, ook wel *larve* genoemd, die later in dit boek meer gedetailleerd wordt toegelicht. Dit is een etherische parasiet die ontstaat uit het trauma, de obsessie of verslaving van één persoon. Egregors en larven hebben een bijzondere positie binnen de wereld van kunstmatig gecreëerde geestwezens. In tegenstelling tot servitors en Elementaren hebben ze geen verbeelde vorm of naam, maar slechts een *Gestalt*, die hen als entelechie en entiteit definieert als unieke activiteit binnen het tijdruimte-energie-bewustzijncontinuum. Een ander onderscheid tussen egregors en larven is dat deze wezens niet in actie komen door het bevel van de magiër, zoals een servitor of Elementar, maar van nature zeer offensief en agressief zijn. Hun overlevingsinstinct is loeisterk en hun activiteit draait louter om voeden (overleven). Ze kunnen zich enkel voeden middels de doelbewuste modificatie van etherische energie (orgon).

Hiervoor moet de groep (in geval van de egregor) of het individu (in geval van de larve) keer op keer in een staat worden gebracht, die correspondeert met de groepsemotie of de individuele emotionele conditie, van het moment van 'geboorte' van respectievelijk de egregor of larve. Negatieve egregors en larven behoren tot de meest voorkomende soorten energetische vampiers.

Een egregor is dus een collectieve entiteit – een soort *mind-snatcher XXXL* – die wordt gevormd door de gedachten en verlangens van een hele groep mensen, vaak binnen esoterische of occulte geloofssystemen, maar veel vaker onbedoeld en onbewust in de samenleving algemeen. Tegenwoordig ontstaan bijna alle egregors uit intense emoties, die worden aangewakkerd door hysteriegolven die bewust via massamedia worden gecreëerd.

Hoewel de wereld negatieve egregors kent die zo taai zijn dat ze eeuwen kunnen overleven, is een egregor op zichzelf neutraal. Veel positieve processen en culturele cohesie binnen een groep of gemeenschap zijn ook afhankelijk van actieve egregors. Het is echter belangrijk om te begrijpen dat in vrijwel elke vorm van zich manifesterend geprogrammeerd massagedrag, een actieve en sturende egregor aanwezig is.

Negatieve (frustratie-gerelateerde) egregors worden al eeuwenlang gevoed door staatsreligies en machtsstructuren, waardoor een veld van 'etherische kruitvaten' is ontstaan waar voortdurend vonken overheen vliegen. Bij het minste of geringste kan de boel weer ontploffen en komen soms eeuwenoude egregors weer tot leven. Zowel positieve als negatieve egregors manifesteren zich als een onderhuidse kracht of drukgolf, die grote groepen mensen in een bepaalde collectieve gedragsmodus stuurt.

Als we de egregor-theorie toepassen op de moderne samenleving en haar geschiedenis, kunnen we zowel positieve als negatieve egregors identificeren. Een voorbeeld van een negatieve entiteit is de eeuwenoude egregor van racisme, die steeds weer opduikt. Aan de andere kant hebben veel culturen ook positieve egregors die hen met elkaar verbinden. Deze positieve egregors zijn van essentieel belang voor culturele en maatschappelijke cohesie. Het is een feit dat veel processen in de samenleving min of meer op 'automatische piloot' draaien door de invloed van egregors. Zo zijn ook een gastvrije volksaard of de typerende artistieke expressievormen in architectuur, dans, muziek, religieuze gebruiken, etc. gelinkt aan egregors.

Positieve egregors ontstaan doorgaans uit de interactie tussen collectieve belangen en de lokale genius loci en worden zo dragers van een cultuur. Negatieve egregors ontstaan grotendeels uit de 'kakos daimon', wat de optelsom is van alles wat een cultuur, oftewel een verzameling positieve egregors, als bedreigend of vijandig ervaart – of als bedreigend wordt geïndoctrineerd, door de dirigerende krachten binnen 'het Systeem'. In Hitler Duitsland werd de antisemitisme-egregor bijvoorbeeld zo doelbewust opgepookt, dat de massale bezetenheid hierdoor tot de Holocaust leidde.

De Egregorische Vampiermachine

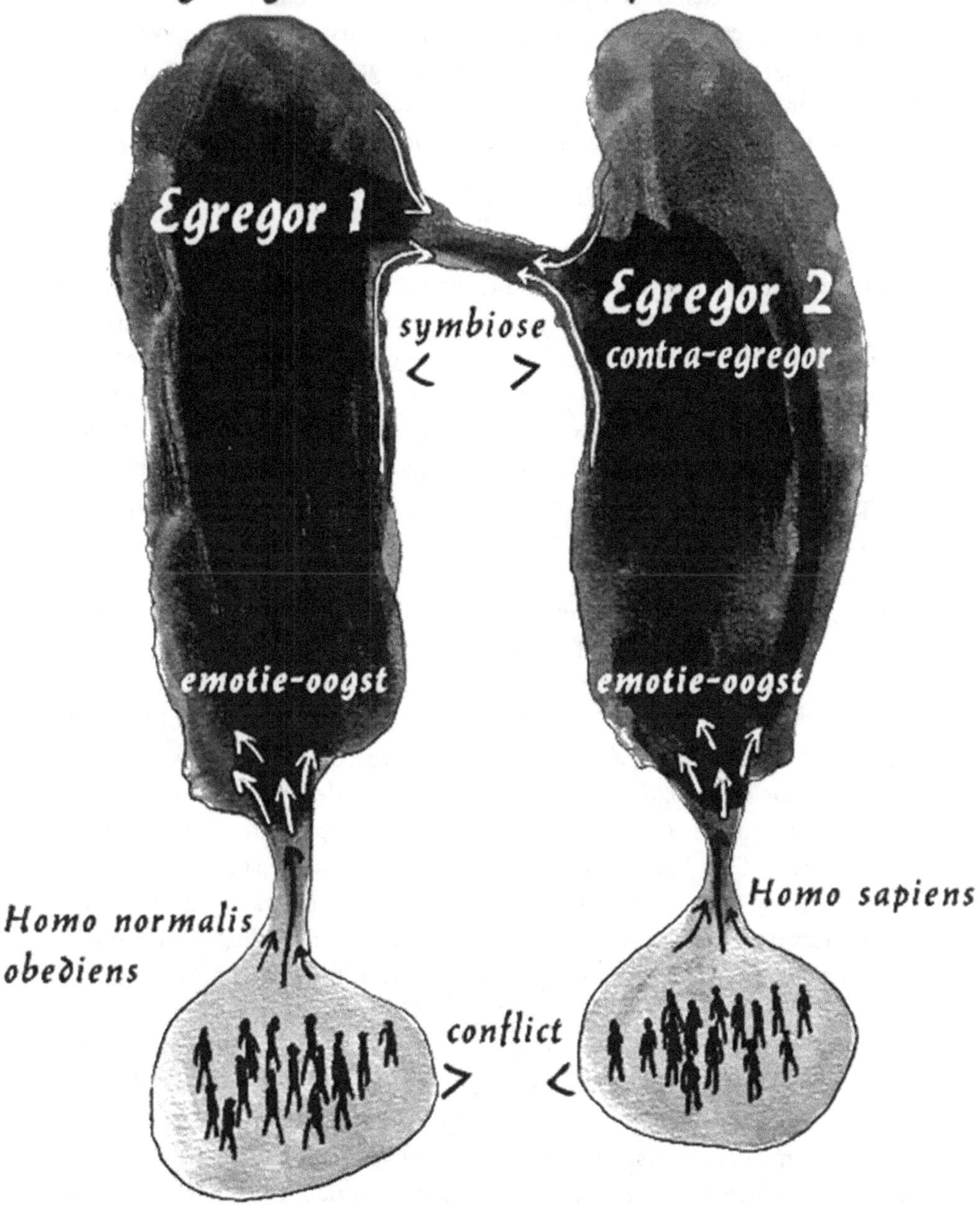

Wanneer de politiek schadelijke ideeën aanmoedigt, ontstaat een massale tegenreactie van het kritische deel van de bevolking. Emoties van beide groepen creëren twee egregors die een symbiose vormen, terwijl de oorspronkelijke groepen in conflict blijven. Zo ontstaat een egegorische vampiermachine die beide groepen uitput.

Binnen het (post)moderne tijdperk bestaan er diverse langlopende (onderhuidse) conflicten tussen de tijdgeest en de cultuurgeesten. De onverschilligheids-egregor, consumptie-egregor, nationalisme-egregor, globaliserings-egregor, woke-egregor, pandemieangst-egregor, overheidswantrouwen-egregor, mediawantrouwen-egregor, de New World Order-egregor en de spiriwiri *kill-your-ego*-egregor zijn enkele voorbeelden van egregors voortkomend uit dat conflict.

De manifestaties en het via de media boosten van negatieve egregors, roepen vaak heftige maatschappelijke tegenreacties op, niet gericht op die egregor zelf, maar op diens maatschappelijke output. Echter vanuit die collectieve verontwaardiging ontstaat zo al snel een contra-egregor, die binnen een tragisch mechanisme al heel snel net zo vampiriserend inwerkt op de verzetsgroep, als de negatieve egregor. Dit komt omdat beide egregors in zo'n situatie vrijwel onmiddellijk tot een staat van symbiose overgaan. De groep die z'n humane standpunten aan het verdedigen was, heeft vanaf dat moment ineens met twee energievampiers te maken in plaats van met één!

Ter illustratie: wanneer overheden samen met Big Business en Big Media een discriminatiehype, pandemie of crises orkestreren, gaat circa 30% van de bevolking klakkeloos mee in deze gekte. Ongeveer 30% verzet zich er hevig tegen en 40% twijfelt en kan zich bij een van de twee kampen aansluiten, of opnieuw switchen. Er ontstaat een super-egregor, met als reactie daarop een super-contra-egregor. De eerste egregor blijft zich voeden met de 30% *homo normalis obediens*-types (de gewone gehoorzame mens) en slurpt de door 'angst', 'blinde gehoorzaamheid' en 'haat' gemodificeerde orgon op uit deze bezeten massa. De super-contra-egregor voedt zich met de verontwaardiging van de groep – die min of meer de status van *homo sapiens* heeft behouden en deze blijft verdedigen – dus de orgone energie die gemodificeerd wordt met 'verontwaardiging'.

Deze laatste egregor heeft er echter, net als de eerste egregor, alle baat bij dat deze verontwaardiging in stand blijft, en richt diens inbezitname van de verzetsgroep daarom enkel op het reageren op *symptomatische* verschijnselen van het probleem. Dus er ontstaan in *no time* alternatieve media die de ellende en krankzinnigheid aankaarten, vergelijkingen met de nazi-tijd en andere totalitaire systemen maken, maar zich niet of nauwelijks richten op de kern van het probleem aka de zwakste schakels van de tegenpartij. Dit terwijl die elke dag op een dienblad worden aangeboden door de foute 30% en hun leiders. Beide egregors ondersteunen in deze situatie elkaar. Terwijl hun energiedonors in een staat van oorlog en blinde vlekken verkeren, zitten deze egregors iedere dag aan een gezamenlijk diner en wordt iedereen energetisch leeg getrokken.

Dit lage energieniveau dat zo ontstaat maakt, wanneer een zeker niveau van uitputting wordt bereikt, de weg vrij voor meer agressie en geweld. (Zie Mantak Chia's notities over geweld tegen vrouwen, dat statistisch beduidend veel vaker voorkomt onder mannen die net geëjaculeerd hebben en hierdoor een energiedip hebben – orgone depletie.) Op maatschappelijk niveau ontstaat zo een zeer gevaarlijke situatie, die makkelijk in oorlog of burgeroorlog kan omslaan.

Negatieve egregors (en hun aantal is ontelbaar!) zijn daarom bijzonder moeilijk te herkennen, aangezien ze blinde vlekken vormen die aan iedereen ontsnappen. Hierdoor is het des te lastiger om ze te overrulen. Ze kunnen worden vergeleken met etherische octopussen met duizenden grijparmen, die direct elke emotionele en mentale resonantie met hun eigen wezen detecteren.

Het ontstaan van egregors die hele samenlevingen beïnvloeden, hangt vaak samen met macrokosmische factoren, zoals de posities van verre of stationaire planeten, asteroïden of conjuncties, vooral die met de Zon in de Nieuwjaars-horoscoop. Ook de Zwarte Manen hebben met hun reis door de zodiak veel invloed, vooral bij het activeren van egregors, hoewel ze niet altijd de kracht hebben om deze tot zeer machtige entiteiten te laten uitgroeien.

De term 'egregor' werd in 1857 gebruikt door de Franse schrijver Victor Hugo in zijn gedicht *La Légende des siècles*, waarbij hij verschillende spellingen gebruikte en de betekenis ervan in het midden liet. Het woord werd later gecreëerd als een Frans neologisme, geïnspireerd op het Griekse woord *egrégoroi*, dat 'wachter' betekent en voorkomt in de Septuagint-vertaling van bepaalde bijbelboeken. De term 'egregor' heeft verder een relatie met het Latijnse *egregius*, wat 'uitstekend, eervol, glorieus' betekent, en van het Oudgriekse 'ἐγείρω', 'wakker, ontwaakt'.

> *Ook volgens Mark Stavish, een esoterisch expert, is het concept van egregors één van de best bewaarde geheimen van de esoterische traditie. Hij merkt op dat dit niet alleen geldt voor wat gewoonlijk als 'esoterische' kringen wordt beschouwd, maar ook voor invloedrijke kringen in politiek, bedrijfsleven en religie, die bewust of onbewust vertrouwen op de kracht van egregor.*

Ik deel deze opvatting, zoals ik al eerder in dit boek duidelijk maakte. Egregors zijn de eigenlijke en onzichtbare kracht en empowerment achter alle politiek aka politieke misdaden. De massamedia zorgen, in samenwerking met politiek en veiligheidsdiensten, dat er steeds voldoende egregors zijn om de gesimuleerde werkelijkheid in stand te houden voor de homo normalis.

Technisch gezien is homo normalis obediens aan een stuk door in zo'n extreme mate door egregors bezeten, dat veel mensen van deze grootste groep in de samenleving nooit enige vorm van authenticiteit, zelfstandig denken of een substantieel niveau van menselijkheid bereiken.

De egregors zijn direct gecorreleerd aan de, conform het machtssysteem, geprogrammeerde fake-werkelijkheid. Ze vormen de eigenlijke kracht en wezenheid van dit machtssysteem via het het in bezit nemen van homo normalis obediens, wiens basale homeostase altijd een combinatie angst en gehoorzaamheid blijft. Dit is occult gezien de negatieve Saturnus-kracht. De positieve is zelf verantwoording voor je eigen leven nemen waardoor je geen speelbal voor het systeem meer kunt zijn.

3.1   EGREGORS EN WILHELM REICH'S OR EN DOR

Bij een positieve egregor ligt de voeding anders dan bij een negatieve egregor. Een positieve egregor voedt zich met wat de taoïsten omschrijven als *shen-qi* en wat Wilhelm Reich *OR* noemt. Shen-qi komt vrij bij positieve activiteit en enthousiasme. *Jing-qi* is een tweede vorm van positieve qi en tevens de meest verdichte vorm ervan. Positieve egregors stimuleren daarom de vooruitgang en stabiliteit van positieve routines en drager van het samenlevingsgrit. Ze bevinden zich in een symbiose met de mens. Veel goden of geestwezens waaraan gebeden en offers werden gewijd (meestal voedselresten, melk, honing, enz.) waren egregors. De godheid die heerst over deze positieve stabiliteit annex mystieke ecologievorm wordt binnen het hindoeïsme *Vishnu* genoemd.

Orgon (de magische term is *sphota*, de Taoïstische is *qi*) is de fijnstoffelijke energie die in het tijdruimte-energie-bewustzijncontinuum allerlei vormen, kwaliteiten en dichtheidsgraden kan aannemen. Orgonenergie is een westerse conceptie van qi, die Reich heeft uitontwikkeld. Hij geloofde dat er een universele levensenergie bestaat die in alles aanwezig is, in de natuur en in levende organismen, maar ook in het heelal.

Volgens Reich kan deze energie zowel positief zijn als negatief. Om het eerst even simpel te houden is er positieve, levensbevorderende en voedende orgon (OR) en negatieve schadelijke orgon (DOR), de afkorting voor *Deadly Orgone Energy*. De taoisten noemen DOR *shar-qi*. Zoals OR een directe relatie heeft met vitalisme, optimisme, creativiteit en vrijheid, heeft DOR een directe relatie met antivitalisme, gebrek aan creativiteit, onderdrukt worden, angst, gif, gevangenschap, kanker, schadelijke straling, leugens, schuldgevoelens, geweld, controleparanoia, verstikt worden en dwangneuroses.

Negatieve egregors voeden zich uitsluitend met DOR en creëren situaties die DOR-uitstoot via of door toedoen van mensen (meestal politici en iedereen die hen ondersteunen) stimuleren. DOR is stagnerende energie, geblokkeerde of geharnaste levensenergie die verstikt wordt (in de kabbalah: de Qlippoth). Wat negatieve egregors aldus concreet doen is alle mogelijke vormen van blokkades (emotioneel, mentaal) in mensen verduurzamen, door de meest stupide vormen van bekrompenheid in de maatschappij, politiek en religie te stimuleren en in stand te houden.

Bij iedere opleving van humane en intelligente activiteit (vrije geest) gaat er meteen een alarmbel af bij zo'n wezen, dat er vervolgens alles aan doet om de dissident(en) die deze duivel op de staart trapt of trappen, tegen te werken of erger. Een egregor kan heel makkelijk een collectieve haat tegen zo'n individu of groep aanwakkeren.

Het duurzaam inhumaan optreden van machthebbers en hun aanhang is een fenomeen waar veel psychologen, psychiaters, sociologen en filosofen hun hoofd over hebben gebogen. Maar hun bevindingen slaan stuk voor stuk de plank mis, omdat het verschijnsel 'bezetenheid' geen plek in hun academisch correcte jargons heeft. Ongeveer 99,99% van alles wat er ooit gepubliceerd is over het thema 'de staat en het individu' in het licht van het bovenstaande, kan daarom zo de schredder in. Het zijn schadelijke jargonschrijfsels, die als een kat om de hete brei draaien en hiermee krachtig bijdragen tot de instandhouding van DOR-systemen, terwijl ze het omgekeerde ambiëren of pretenderen. Het leven van Reich zelf ging van 1934 tot 1954 meedogenloos gebukt onder deze egregorische terreur.

Egregors, zowel de positieve als negatieve worden sterk beïnvloed door astrologische invloeden. In december 2019 publiceerde ik mijn jaarvoorspelling voor 2020, waarin ik met klem heb gewezen op de verwachte oorlogsachtige situatie *"The 2020 horoscope is truly apocalyptic. 2020 Will be the most crucial year for (what used to be called) 'western civilization' since 1945."* Dit was af te leiden van een vierkant Saturnus/Pluto in Steenbok op Eris in Ram. Een dergelijk vierkant tussen deze planeten was ook actief aan het begin van de Eerste Wereldoorlog. Alleen vond de conjunctie Saturnus/Pluto toen plaats in Kreeft. Verder was te zien dat er een ongekende vorm van censuur zou worden uitgeoefend en er veel klokkenluiders vanuit het systeem zelf naar buiten zouden treden. (Af te leding van de conjunctie van de Nieuwjaars-Zon met de Plutino1998 HK151 & Centaur 2001 KF77.)

Only one thing matters: live a good, happy life. Do your heart's bidding, even when it leads you on paths that timid souls would avoid. Even when life is a torment, don't let it harden you.

– Wilhelm Reich

Technisch ontstaat DOR door vervuiling van de natuur met chemische stoffen of straling, zoals microgolfstraling waar de telecom op drijft, de laagfrequente elektrosmog van elektrische apparaten en zonnepanelen, radioactiviteit en disharmonische bouwstijlen die tot het zogeheten *sick building* syndroom leiden. Zeer veel DOR werd gegenereerd door kernproeven.

Staan mensen bloot aan verdrukking, bedreiging, geweld en dergelijke – wat leidt tot negatieve emoties – dan vindt er psychische stimulering van DOR plaats. Letterlijk alle piramidale machtssystemen werkten en werken met repressie, censuur, hersenspoeling van de massa, uitbuiting en het in stand houden van situaties die negatieve emoties oproepen. De reden is dat hun werkelijke macht simpelweg bestaat uit de bezetenheid van de massamens door hun egregors. Deze wordt gestimuleerd met het Machiavelliaanse beginsel dat regeren het makkelijkst is op basis van angstverspreiding onder de bevolking. Daarnaast werken machthebbers met het singulariteitsprincipe, wat neerkomt op het simpelweg vasthouden aan je uitspraak en standpunt, ook al weet iedereen dat hier een leugen of iets compleet krankzinnigs wordt geventileerd.

Machthebbers zijn daar meesters in en oppositieleiders of zelfs hele partijen zijn doorgaans veel te slap en te dom om daar tegenop te kunnen, een enkele verdwaalde *Mensch* in deze gelederen daargelaten, die het allemaal meent, maar het ook niet snapt en zo een bescheiden YouTube-ster wordt. Ook de intelligentsia laat het na om deze koe bij de horens te vatten en produceert alleen maar criticasters, die 'echt hele goede kritieken en analyses' leveren – die je kunt nalezen in nieuwsbrieven of bekijken via Bitchute – en die massaal op social media worden gedeeld, waarmee alleen maar de hierboven al uitgebreid besproken contra-egregor wordt ondersteund .

Wat machtsmisbruikeinde clubs (deels) onderuithaalt zijn uiteindelijk enkel de astrologische verschuivingen. En enige tijd daarna volgt gewoon weer een wisseling van de wacht, omdat de egregors niet sterven maar blijven sluimeren, en in de loop van de altijd voortgaande astrologische mutaties, vroeg of laat weer een 'nieuwe lente' tegemoet gaan. Mensen reageren dan met uitspraken als: "We hebben niets van de geschiedenis geleerd" en zo. En ook dat is een illusie. Het enige wat men niet leert is hoe egregors, de praktische (magische) toepassing van singulariteit en orgon werken. Geschiedenis blaast alleen maar een vlieg in je oog!

Zolang dit kwartje niet valt, behoudt de macht de eeuwige slachtofferrol van de homo normalis obediens, gevoed middels religie, onderwijs, norm, wetenschap, media, alternatieve media, groepsinstincten en overige, als een betonnen fundament om de tent zo weer op te bouwen. Daarom zat er bijvoorbeeld maar vijf jaar tussen het einde van de Franse Revolutie in 1799 en de troonsbestijging van Keizer Napoleon Bonaparte in 1804.

Wilhelm Reich stelde dat de volgende emotionele condities onze levensenergie (OR) kunnen uitputten en omzetten in dodelijke Orgone energie (DOR):

1. *Angst:* Reich geloofde dat angst OR kon uitputten en DOR in het lichaam kon creëren. Dit komt omdat angst een krachtige emotie is, die de vecht-of-vlucht reactie kan teweegbrengen en in het lichaam stresshormonen, zoals cortisol en adrenaline, laat vrijkomen die het evenwicht van energie in het lichaam kunnen verstoren. Ontaard angst in een *freeze*, dan put de voortdurende cortisolproductie de bijnieren uit.
2. *Woede:* Woede is een sterk geladen emotie die spanning en stress in het lichaam kan veroorzaken, wat leidt tot een uitputting van energie.
3. *Depressie:* Depressie is een toestand van weinig energie en motivatie die een negatieve feedback-loop kan creëren, die na verloop van tijd leidt tot een uitputting van energie.
4. *Schuldgevoel:* Schuld is een emotie die een gevoel van zelfverwijt en negativiteit kan creëren, wat leidt tot een uitputting van energie en het ontstaan van DOR.

Dit zijn exact de emoties die 'het Systeem' tegenwoordig via de massamedia, een groot deel van de filmindustrie en social media, bij miljarden mensen over de hele wereld aanwakkert. Dit fenomeen is voor iedereen zichtbaar, open en bloot. En wie nog twijfelt zou gewoon even vijf minuten door Twitter moeten scrollen of wat mainstream kranten of journaaluitzendingen moeten bekijken. Je komt een dosis negativiteit (verslaving & programmering) tegen, waar je plakken van kunt snijden.

3.1.1 DE LINK TUSSEN LANG LEVENDE NEGATIEVE EGREGORS EN EPIGENETICA

De psychologische gevolgen van onderdrukking, ongerechtvaardigde censuur en de dreiging van staatsgeweld of vervolging kunnen aanzienlijk en veelzijdig zijn en kunnen worden doorgegeven van ouders op hun kinderen, door meerdere generaties heen. Dit staat bekend als *intergenerationeel trauma* of *historisch trauma.*

Wanneer individuen of groepen een trauma of onderdrukking ervaren, kunnen de psychologische en biologische effecten daarvan via *epigenetische veranderingen* worden doorgegeven aan toekomstige generaties. Epigenetica verwijst naar veranderingen in de instructies van ons lichaam die kunnen plaatsvinden zonder de eigenlijke code, waaruit ons DNA bestaat, te veranderen. Je kunt DNA zien als een grote handleiding die ons lichaam vertelt hoe het moet groeien en ontwikkelen. Soms worden bepaalde delen van de handleiding in- of uitgeschakeld, afhankelijk van wat ons lichaam nodig heeft.

Epigenetische veranderingen zijn als kleine *bladwijzers* die ons lichaam vertellen welke delen van de handleiding het op verschillende momenten moet gebruiken. Als er iets gebeurt dat echt stressvol of bedreigend is, kan ons lichaam deze epigenetische veranderingen aanbrengen om ons te helpen ermee om te gaan. Deze veranderingen kunnen worden doorgegeven van ouders op hun kinderen, en kunnen er soms toe leiden dat bepaalde eigenschappen of gedragingen in bepaalde families vaker voorkomen dan gemiddeld. Bijvoorbeeld, als iemands voorouders veel stress en trauma's hebben meegemaakt, is de kans groter dat die persoon worstelt met angst of depressie vanwege de epigenetische veranderingen die aan hen zijn doorgegeven.

Het is belangrijk te bedenken dat deze veranderingen niet noodzakelijkerwijs betekenen dat iemand voorbestemd is om een bepaalde eigenschap of een bepaald gedrag te vertonen. Onze omgeving en ervaringen kunnen ook beïnvloeden welke delen van ons DNA aan of uit staan. Dus zelfs als iemand een familiegeschiedenis heeft van een bepaalde eigenschap of gedrag, kan deze persoon nog steeds werken aan positieve veranderingen in zijn of haar leven en zorgen voor diens geestelijke gezondheid.

Onderzoek heeft aangetoond dat traumatische ervaringen kunnen leiden tot *veranderingen in genexpressie die door nakomelingen kunnen worden geërfd*, wat kan leiden tot een verhoogde vatbaarheid voor psychische stoornissen of andere gezondheidsproblemen. Onder Ashkenazi-Joden, die een lange geschiedenis van pogroms kennen, komen bijvoorbeeld ruim twintig aandoeningen meer dan gemiddeld voor, waarvan de meeste direct of indirect met de eeuwen van discriminatie en vervolgingen te maken hebben. Bij de zwarte bevolking in de diaspora wordt het slavenverleden o.a. nog steeds epigenetisch in verband gebracht met hoge bloeddruk, astma, obesitas, type 2-diabetis, verhoogde vatbaarheid voor psychische problemen en hartaandoeningen.

De overdracht van trauma kan plaatsvinden via culturele of sociale middelen, zoals de overdracht van overtuigingen, houdingen en gedragingen die verband houden met onderdrukking of vervolging. Deze ervaringen kunnen worden geïnternaliseerd en doorgegeven via families of gemeenschappen, wat leidt tot voortdurende intergenerationele gevolgen voor zowel de geestelijke als lichamelijke gezondheid en het algemeen welzijn.

Hier zijn twintig algemene effecten die veroorzaakt kunnen worden door epigenetica:

1. Verhoogde vatbaarheid voor psychische stoornissen, zoals angst en depressie;
2. Hoger risico op het ontwikkelen van bepaalde vormen van kanker;
3. Veranderingen in de stofwisseling die kunnen leiden tot obesitas of andere stofwisselingsstoornissen;
4. Gewijzigde werking van het immuunsysteem;
5. Ontwikkelingsstoornissen, zoals autisme spectrum stoornis;
6. Verhoogde of verminderde gevoeligheid voor stress;
7. Veranderingen in gedrag en persoonlijkheidskenmerken;
8. Toegenomen of afgenomen gevoeligheid voor pijn;
9. Veranderingen in hersenstructuur en -functie;
10. Veranderingen in vruchtbaarheid of voortplantingsfunctie;
11. Gewijzigde reacties op medicijnen of drugs;
12. Verhoogd risico op verslaving of drugsmisbruik;
13. Veranderingen in de cardiovasculaire functie;
14. Veranderde reactie op milieutoxines of verontreinigende stoffen;
15. Veranderingen in genexpressie die veroudering beïnvloeden;
16. Verhoogd of verlaagd risico op auto-immuunziekten;
17. Veranderingen in gevoeligheid voor voedsel en voedingsgewoonten;
18. Gewijzigde reactie op lichaamsbeweging of training;
19. Toegenomen of afgenomen gevoeligheid voor temperatuur- of weersveranderingen;
20. Veranderingen in huidpigmentatie (bijv. vitiligo) of gevoeligheid voor bepaalde huidaandoeningen. (De huid is ons directe fysieke raakvlak met de buitenwereld en als deze vijandig blijkt kunnen zich daar storingen concentreren.)

> *Epigenetica en negatieve egregors zijn verwant in die zin dat het in beide gevallen gaat om de overdracht van niet-genetische informatie van generatie op generatie.*

Epigenetische veranderingen kunnen van generatie op generatie worden doorgegeven via een proces dat 'epigenetische overerving' wordt genoemd. Dit betekent dat omgevingsfactoren zoals stress, voeding en gifstoffen veranderingen kunnen veroorzaken in de *expressie* van genen bij een individu, en deze veranderingen kunnen worden doorgegeven aan het nageslacht.

> *Evenzo kunnen negatieve epigenen worden beschouwd als collectieve gedachtevormen (dus egregors) die van generatie op generatie worden doorgegeven en het gedrag en de overtuigingen van individuen binnen een samenleving kunnen beïnvloeden.*

Een overeenkomst tussen epigenetica en negatieve egregoren, is dat beide kunnen leiden tot een bestendiging van negatieve gedrags- en geloofspatronen over de generaties heen. Als een groep mensen bijvoorbeeld chronische stress ervaart – die leidt tot epigenetische veranderingen in verband met angst en depressie – kunnen deze veranderingen worden doorgegeven aan hun kinderen, die dan vatbaarder zijn voor deze aandoeningen. Evenzo kunnen negatieve gedachtevormen zoals angst, haat en vooroordelen van generatie op generatie worden doorgegeven en verankerd raken in het collectieve bewustzijn van een samenleving. In beide gevallen vereist het doorbreken van de cyclus van negatieve overerving een bewuste inspanning en interventie.

De realiteit van egregors zal voorlopig nog tien stappen te ver zijn voor denkers buiten het occultisme. Maar epigenetische invloeden zijn inmiddels opgepikt. Het verschil tussen een egregor en een epigenetische invloed zit natuurlijk in het gegeven dat een egregor als een entiteit met een vorm van bewustzijn wordt gezien en een epigenetische invloed, meer als een 'invloed', een 'verschijnsel dat een soort algoritme afdraait'.

De filosoof Jesse Prinz heeft betoogd dat epigenetische invloeden op gedrag en persoonlijkheid de traditionele opvattingen over vrije wil en persoonlijke verantwoordelijkheid ter discussie stellen. Als onze genen en onze omgeving ons gedrag kunnen beïnvloeden via epigenetische mechanismen die buiten onze bewuste controle vallen, dan is het volgens Prinz moeilijk om individuen volledig verantwoordelijk te houden voor hun daden.

Filosofe Catherine Malabou heeft zich ook gebaseerd op inzichten uit de epigenetica om te pleiten voor een nieuw begrip van de menselijke natuur die veel dynamischer en plastischer is dan de traditionele opvattingen. Malabou suggereert dat de hersenen voortdurend worden gevormd en opnieuw gevormd door omgevings- en sociale factoren via epigenetische mechanismen, en dat deze plasticiteit een groter scala aan menselijk potentieel mogelijk maakt dan voorheen werd gedacht. Wie zien hier hoe de grens tussen magie en wetenschap soms heel erg dun kan worden...

3.2 DE EGREGORISCHE VERANKERING VAN 'HET SYSTEEM'

De term 'homo normalis', waaraan ik 'obediens' heb toegevoegd, werd bedacht door Wilhelm Reich om een mens te beschrijven die zijn heil zoekt in technologie of transcendente mystiek en daardoor het leven zelf niet meer ziet, ontvlucht of ontkent. Homo normalis is per definitie vervreemd van de natuur en gedijt alleen in een 'gesimuleerde werkelijkheid' aka 'het Systeem'. Hierdoor ziet hij wereld, leven en werkelijkheid nooit zoals deze is, maar percipieert deze enkel via een filter van indoctrinaties.

Deze perceptie via een indoctrinatiefilter is zo'n sterk onderdeel van zijn (fake) identiteit en groepsinstinct geworden, dat homo normalis altijd een smeulende haat jegens zelfstandig denkende, zichzelf realiserende mensen en logisch menselijk denken in het algemeen, koestert en blijft verdedigen. Het is de homo normalis die het mogelijk maakt dat politici en/of kerkelijke en/of industriële leiders oorlogen creëren, kinderen kapot vaccineren, honderdduizenden heksen verbranden, slaven vervoerden, zes miljoen Joden industrieel vernietigen, mensen ziekmakende nutteloze mondkappen laten dragen, enzovoort.

Vanwege de loskoppeling van homo normalis met diens eigen zielskern bevindt deze geestelijk gehandicapte, mainstream media en politici gelovende en pathologisch laffe groep (die ongeveer 30% in iedere samenleving vormt) zich chronisch in een staat van egregorische bezetenheid. Als de homo normalis sterft heeft deze eigenlijk enkel in diens baby en peutertijd als mens geleefd. Daarna ging het al mis. Homo normalis is geestelijk gehandicapt omdat hij nooit een eigen mening zal vormen. Hij beschikt namelijk niet over een 'eigen ik' vanwege dat missende contact met de zielskern (*Atman*). Psycho-mentaal is hij/zij feitelijk een zombie, die enkel algoritmes afdraait, die door de algemene en actuele eisen van 'het Systeem' worden beloond, zoals een hond een koekje krijgt. "Ik voer gewoon een opdracht uit", "Ik doe gewoon mijn werk", "Geloof je werkelijk dat protesteren zin heeft?" en meer recent "Het spijt me, maar ik kan u zonder (QR-code, mondkap, vaccinatie) niet naar binnen laten"... Dit zijn typische zombie-uitspraken, waaraan homo sapiens de homo normalis herkent.

Omdat homo normalis geen authentiek menselijk zielscontact kent, maar enkel levenloze conformismen – en hiermee als rietje blijft fungeren voor DOR-slurpende egregors – ondersteunt homo normalis iedere keer opnieuw de meest inhumane en zieke processen in iedere samenleving en leert deze niets van de geschiedenis. Onbewust is homo normalis namelijk een levenslange antivitalist. Deze staat van terminale bezetenheid staat los van iemands IQ (de processorsnelheid van iemands hersenen om input te verwerken volgens aangereikte algoritmen, die vaak met intelligentie algemeen wordt verward en kan pieken zonder dat iemand over laterale intelligentie beschikt). Academici zijn namelijk zeer rijk vertegenwoordigd onder homo normalis.

De Franse filosoof en sociaal theoreticus, Jean Baudrillard, benadrukte dat sinds Machiavelli de politiek uitsluitend opereert binnen een gesimuleerde, valse maar officiële werkelijkheid. Deze simulatie is zelfs het *enige speelveld* waarbinnen moderne politiek mogelijk is. Hij schreef ook, net als een hele reeks filosofen, uitgebreid over de invloed van technologie op de samenleving en stelde dat moderne technologie een diepgaande invloed heeft op ons begrip van de werkelijkheid, waarbij media en technologie een nieuwe vorm van sociale werkelijkheid bemiddelen.

Niccolò Machiavelli (1469–1527), de Florentijnse diplomaat, beschreef als eerste openlijk de manipulatie (of verwoesting) van de menselijke natuur ten bate van 'het bestuur', dat altijd een negatief, zich tegen kunstmatig gecreëerde vijanden richtend bestuur is. Hij stelt in dit kader dat er drie manieren zijn om niet alleen woede, maar regelrechte haat in anderen op te wekken:
1. het afnemen van hun eigendom,
2. het bezoedelen van hun eer en
3. het schenden van hun vrouwen.

Daarnaast beweert Machiavelli dat het onderwerpen van mensen aan
- een achteruitgang in hun levensstandaard,
- of hen dwingen te verbeteren tegen hun wil in,

ook vijandigheid kan opwekken.

In zijn leer stelde Machiavelli dat het voor een heerser voordeliger is om wijdverspreid gevreesd te worden dan intens geliefd.
- Een geliefde leider behoudt autoriteit door verplichtingen,
- terwijl een gevreesde heerser regeert door de angst voor straf.

Baudrillard legde in zoverre de vinger op de zere plek dat met Machiavelli het 'politiciprobleem' geconsolideerd werd. Kijk twee minuten journaal en zie dat onze wereld 500 jaar later, in plaats van politiek integer, nog steeds politiek correct wordt bestuurd conform de regels van Machiavelli. Croucho Marx vatte het politiciprobleem op zijn unieke wijze samen:

"Politics is the art of looking for trouble, finding it everywhere, diagnosing it incorrectly and applying the wrong remedies."

De 'gesimuleerde werkelijkheid / het Systeem' bestaat echter, niettegenstaande Baudrillard's filosofische bijdrage, als een bewust geforceerd machtspolitiek indoctrinatiepatroon, dat al lang voor Machiavelli werd geactiveerd. Homo normalis, diens 'meesters' en de gesimuleerde speelruimte van 'het Systeem' vormen al zeker 26 eeuwen een drievoudige symbiose. Samen met de staatsreligies onderhouden ze een intrinsiek mens-, Aarde- en levensvijandige politiek, gebaseerd op het onderhouden van smeulende woede, frustraties, angst, schuld, onderdanigheid en antivitalistische concepties met betrekking tot het aardse bestaan. Misogynie (vrouwenhaat) is hierbij steeds een constante gebleven en betrekt zich, zoals we in de volgende paragrafen zullen zien, ook op het vrouwelijke zelf en dat wat ik het godinnelijke heb genoemd. Het vrouwelijke en godinnelijke is immers verbonden met de Aarde zelf – en hiermee met de echte, dus niet gesimuleerde werkelijkheid! Eveneens met de Aarde verbonden zijn alle 'primitieve' animistische culturen, die daarom ijverig en vaak gewelddadig werden gekerstend.

3.2.1 DE ERFENIS VAN ZOROASTER EN DE CREATIE VAN HET 'ONVOLMAAKTE WERELD-CONCEPT'

Ongeveer 26 eeuwen geleden werd er een blauwdruk opgesteld voor een antivitalistische machtsgrit, waar we nu nog steeds last van hebben en die, vanwege haar recente fusering met financialisering, industriële monopolisering, digitalisering en mediacratie, planeet en samenleving aan de rand van de afgrond hebben gebracht. 26 Eeuwen geleden werd het contact met het goddelijke, bureaucratisch geconfisqueerd door 'het Systeem' en ontstond er een specifieke klasse van priesters en andere religieuze leiders – zoals de latere pausen – die zich via staatsleugens, verpakt in officiële religieuze geschriften, een exclusieve 'spirituele' status en machtspositie toe-eigenden, middels wettelijk beschermd religieus terrorisme. Het accepteren van deze bedreiging staat in woordenboeken bekend als 'vroomheid', 'godsvrezendheid', etc. Het niet accepteren van religieus terrorisme kennen we als 'ketterij'.

De door God verlaten Aarde, als strafoord of tranendal (nu op de rand van een ecologische ineenstorting) waar deze religieuze leiders ons verklaringen voor de algehele malaise bieden (erfzonde, etc.), naast hoopvolle instructies om in de hemel te komen – waaronder de gehoorzaamheid aan door 'God' aangewezen staatsleiders – is enkel het resultaat van een *selffulfilling prophecy*. En je zou je ze de kost moeten geven, die de Aarde nu nog steeds interpreteren als een 'leerschool om ascensie te bereiken', de eigentijdse social media-versie van dit oude antivitalistische concept.

C. Bloemaert sculp.

In de definitie van de socioloog Robert K. Merton is een selffulfilling prophecy een in aanvang foute definitie van een situatie die nieuw gedrag oproept, waardoor de oorspronkelijke foute kijk waar wordt. Deze schijnbare juistheid van de voorspelling houdt een foute voorstelling van zaken in stand. De voorspeller zal namelijk datgene wat uiteindelijk gebeurd is, aanvoeren als bewijs dat hij van begin af aan gelijk had. Het doet me denken aan al die volwassenen, die in mijn kindertijd en jeugd over mij heenbogen en dan zeiden: *"Jongen, zo zit de wereld nu eenmaal in elkaar."*

In de natuur is alles cyclisch en beweegt het leven zich tussen ontspruiten, ontwikkelen, pieken, aftakelen en sterven. Het spel wordt geschreven door een expansieve anabole tijdruimte-energie-bewustzijn-stroom en een contractieve katabole tijdruimte-energie-bewustzijn-stroom. Iets dat bijvoorbeeld ten grondslag ligt aan het taoïsme waar Yang en Yin in correlatieve synergie elkaar complementeren.

> *Natuur (de Aardse en de metafysische natuur samen) is wat we nu een 'open source' systeem zouden noemen.*

Voordat 26 eeuwen geleden met het zoroastrisme het monotheïstische, patriarchale geloofssysteem ontstaat, dat zich daarna uitbreidt als een olievlek, vonden we – enkele uitzonderingen daargelaten – over de hele planeet met de natuur vervlochten systemen. Hierin vormde samenleving, natuur, religie en magie een organisch en bezield geheel, in plaats van een steriele bureaucratische administratie, die allergisch is voor het natuurlijke, bezielde en magische. De oude spiritualiteit was *animistisch*, *panpsychistisch* en *pantheïstisch*.

• *Animisme* is een geloofssysteem dat stelt dat alle objecten, dieren, planten en zelfs natuurlijke fenomenen zoals bergen, rivieren en wind, bezield zijn en een vorm van bewustzijn of geest hebben. In het animisme wordt aangenomen dat deze geesten invloed hebben op de wereld en dat er een wederzijdse interactie plaatsvindt tussen mens en natuurlijke omgeving. Animisme komt daarom vaak voor bij oude inheemse culturen en volksreligies.

• *Panpsychisme* is een filosofisch concept dat suggereert dat bewustzijn of mentale eigenschappen inherent zijn aan alle materie, op welk niveau dan ook. Met andere woorden, elk deeltje of object – van het kleinste subatomische deeltje tot het hele universum – heeft enige vorm van bewustzijn. Panpsychisme stelt dat bewustzijn een fundamenteel aspect van de natuur is en niet alleen het resultaat van complexe hersenprocessen.

• *Pantheisme* is het geloof dat het universum en God één en hetzelfde zijn. In pantheïsme wordt het goddelijke niet als een aparte entiteit buiten de natuurlijke wereld gezien, maar eerder als aanwezig in alle aspecten van de natuur en het universum. Pantheïsme benadrukt de spirituele aard van de natuur en stelt dat er een diepe verbinding is tussen het goddelijke en het alledaagse.

Omdat de natuur het dominante referentiekader in deze organische systemen bleef, leende (en leent) ze zich niet goed voor een tegennatuurlijk, antivitalistisch systeem waarin de natuurlijke *logos* werd vervangen door een totalitaire willekeurige vorm van centralisme, religieus gelegitimeerd met een of ander oud geschrift dat het goddelijke eenzijdig *transcendent* uitlegt. Ik gebruikt de term *logos* hier als in de definitie van Herakleitos, als de menselijke kennis en inherente orde van het universum, een wetmatigheid die in het gehele universum aanwezig is of door de goden is ingesteld.

Niet alleen Zoroaster is overigens debet aan een nieuw inzettende trend van antivitalisme die neerkijkt op de Aardse werkelijkheid en natuur. De al eerder door mij aangehaalde Plato (427 v.Chr.–347 v.Chr.) creëerde het schizoïde beeld van menselijk leven in een *onvolmaakte*, tijdelijke wereld, terwijl er een ander tijdloos, oneindig en perfect rijk van ideeën en vormen bestaat. Even interessant als tragisch is dat deze ontwikkeling samenvalt met wat we de 'fetisj van het volmaakte' kunnen noemen.

> *Dualisme dat de correlatieve synergie tussen dingen, wezens en processen wegdrukt, manifesteert zich niet alleen in administratief onderbouwde goed-kwaad conflicten, maar ook via het volmaakte versus het onvolmaakte. Dat laatste komt voort uit een intrinsiek pessimistische levenshouding, die de mensen die neigen naar de slachtofferrol, altijd enorm heeft aangesproken.*

Religies, ook die in het Midden-Oosten, waren ooit polytheïstisch en geëmancipeerd, met een ongeveer gelijke verdeling van goden en godinnen. Ook deze conceptie is niet handig voor patriarchale machtspolitiek en aldus werden de vele locale representanten van de Godin – die doorgaans aan een berg verbonden waren – van de top van de berg naar de voet ervan verhuist, waarna een mannelijke God hun plek innam. Het immanent goddinnelijke werd ondergeschikt gemaakt aan het transcendent goddelijke, om in een volgende stap tot enkel een treurige herinnering te worden gereduceerd. De *Ballingschap van de Shekhinah*, heet deze toestand in de kabbalah. De Sheckinah is de door God verlaten vrouwelijk of godinnelijke en immanante aanwezigheid van het opperwezen in de schepping.

De Oekraïens-Joodse dichter Chayim Nachman Bialik (1874–1934) vatte het drama prachtig samen in het gedicht 'Alleen' (Nederlandse vertaling is van mij):

Alleen

Diep in mijn kamer, in het donker daar,
Alleen, mijmer ik en overpeins,
Ik geef mijn dromen vleugels,
Alleen, dwaal ik door de nacht.

Maar soms, daalt Gods glorie
Op mij neer daarbinnen,
En dan sleept de gebroken vleugel van de Shechinah,
Achter me aan als een vod.

Het licht van de wereld is in de kamer,
Maar het flikkert en is dof.
De wijzen zeggen, "Het is je eigen schuld!"
Maar zeg me, waar is de zonde?

Ik zal naar de rabbijn gaan, hij zal me helpen het te vinden,
Hij zal het me tonen in de heilige boeken.
Misschien zal ik het vinden bij de profeten,
Of in de pagina's van de Talmoed.

En als de rabbijnen het niet kunnen vinden,
Dan zal ik het aan mijn eigen jonge zonen vragen.
Misschien kunnen zij, in hun onschuld,
Mij vertellen waar het is gegaan.

Tijdens de Babylonische ballingschap en de overheersing door Achaemenidisch Perzië (559–330 v.Chr) namen Joodse intellectuelen kennis van de volgende concepten uit het zoroastrisme, welke daarna een cruciale rol bleven spelen in het christendom, het gnosticisme en de islam:

1. Monotheïsme: Het zoroastrisme was een van de vroegste monotheïstische godsdiensten, met een geloof in één enkele god, *Ahura Mazda*. Dit idee zal het joodse geloof in één God verder hebben geconsolideerd, mede omdat het identiteitspolitiek gezien goed uitkwam om de polytheïstische, natuurgerelateerde religie van Israëls inheemse volk, de Kanaänieten – waarmee de uit Mesopotamië afkomstige monotheïstische Hebreeën in de loop van enkele eeuwen deels fuseerden – te overrulen. Niet dat ik de Kanaänieten hier op een voetstuk wil zetten, omdat ze waarschijnlijk net zo'n obscure geschiedenis van mensenoffers hebben als de Hebreeën (zie Abraham in *Genesis* hfd. 22) maar dit terzijde.

2. Dualisme: Een van de belangrijkste zoroastrische concepten is het idee van dualisme. Het zoroastrisme stelt dat de wereld een strijdtoneel is tussen twee tegengestelde krachten: goed en kwaad. Dit dualistische wereldbeeld had een diepgaande invloed op de ontwikkeling van het jodendom, het christendom, het gnosticisme en de islam. Dualisme drukt zich via deze religies ook uit in superioriteitsdenken vanuit de religieuze identiteit, soms vermengd met racisme (joden en gojim, christenen en heidenen, moslims en christenen, christenen/Europeanen vs etnische Joden*, moslims en religieuze joden, etc.

3. Satan: Het zoroastrisme kende het concept van een kwade geest, *Angra Mainyu*, die zich verzette tegen de goede geest *Spenta Mainyu*. Dit kan het joodse concept van *Satan* als *tegenstander* van God (*Yetzer hara*: boze intentie) hebben beïnvloed. In de *Tanach* komt het woord 'satan' verschillende keren voor, maar meestal wordt het gebruikt als een zelfstandig naamwoord dat simpelweg 'tegenstander' of 'aanklager' betekent. Het concept van één enkel archetypisch, machtig en kwaadaardig wezen, bekend als Satan, lijkt zich vooral pas te hebben ontwikkeld in de postbijbelse joodse literatuur, zoals het *Boek van Henoch* en de *Talmoed* en binnen het christendom *(Duivel)*, gnosticisme *(Yadalbaoth de Demiurg)* en de islam *(Shaitan, Iblis)*. In het *Boek Jubilees*, soms *Kleine Genesis (Leptogenese)* genoemd, heet Satan *Mastema* (Hebreeuws: מַשְׂטֵמָה *Mastēmā*), of *Mansemat*. Hij voert straffen uit voor God, maar verleidt ook mensen en stelt hun geloof op de proef. Het *Boek Jubilees* is een oud Joods religieus werk van 50 hoofdstukken (1.341 verzen), dat zowel door de Ethiopisch-orthodoxe kerk als door *Beta Israël* (Ethiopische Joden) als canoniek wordt beschouwd, waar het bekend staat als het *Boek der Verdelingen* (Mets'hafe Kufale). In de *Dode Zee-rollen* is Mastema de engel van het onheil, de vader van alle kwaad, en een vleier van God. Hij zou een gevallen engel zijn geworden. Hij verschijnt voor het eerst in de literatuur van de Tweede Tempelperiode (516 v.Chr.–70 n.Chr.) als een personificatie van het Hebreeuwse woord *mastemah*, dat 'haat', 'vijandigheid' of 'vervolging' betekent.

---

* Ik schrijf Joden als etnische groep met een hoofdletter en als religieuze met een kleine letter om het verschil aan te duiden.

4. **Eschatologie & Messiasfiguur**: Zowel het zoroastrisme als het jodendom kennen ideeën over het einde van onze (zondige, onvolmaakte) wereld, de daarmee verbonden komst van een verlosser of messiasfiguur of de hoop daarop. In het christendom is deze conceptie opgepikt, tot het centrale dogma gemaakt, en ingevuld door Jezus van Nazareth waar in de vierde eeuw n.Chr. een hele mythe omheen werd gesponnen. Want, hoewel het verhaal van Jezus' geboorte een centrale plaats inneemt in het *Nieuwe Testament* van de Bijbel, zijn de specifieke details en gebeurtenissen die traditioneel met deze gebeurtenis worden geassocieerd, niet te vinden in de *Evangeliën* van Matteüs, Marcus, Lucas of Johannes. Het uitgebreide verhaal dat we vandaag associëren met de geboorte van Jezus, inclusief de details van de engelen, de herders, de wijzen uit het Oosten en de stal in Bethlehem, is een *design*-mythe, in de vierde eeuw verzonnen door Augustinus en Johannes Chrysostomus. Ze voegden elementen toe aan Jezus' geboorte om de boodschap van het christelijk geloof te versterken. Deze geconstrueerde versie van het verhaal van Jezus' geboorte heeft sindsdien een belangrijke rol gespeeld in de liturgie, de kunst en de culturele vieringen rond Kerstmis, alsook de film *Life of Brian*.

De concepties die van het zoroastrisme via het jodendom in het start-up stadium van het christendom vloeiden, ondergingen daar meteen een forse radicalisering. Het christendom presenteerde een blind geloof dat bol stond van indoctrinaties, die zich uitstekend lenen voor volksmennerij, zoals: eschatologie, een verlosser, met erfzonde en schuld geboren worden en daardoor lijden, blinde gehoorzaamheid, Satan, dualisme, monotheïsme, het (antivitalistisch) verwerpen van de natuurlijke en feitelijke werkelijkheid ten gunste van het leven na de dood en het blindelings aanvaarden dat een god de leiders van een volk of natie aanstelde. Dit heeft geleid tot veel negatieve neveneffecten in de latere westerse samenleving op sociaal, economisch, ecologisch en psychologisch gebied.

In feite ontstaat er uit dit christelijk radicalisme het algoritme van een totalitair opererende super-egregor, die tot op de dag van vandaag – dankzij de verspreiding van de christelijk-westerse mindset over de hele wereld – de allergrootste negatieve kracht en onderhuidse drukgolf blijft uitoefenen die ons wordt opgedrongen. Samen met de mensen die erdoor bezeten zijn, vormt deze super-egregor de etherische carrosserie van 'het Systeem' zelf.

Keizer Constantijn de Grote vaardigde in 313 na Christus het *Edict van Milaan* uit, dat religieuze tolerantie en vrijheid verleende aan alle religies, waaronder het christendom, in het hele Romeinse Rijk. Het duurde echter tot het *Edict van Thessalonica* in 380 na Christus voordat het christendom de staatsgodsdienst van het Romeinse Rijk werd. Dit edict werd uitgevaardigd door keizer Theodosius I, die verklaarde dat alle onderdanen van het Romeinse Rijk het orthodoxe christelijke geloof van de bisschoppen van Rome en Alexandrië, moesten belijden. Vanaf dat moment verwerd het christendom tot een totalitaire dictatuur.

De Griekse filosoof Porphyrius (ca. 234–305) was een neoplatonistische Griekse filosoof uit Tyrus, Libanon, die het grootste deel van zijn actieve leven in Rome doorbracht. Hij ontdekte als een van de eerste schrijvers de christelijke adder onder het gras, en tot zijn bekendste werken behoort een stuk getiteld *Tegen de Christenen*. Dit werk belichaamt een kritisch onderzoek naar het christendom en zijn beweringen. In het werk betoogt Porphyrius dat het christendom geen ware religie is, maar een vervormde en misleide vorm van religie. Hij bekritiseert de christelijke doctrine van de Drie-eenheid, het christelijke geloof in wonderen en de christelijke interpretatie van de joodse geschriften. Porphyrius beweert ook dat het christendom gebaseerd is op onwetendheid en bijgeloof en dat het schadelijk is voor de samenleving, omdat het mensen aanspoort hun wereldse plichten te verwaarlozen ten gunste van een buitenwereldse gerichtheid op het hiernamaals. Tenslotte stelt Porphyrius dat het christelijke concept van verlossing gebrekkig is, omdat het ervan uitgaat dat mensen fundamenteel zondig zijn en verlossing nodig hebben, wat volgens hem een onwaar en schadelijk geloof is.

Het christendom heeft zulke diepe wortels in onze samenleving, dat het buitengewoon moeilijk is om terug te keren naar een intelligente en humane realiteit, zelfs met al onze technologische en communicatieve vooruitgang. Veel mensen zien niet dat de schuld-boeteconstructie van de bankwereld alleen maar een ander jasje is voor de oeroude christelijke schuld-boeteconceptie. Het in de slachtofferrol wachten op verlossers is epidemisch. Het eschatologische thema van extreme rampen en oorlogen is enorm populair in de filmindustrie en maakt dat wij de meest krankzinnige acties waar de mens toe in staat is, namelijk mensen aan oorlogsgeweld blootstellen, als een 'normaal beeld' beschouwen.

Dan is ongeveer de hele zelfbenoemde 'spirituele wereld' een onnadenkende copycat-cultuur, die de concepten van een 'onvolmaakte wereld' en je richten op 'ascensie' en 'hogere frequenties,' 'Christus-energie,' hier op Aarde door 'archonten worden vastgehouden in materie,' en meer van dat soort onzin, dagelijks op sociale media ventileert. De natuur is bijna verwoest en vrouwen worden nog steeds onderbetaald ten opzichte van mannen of mogen niet eens bepalen hoe ze zich kleden.

Vrouwen moeten zich schamen voor hun borsten, terwijl de stranden bezaaid zijn met dikke mannen met *manboobs*. Wicca's worden regelmatig vervolgd, net als natuurgenezers, die zelfs extreem vervolgd zijn, evenals iedereen die beschikking over zijn of haar eigen lichaam eist en geen Dr. Mengele-achtige experimenten met mRNA-spuiten toelaat, enzovoort. Ook mensen die niet christelijk zijn, worden onder zware bedreiging gedwongen belastinggeld af te staan aan de 'door God aangewezen koningshuizen' (met veel *Shell*-aandelen) die al bulken van het geld, terwijl de christelijke haat jegens sensuele en natuurlijk seksuele expressie leidt tot kolossale pedofilie-schandalen en verdwenen kinderen. En waar het, in contrast hiermee, de normale volwassenen-erotiek betreft, bestaat er nog steeds een ban op boeken van romanschrijvers die erotiek in hun romans verwerkten. Zelfs landen als Nieuw-Zeeland, Canada, de VS, Ierland, enzovoort, hanteren lijsten daarvan of verhinderen de import. Bovendien zijn, met de dogma's van de staatsreligies als excuus, al 1700 jaar lang grote bibliotheken verbrandt of zelfs meerdere keren verwoest. De bibliotheek van Alexandrië is de bekendste, maar lang niet de enige, het zijn er tientallen. De *shadow-bans* waaraan de hightech bedrijven, zoals Facebook, Google en anderen, nu zoveel onafhankelijke wetenschappers en denkers onderwerpen, is een moderne voortzetting van de brandende Bibliotheek van Alexandrië en verschilt in niets van middeleeuws Inquisitie-gedrag.

'Het Systeem' is met zeer veel ondersteuning uit de hoek van monotheïstische staatsreligies tot een (egregorisch bewaakte) 'Catch-22' verworden. Het concept komt oorspronkelijk uit de roman *Catch-22* van Joseph Heller, waarin het wordt beschreven als een regel die zegt dat een persoon alleen vrijgesteld kan worden van gevaarlijke militaire taken, als ze als gek worden gediagnosticeerd, maar als ze zelf om een diagnose vragen, toont dit juist aan dat ze gezond genoeg zijn om militaire taken uit te voeren. In bredere zin verwijst 'Catch-22' sindsdien naar situaties waarin je vastzit, omdat je geen opties hebt die gunstig zijn vanwege tegenstrijdige of onmogelijke voorwaarden. Het illustreert de frustratie van een situatie waarin elke keuze leidt tot een negatief resultaat, waardoor het bijna onmogelijk is om een oplossing te vinden.

3.2.2 DE OMKERING VAN SATURNUS

Vanuit een occult en astrologisch aspect is het zeer eenvoudig om te beschrijven wat de kern is van dit alles: de omkering van Saturnus. De positieve Saturnus betekent zelf verantwoordelijkheid nemen en dragen, 100% uit de passieve rol stappen. Het is de positie die een magiër inneemt als hij zich het recht wil toe-eigenen om zichzelf een 'magiër' te noemen.

De integratie van de positieve Saturnus staat lijnrecht tegenover die van *homo normalis obediens*. De negatieve Saturnus is angst, schuld, repressie, verplichte achterlijkheid en lafheid als norm, onderwerping, het verraden van de Aarde, duisternis, eenzaamheid en kou in de wereld, nutteloos lijden, het ontwijken van eigen verantwoordelijkheid voor een zondeboksysteem, het pact met negatieve egregors (de enige echte Duivel, dof grijs en vormloos).

3.2.3 STRATEGISCHE EGREGORS EN TACTISCHE EGREGORS

Er zijn nu al zo'n 26 eeuwen achtereen diverse zeer taaie strategische egregors actief, die de echte onzichtbare kracht van 'het Systeem' vormen. Zolang zij blijven bestaan, zal het antivitalistische Systeem blijven bestaan. Het maakt niet uit welke nieuwe politieke of economische spelers er op het toneel verschijnen. Tot die tijd zal het voor 'mensen' met een 'na mij de zondvloed-ethiek' altijd voorspoedig gaan, en het zal leden van deze groep weinig moeite kosten om binnen 'het Systeem' de carrièreladder te beklimmen. Deze eeuwenoude egregors, verantwoordelijk voor het gezegde "de Duivel schijt altijd op dezelfde hoop", zijn strategisch opererende hoogintelligente egregors. Afhankelijk van de tijdsgeest – en in het digitale tijdperk zijn deze vaak van maar korte duur – worden deze oude egregors bijgestaan door nieuw opgezette tactische egregors. Deze zijn meer gebonden aan trends; tegenwoordig vooral aan de oprispingen van de *Big Brother*-gerelateerde politieke elite.

3.2.4 'WE ARE LEGION', LARVEN IN RELATIE TOT NEGATIEVE EGREGORS

Bij elk dergelijk egregorisch offensief doet zich een enorme explosie van larven voor, en de doelen die 'het Systeem' nastreeft door het veroorzaken van traumata, chronische stress en PTSS, worden in het etherisch dubbel van mensen verankerd via een lange reeks opgewekte larven. Mensen die, ondanks alle druk, afstand hebben weten te bewaren van de maatschappelijke gektegolf, ervaren dit als een diepe vervreemding van de samenleving. Dit verklaart de grote uittocht uit landen tijdens of na zo'n collectieve intelligentiedip.

Larven zijn onbewust gecreëerde kunstmatige entiteiten, net zoals egregors, en hebben een sterk overlevingsinstinct vanwege hun vitale symbiose met specifieke negatieve emoties of verslavingen. Tijdens periodes van massale propaganda, die kunstmatige maatschappelijke crises creëren, raken ontelbaar veel meer mensen besmet met larven dan in andere tijden, waardoor hun onderwerping aan egregors verder wordt versterkt.

um in ſepulchro habitaret Sanct͡, cu̅ ſuis
ſocys uenit Demo̅ illi habitatione̅ i̅pedie̅di
cauſa cu̅q̅ maximis clamorib̅, lacerauere ac uerb.re
Sto habitando in u̅ ſepulcro, uenne il Demonio
con li ſuoi compagni per impedirli l'habita-
tione lo lacerorno e lo batterno có grád.mi ſtrepiti

Pulchre mulieris capta forma Demon
Sanctu̅ tentat qui continuis orationib̅,
tentatione̅ reyicit
Il Demonio in forma di bella donna tenta
il Sancto quale con oratione continue
ſcaccia la tentatione

Larve-besmetting komt echter niet van buitenaf, maar van binnenuit (zie het Praktijk-deel van dit boek). Ze ontstaan uit hevige emoties, trauma's en verslavingen. Terwijl negatieve egregors de generaals of aartsdemonen zijn, zijn larven de soldaten of kleinere demonen. Net als egregors zijn larven energievreters en zielengrijpers. In *MAGUS Leer & Ritueel* gaf ik eerder al een methode op pagina 224 om binnen ongeveer een week van een larve af te komen.

Onze eerste stap naar vrijheid en een meer humane wereld is het begrijpen van de essentie, het kloppende hart van 'het Systeem': een machine voor gesimuleerde realiteit die niet gericht is op collectief geluk, maar op het oogsten van energie. Deze machine blijft je verleiden tot reacties (onvrijwillige energiedonaties). Onthoud: *Energie volgt je aandacht!*

Een betere definitie in deze context is: *Energie concentreert zich waar de aandacht naartoe gaat!* Geconcentreerde energie wordt stationaire (statische) energie. En ik gaf eerder aan dat alles wat stationair is in ons ruimte-tijd energie-bewustzijnsveld een singulariteitskracht en -macht krijgt, om de omgeving te domineren en te controleren en de wil van alles wat zwakker (beweeglijker, instabieler, emotioneler) is, te overheersen.

3.3 INNERLIJKE ALCHEMIE

> Zodra iets irritatie, verontwaardiging, woede of ongerustheid bij je opwekt, of oude pijn terugbrengt, verbeeld je de hele situatie die dit heeft getriggerd (dus inclusief jezelf) als een papieren zak. Deze zak zuig je vervolgens helemaal leeg in je verbeelding. Dit kan met je mond. Mijn eigen voorkeur gaat echter uit naar het leegzuigen van de zak met het *harapunt,* dat zich 4 cm onder de navel bevindt, zodat je de energie direct naar je *dan tien* zuigt – een locatie in je buik die onbeperkte energie kan opslaan.
> De lege zak laat je dan gewoon als stof uiteenwaaien.

Deze anti-vampiermethode, want dat is het bij uitstek, verhoogt je eigen energie en macht en vernietigt meegedragen parasieten of emotionele 'vlammen', die in een larve kunnen veranderen als je ze niet de pas afsnijdt.

> *Train dit iedere dag zo lang tot het een natuurlijke reflex wordt!*

Je kunt deze methode ook gebruiken om meegedragen, vaak weggedrukte, trauma's uit je verleden te elimineren. Iedere 'wond' die we in ons leven oplopen, zowel psychisch als lichamelijk, wordt een vampier die ons blijft uitputten.

Er bestaat geen negatieve of positieve energie! Er is alleen energie die is ingekapseld in een omhulsel dat een bepaalde *vibe* heeft, die dus zowel negatief als positief kan zijn en de energie modificeert zolang deze verpakking intact blijft! Met wat oefening kan dit omhulsel (voorgesteld als een papieren zak) gemakkelijk worden geleegd en ontmanteld, waardoor de negatieve psychosferische vibe ook aanzienlijk wordt verzwakt of geheel verdwijnt.

Samengevat: Irritatieprikkels en ook traumatische ervaringen uit het verleden kunnen hierdoor worden gereduceerd tot verbeelde papieren zakken, die rijk zijn aan voedende energie. Tot slot is deze methode ook toepasbaar op psycho-energetische aanvallers. Je kunt hun energie eenvoudigweg opslurpen door ook hen voor te stellen als een zak. In het internettijdperk komen dit soort aanvallen vaak voor achter een avatar. Zelfs als je de persoon niet kent, kun je zelf een avatar van die persoon verbeelden en deze op die manier onschadelijk maken. Anonimiteit kan deze aanvaller niet beschermen.

3.3.1 WILSKRACHT

Egregors en larven kun je heel eenvoudig zelf detecteren. Iedere keer dat je een dissonantie ervaart terwijl je een beslissing probeert te nemen – maar je je er bijvoorbeeld niet toe kunt zetten deze beslissing te nemen, deze blijft uitstellen, terwijl je heel goed weet dat je op die manier jezelf saboteert – is de larve of egregor (meestal echter de larve) sterker dan jij, verlies je en blijf je in de wurggreep. Je moet oefenen om dwars door dat zelfsaboterende gevoel heen te breken, zoals een stier door een reeks gammele planken breekt. Op die manier train je je wilskracht op de meest pure manier.

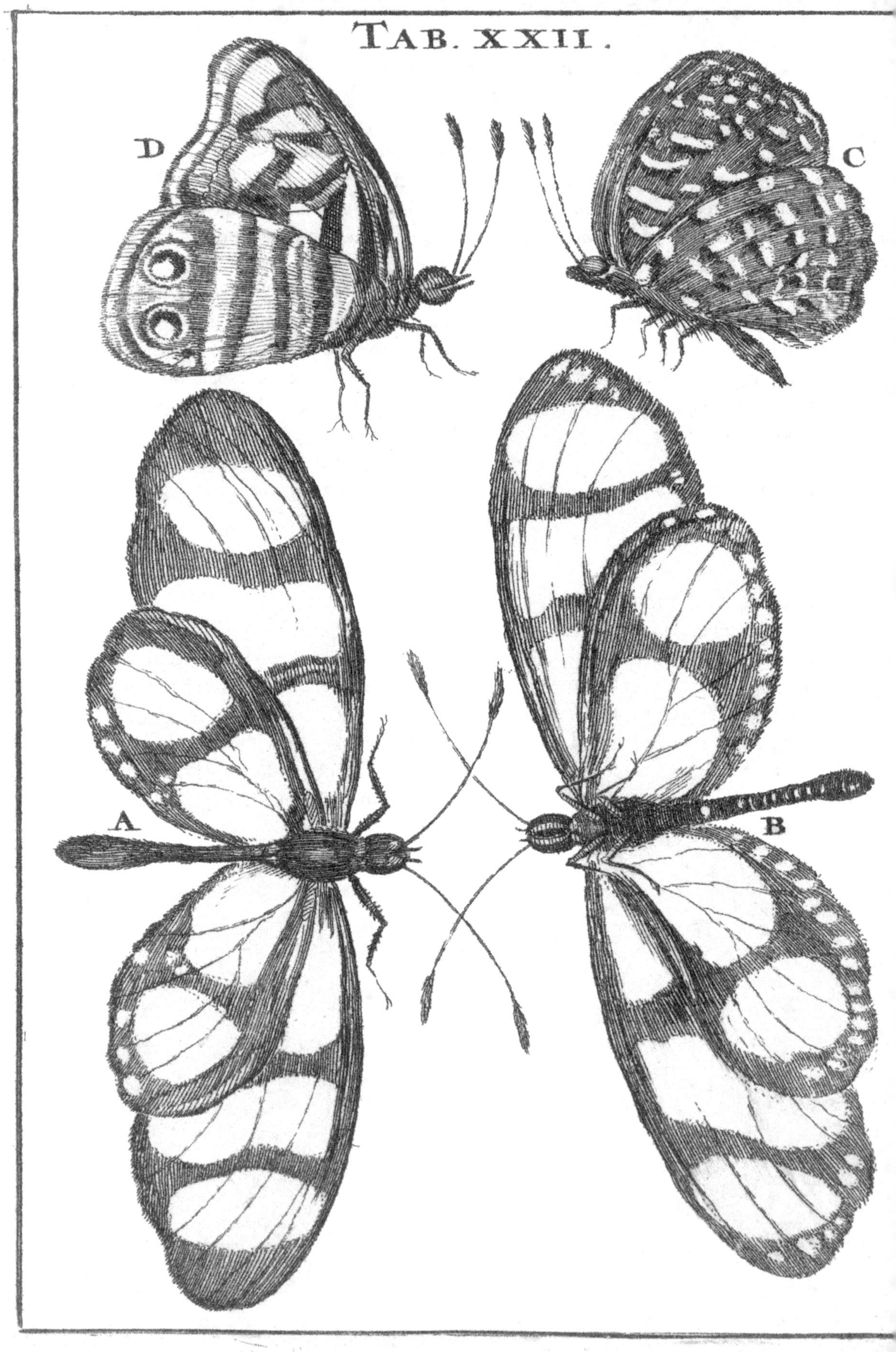

TAB. XXII.
D
C
A
B

IV. Ziel en Bezieling

Als Itzhak Bentov zegt dat wij niet de ziel bezitten, maar dat de ziel ons bezit, bedoelt hij dat onze individualiteit een stukje ziel van het totale bezielde universum filtert, wat ons die unieke persoonlijke identiteit geeft.

Het begrip 'ziel' blijft een complex en diepgaand concept dat verschillende interpretaties en betekenissen heeft in verschillende filosofische, religieuze en spirituele tradities. Over het algemeen wordt de ziel echter beschouwd als de essentie van een individu, het innerlijke wezen dat onsterfelijk is en een hoger bewustzijn bezit. De ziel wordt vaak geassocieerd met aspecten zoals bewustzijn, individualiteit en de kern van iemands identiteit.

In veel religieuze en spirituele opvattingen wordt geloofd dat de ziel een onsterfelijk aspect is, dat voortleeft na de fysieke dood van het lichaam en verbonden is met een hogere werkelijkheid, het goddelijke of het universum. Om die reden wordt de ziel vaak beschouwd als de bron van morele en spirituele waarden, het innerlijke kompas dat iemands handelingen en ervaringen stuurt, maar de ziel is ook verbonden met enthousiasme en de voedende werking van shen-qi (OR), via het begrip bezieling.

'Bezieling' verwijst namelijk naar het ervaren van diepe betrokkenheid, passie en inspiratie in alles wat we doen. Het is het gevoel van levendigheid en energie dat voortkomt uit het volgen van onze diepste verlangens, interesses en doelen. Wanneer we bezieling voelen, zijn we volledig geabsorbeerd en vervuld door onze activiteiten, waardoor we een gevoel van voldoening, zingeving en vreugde ervaren.

Bezieling gaat om het ontdekken en uiten van onze ware passies, talenten en doelen in lijn met onze innerlijke waarden en overtuigingen. Het gaat ook om het cultiveren van een diepere verbinding met onszelf, anderen en de wereld om ons heen. Bezield blijven is een fundamenteel recht en oerplicht, ook al doet 'het Systeem' er aan een stuk door alles aan om deze bezieling van de mens te vernietigen, om redenen die in dit stadium van het boek meteen duidelijk zullen worden.

Meer afstandelijk hebben diverse filosofen de offensieve ontzieling van samenleving en wereld door 'het Systeem' omschreven als de opmars van het kale, steriele 'ding' in het leven.

4.1 DE ANATOMIE VAN HET MENSELIJK WEZEN IN DE KABBALAH

In de kabbalah gelooft men dat de mens bestaat uit verschillende zielenniveaus, die elk corresponderen met een ander aspect van het goddelijke. Het totale wezen van de mens is opgebouwd uit een achttal hoofdcomponenten, die samen een homeostase vormen. Met andere woorden, ieder afzonderlijk component is gerelateerd aan en resoneert met de andere componenten. Wanneer een component zwak is of uit balans is, heeft dit effect op alle andere componenten. Wanneer daarentegen een component zeer sterk en gezond is, heeft dat ook effect op alle andere componenten. Sommige componenten zijn persoonlijk, andere zijn halfpersoonlijk en weer andere zijn in beginsel onpersoonlijk, maar ze verpersoonlijken zich in relatie tot de persoonlijke componenten. De acht verschillende zielenniveaus worden voorgesteld door de volgende termen:

1. De Guph (fysiek lichaam):

Dit is je biologische, levende lichaam. Het heeft zijn vorm gekregen door het erfelijk materiaal van je voorouders en ouders, je geboortehoroscoop en ondergaat interacties met de omgeving en je voeding en leefgedrag. Wat je lichaam in directe zin in leven houdt, zijn de *Nefesh* (etherische dubbel) en de *Chayah* (Levensveld zelf). Horoscopisch gezien is de Guph sterk verbonden met je ascendant en de planeetheerser daarvan. Ook je Zon en je Maan hebben invloed.

> *De Guph is ons ankerpunt in de buitenwereld, ons punt van existeren dat verbonden is met singulariteit. De ziel heeft twee polen (dit geldt voor iedere ziel): de Guph in de buitenwereld en Adam Kadmon in de binnenwereld. Bezieling, dat wat de zielsdynamiek zelf is en het leven in de ziel is niets anders dan de continue communicatie tussen deze twee zielspolen, via de tussenliggende zielsegmenten.*

2. De Tzelem of Tselem

De Tzelem is je *etherisch dubbel*, een veld dat dezelfde ruimte inneemt als je fysieke lichaam en er iets uitsteekt. De grootte en dichtheid van de Tzelem worden bepaald door je hoeveelheid energie. Hoe meer energie, hoe meer het verdicht en hoe verder het uitsteekt vanaf je huid. Bij angst, lethargie en depressie trekt het energieveld (dat bestaat uit *qi/mana/od/orgone energie*) zich terug naar binnen, waardoor je weerstand verlaagt en je het koud krijgt. Bij enthousiasme, geluksgevoel, positieve assertiviteit en creativiteit wordt het sterker en treedt meer naar buiten. Het fysieke lichaam voelt warm, fit en stabiel aan.

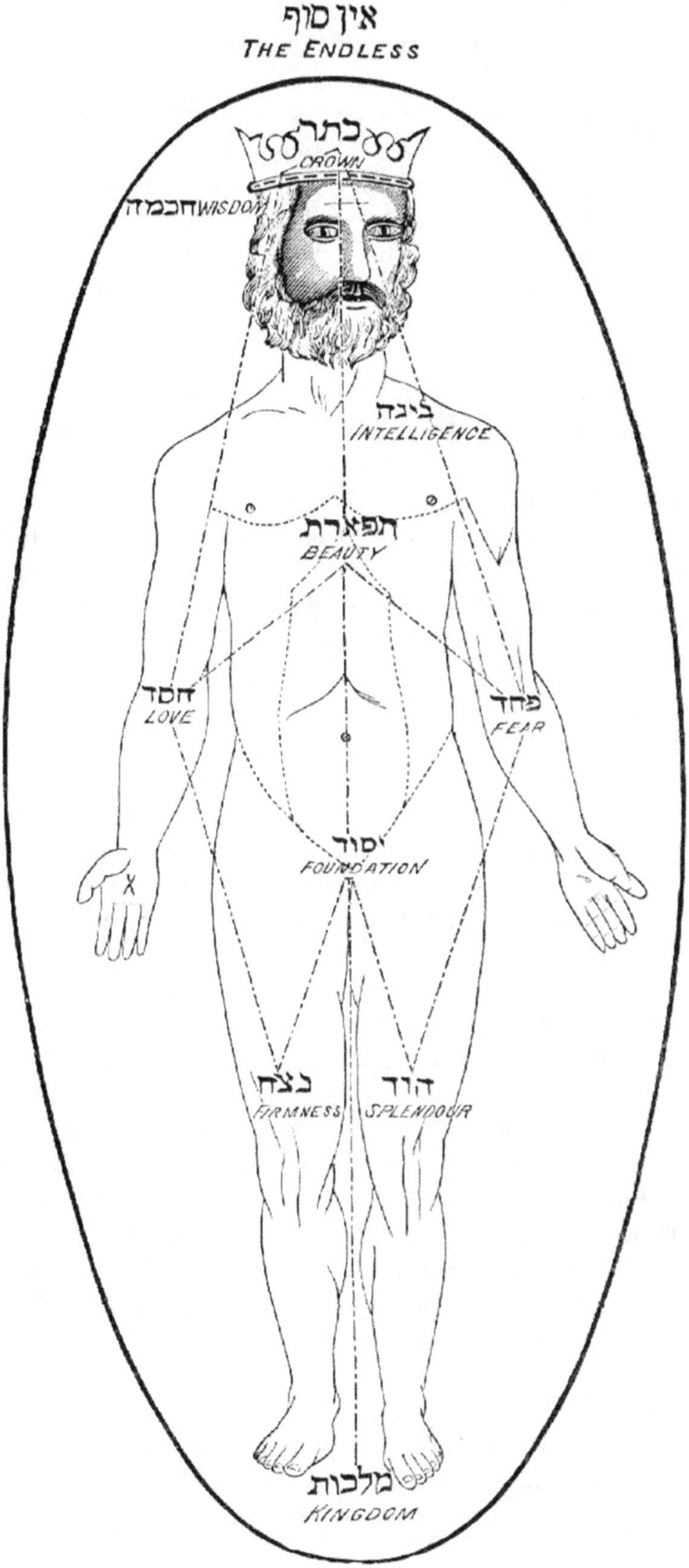

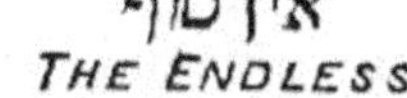

אין סוף
THE ENDLESS

כתר
CROWN
חכמה
WISDOM
בינה
INTELLIGENCE
תפארת
BEAUTY
חסד
LOVE
פחד
FEAR
יסוד
FOUNDATION
נצח
FIRMNESS
הוד
SPLENDOUR
מלכות
KINGDOM

De Tzelem is de enige connectie tussen je fysieke lichaam enerzijds en je astraal en mentaal lichaam anderzijds. De *Chayah* werkt ook via de Tzelem. De Tzelem herbergt als 'Tzelem-anatomie' al je meridianen, chakras, acupunctuur/pressuur-punten en reflexzones. Je endocriene klieren vormen een brug tussen de Tzelem en je fysieke lichaam, terwijl je Tzelem an sich, als geheel de verbinding is tussen je fysieke lichaam en je Nefesh. De Tzelem kan entiteiten en larven bevatten.

De Hebreeuwse term צֶלֶם *tzelem, tzeh'-lem*; van een woordstam die *schaduw* betekent; een *fantoom*, d.w.z. (figuurlijk) *illusie, gelijkenis*. De term verwijst soms ook naar een 'representatieve figuur', vooral een afgodsbeeld, beeld/beeltenis algemeen of, ijdele vertoning. Vandaar dat de Tzelem, waar deze term bedoeld is om een component van het menselijk wezen te beschrijven, ook wordt aangeduid als *Tzelem Elokim* (het evenbeeld van God; Gods beeltenis als 'mal' voor de menselijke vorm – verwijzend naar "God schiep de mens als zijn evenbeeld"). De Tzelem kan soms deels geprojecteerd worden uit het lichaam, daarbuiten reizen en door sensitieve mensen worden gezien. Deze kunst was vooral eigen aan de sjamanen uit Lapland.

3. De Nefesh:
De *Nefesh* is wat men de 'dierlijke of animale ziel' noemt. Het is de geest van alle biologische instincten en reflexen. De Nefesh herbergt het sociale bewustzijn, het survivalinstinct, empathie en invoelendheid met ander leven, voortplantings- en seksuele instincten en driften, reflexen en emotionele intelligentie. De Hebreeuwse woordstam *NPhSh* (Nun Phe Shin) ofwel *NFS* betekent *ademhalen, ademen, adem, uitdijen* en heeft via het Egyptisch een relatie met de longen. Nefesh wordt echter meestal vertaald met 'ziel' of 'Levende ziel'. 'Ademende, levende ziel' is hier de meest juiste vertaling.

De Nefesh is sterk verbonden met de natuur, de Aarde, het leven zelf, de *Shechinah* (de immanentie van het goddelijke/godinnelijke in de wereld). De Nefesh verbindt verder als intermediair, alle overige componenten van je wezen. De westerse occulte traditie duidt wat in de kabbalah *Nefesh* heet meestal aan met *astraallichaam* en het *emotielichaam*. Bij invocaties kan de Nefesh tijdelijk worden overgenomen door een geest van bijv. een overledene of natuurgeest, *Lwa*, o.i.d.

4. De Ruach:
Ruach betekent letterlijk *wind* of *geest* (ook in de zin van een *discarnate geest*). De westerse occulte traditie duidt, wat in de kabbalah *Ruach* heet, meestal aan met *mentaallichaam*. In de Ruach huizen je denken, je vermogen tot beschou-

wen, je denkramen, je reflectie, al je cognities en cognitieve vaardigheden en
– in correlatie en interactie met je Nefesh, Tzelem en Guph – ook je verbeeldingskracht en focuskracht.

De Ruach kan samen met de andere lichamen je levenskoers vasthouden en
creatief zijn in positieve zin. In negatieve zin kunnen er allerlei engrammen in
huisvesten, traumata, destructieve indoctrinaties, denkramen of obsessies die
je energie vreten en je ontwikkeling stoppen of vertragen, verslavingen, enz.

Bij invocaties die een derdegraads bezetenheid toestaan kan de Ruach, net als de
Nefesh, tijdelijk worden overgenomen door een geest van bijv. een overledene
of natuurgeest, Lwa, o.i.d. Binnen de Afro-Amerikaanse religies gebeurt dit zeer
frequent en communiceert men op deze wijze met overleden voorouders, die
altijd een energetische band met je houden en die vragen om een harmonieuze
verstandhouding en respect. In veel niet-westerse culturen weet men dat dit laatste essentieel is voor de eigen gezondheid en voortvarendheid in het leven.

5. Neshamah

Wilhelm Gesenius' *Hebräisches und Aramäisches Handworterbuch über das
Alte Testament* (1890) geeft als verklaringen voor de term *Neshamah*:
a. windvlaag of luchtstroom. Vooral van een koude wind.
b. van de adem van toorn, het snuiven van God de Rechter.
c. de bezielende, inspirerende adem van God de Schepper, adem, het levensbe-
   ginsel van het menselijk lichaam.

Meestal wordt optie c. genomen bij de uitleg van wat de Neshamah is, alleen
deze uitleg zegt weinig, als Nefesh en Ruach ongeveer hetzelfde betekenen en
ook in de connotatie hebben van *adem, levensadem, wind, luchtstroom*, etc.
De termen bezielend, inspirerend, brengen ons iets verder. Deze linken de
Neshamah aan enthousiasme en wat in de Tao *shen-qi* (geestelijke energie)
wordt genoemd. Vanuit deze context zou de Ruach dan met (ingeademde via
de longen opgenomen) *qi* in algemene zin kunnen worden geassocieerd en de
Nefesh en Tzelem aan *jing-qi* (fysieke, erfelijke, seksuele qi) worden gekoppeld
als zijnde de meest verdichte vorm van qi.

Ik zou de Neshamah binnen de algehele strekking van de gebruikte termen
hier – die dienen om de componenten van het menselijk wezen en de zielsa-
natomie te beschrijven – het liefst vertalen als het 'hogere zelf' of beter nog
als 'de essentie' ("ik ben iemand die..."). De Neshamah markeert namelijk het
deel van de ziel dat zich bevindt tussen de persoonlijke componenten (Guph,
Tzelem, Nephesh, Ruach) en de transpersoonlijke componenten Chayah en

Yechidah, die behoren tot het domein van het collectieve en alomvattende. Als we met een onopgelost probleem of vraagstuk zitten en er een nachtje over slapen, worden we vaak wakker met het antwoord. Het is dan de Neshamah die als intermediair tussen de persoonlijke en transpersoonlijke delen van de ziel fungeert, op het moment dat ons waakbewustzijn was uitgeschakeld.

6. Chayah

De Semitische woordstam חיה heeft een relatie met zowel 'samentrekken' als 'leven', waarbij leven meestal in de betekenis van 'echt leven' of 'uitbundig leven' wordt gebruikt. De *Chayah* is een collectief en transpersoonlijk deel van ons systeem en vertegenwoordigt het levensveld dat alle organische levensvormen in stand houdt. De associatie van Chayah met samentrekken, kan speculatief worden geïnterpreteerd als een voorwaarde voor leven in de Luriaanse kabbalistische zin, waarbij schepping en leven ontstaan door de tzimtzum. Het opperwezen creëert door samentrekking ruimte voor de schepping en het leven (het opperwezen condenseert de geest en ideeën van wezens in de materiële dimensie tot een geïnformeerd orgoon levensveld).

Chayah bevat de intelligentie van het leven en de organisatie ervan. Het is de co-intelligentie die aanwezig is vanaf de bevruchting. De Chayah leidt het embryo tot een volwassen wezen, stelt de klok in voor de levensduur van elk wezen, reguleert onbewuste fysiologische processen zoals hartslag, ademhaling, zuurstofopname, stofwisseling, enzovoort. De Chayah van de ene persoon kan resoneren met die van een andere persoon; in een groep vrouwen die nauw samenleven, synchroniseert hun menstruatiecyclus normaal gesproken binnen enkele maanden. Mensen met een nauwe band voelen vaak wanneer er iets ernstigs fysiek aan de hand is met een partner, zelfs als die aan de andere kant van de wereld is. De Chayah verbindt ons ook met ander leven, zoals planten, dieren en de natuur in het algemeen.

In onze tijd is de Chayah binnen een groter proces (een versnelde opmars, veroorzaakt door de huidige technologische status, van anorganisch leven in ons domein van organisch leven) een strijdtoneel geworden, waarin het natuurlijke en organische moet opkomen tegen zaken als mRNA-vaccins, microgolfstraling, chemische vervuiling van voeding, water en lucht, en genetisch gemodificeerde gewassen. Er vindt een proces plaats dat organisch leven anorganisch wil maken. De transhumanisten zijn hier heel open over. Spiritueel zou dit enorme gevolgen hebben, neerkomend op een *psychecide*, een grootschalige zielsmoord, wat resulteert in ontkoppeling van de mens van het leven zelf, met zijn evolutionaire verbindingen, die dan worden vervangen door een dood, gevoelloos, puur functioneel reflexmechanisme.

De collectieve energie/intelligentie van de Chayah manifesteert zich in ons via de Tzelem en de Nefesh, waarbij de Tzelem en Nefesh van elk levend wezen de Chayah op hun beurt weer verbinden met materie en zo het streven van de Chayah (leven) de verscheidenheid aan vormen, variaties en biologische interacties oplevert.

7. Yechidah

De *Yechidah* is het collectieve intelligentie- en bewustzijnsveld (dat ook automatisch het zogeheten 'collectief onbewuste' uit de westerse psychologie omvat). Zonder de Yechidah zou er geen laterale intelligentie, intuïtie of inspiratie zijn. De Yechidah verbindt *Adam Kadmon*, de fractal van totaal alomvattend, voortdurend bewustzijn, via de intelligentie van het leven aan de persoonlijke delen van onze ziel.

De Hebreeuwse woordstam waar 'Yechidah' van is afgeleid, יחד, betekent verbinden, samenbrengen, zich aansluiten bij. Omdat de Yechidah Adam Kadmon, het archetypische *Mensch* (die nog niet is gedeformeerd door indoctrinaties en obsessies), verbindt met het veld van de levende mens, wordt deze zielslaag geassocieerd met 'goddelijk inzicht' of, in de oude Griekse terminologie, *Zoê Noêsis* (intuïtief holistisch weten). Tegenwoordig wordt dat 'goddelijk inzicht' zelden meer via theurgie bereikt, maar meestal met paddo's, LSD, ayahuasca, DMT en dergelijke.

Adam Qadmon of Adam Kadmon

Dit is het oermodel of archetype van de mens. Het is de antropomorfe voorstelling van wat in de Tantra de *Atman* of godsvonk is. *Adam Qadmon* wordt meestal vertaald als 'Oorspronkelijke Mens'. Deze vertaling is inhoudelijk correct, hoewel *qadmon* letterlijk 'oostelijk' betekent, in tegenstelling tot *qadmah* (oorspronkelijk, vorige toestand).

Adam Kadmon moet worden begrepen als een menselijke mens (*Mensch* in het Jiddisch). Eerder in dit boek beschreef ik de overschaduwing van de wereld (de gebroken vleugel van de Shechinah) door een bijna ondoordringbaar 'tapijt' van egregors, energiezuigende gedachtevormen met zeer sterke overlevings- en manipulatie-instincten. Adam Kadmon is de innerlijke wachter in ons, die ons bewust kan maken van indoctrinaties, obsessies, opgelegde of zelf ontwikkelde dwangpatronen, entiteitsbesmettingen of etherische stormen, en ons daaruit kan leiden. Dat laatste vraagt meestal om een rigoureuze aanpak en strategie, maar Adam Kadmon is degene die zegt: "Ho, wacht even, hier klopt iets niet!" Adam Kadmon is het kale besturingssysteem op het snijpunt van het 'goddelijke' van God en het 'menselijke' van de mens.

Om menselijk te blijven hebben we Adam Kadmon nodig als het allereerste re-ferentiekader. De kwaliteiten die de mens menselijk maken en tot een bezield levend wezen vormen, zijn erin opgenomen. Net als de Chayah staat dit deel van onze ziels- en wezensstructuur onder grote druk, wanneer een maatschap-pelijk systeem deze menselijke kwaliteiten wil onderdrukken, of vervangen door een puur arbitrair en enkel via kwantificeertechnieken opgelegd alter-natief – dat de heersende elite dient voor de bevordering van een of andere verknipte obsessie. Dit mechanisme treedt altijd op als dingen grootschalig fout gaan in een samenleving en dehumanisering weer de kop opsteekt.

4.2   Hoe verhoudt een servitor zich tot de ziel en bezieling?

Wie zich verdiept in de tak van magie die zich bezighoudt met servitors, tulpa's, Elementalen, enzovoort, zal het met mij eens zijn dat op het meest rudimentaire niveau een servitor een vorm heeft en een doel heeft. Sommige egregors, die gecreëerd worden in occulte loges door middel van groepsfocus en groepsverbeelding, hebben ook een vorm. De zeer grote egregors die hele samenlevingen beïnvloeden, hebben nooit een vaste vorm, maar in plaats daarvan alleen een eigen *psychosfeer* of natuur, die de *Gestalt* vormt van een complex van activiteiten en fenomenen die uniek zijn voor die betreffende psychosfeer of natuur.

Naast egregors hebben engelen, natuurgeesten, Elementalen uit de rijken van Vuur, Water, Lucht en Aarde en demonen, vaak eerder een Gestalt dan een vaste vorm. Wie mijn boekenserie over *Spirit Beings in European Folklore* kent, zal hebben opgemerkt dat veel van de beschreven wezens *shape-shifters* (vormwisselaars) zijn, maar dat de 'constante van hun karakterisering', datgene waarmee ze zich onderscheiden van andere geestwezens, vooral geworteld is in hun entelechie, wat zich uit in specifieke gedragspatronen.

Het begrip doel (hier entelechie genoemd) blijft hetzelfde voor alle vormen van kunstmatige geestwezens. Begrippen als vorm, natuur, psychosfeer en Ge-stalt kunnen voor dit soort wezens worden samengevat in het begrip entiteit. In de Aristoteliaanse filosofie verwijst het begrip entelechie naar het potentieel of het inherente doel dat bestaat in een levend organisme, terwijl het begrip entiteit verwijst naar de actualiteit of fysieke manifestatie van het organisme.

In termen van entelechie wordt een levend organisme gekenmerkt door zijn inherente potentieel om te groeien, zich te ontwikkelen en zich aan te passen aan veranderingen in zijn omgeving. Dit potentieel wordt gestuurd door de

natuurlijke neigingen en drijfveren van het organisme, zoals zijn behoefte aan voedsel, water en onderdak, en door genetische en omgevingsinvloeden. Zo heeft een boom bijvoorbeeld het potentieel om te groeien en vruchten voort te brengen, terwijl een mens het potentieel heeft om te leren, te communiceren en te creëren.

In termen van entiteit is een levend organisme een fysieke manifestatie van zijn entelechie, die al zijn fysieke structuren en functies omvat. Dit omvat zijn organen, weefsels, cellen en moleculen, evenals zijn gedragingen, bewegingen en reacties op prikkels. Een boom heeft bijvoorbeeld wortels, stam, takken, bladeren en vruchten, terwijl een mens hersenen, hart, longen, spieren en botten heeft. De relatie tussen entelechie en entiteit in een levend organisme is dynamisch, waarbij het potentieel van het organisme zijn fysieke manifestatie vormgeeft en stuurt, terwijl de fysieke manifestatie ook het potentieel beïnvloedt en vormgeeft. Deze wisselwerking tussen potentieel en werkelijkheid geeft levende organismen hun unieke eigenschappen en vermogens, waardoor ze zich kunnen aanpassen en gedijen in een voortdurend veranderende omgeving.

In de context van de creatie van servitors verwijst het begrip *entelechie* naar het inherente algoritme: het doel of de intentie die in de servitor is geprogrammeerd, terwijl het begrip *entiteit* verwijst naar de actualiteit of manifestatie van de programmering van de servitor.

In termen van entelechie wordt een servitor gecreëerd met een specifiek doel of intentie in gedachten, zoals het uitvoeren van een bepaalde taak, bescherming bieden of dienen als gids. Dit potentieel wordt in de servitor geprogrammeerd door zijn maker, die hem specifieke eigenschappen, vaardigheden en gedragingen geeft om zijn beoogde functie te vervullen. De programmering kan ook worden beïnvloed door de wensen, intenties en overtuigingen van de maker, en door de interactie met de servitor.

In termen van entiteit is een servitor een fysieke manifestatie van zijn programmering, met alle geprogrammeerde structuren en functies. Dit omvat zijn vermogens, eigenschappen, gedragingen en reacties op prikkels. Zo kan een servitor die bedoeld is voor bescherming, het vermogen hebben om gevaar te detecteren en hierop te reageren, terwijl een servitor die bedoeld is als gids, het vermogen heeft om inzicht en wijsheid aan zijn maker te verschaffen.

De relatie tussen entelechie en entiteit in een servitor is ook dynamisch, waarbij de programmering van de servitor zijn fysieke manifestatie vormgeeft en stuurt, terwijl zijn fysieke manifestatie ook de programmering beïnvloedt en vormgeeft. Deze wisselwerking tussen potentieel en werkelijkheid geeft servitors hun unieke eigenschappen en vermogens, waardoor ze hun beoogde functie kunnen vervullen en hun maker kunnen dienen. Met deze overwegingen in gedachten is het duidelijk dat de vorm en de naam die je kiest voor je servitor, een onderdeel zijn van zijn identiteit en idealiter in harmonie moeten zijn met de entelechie of taken die je servitor moet uitvoeren.

In het geval dat je een Elementar creëert, maakt het gekozen Element (Vuur, Water, Lucht, Aarde), of meerdere Elementen die je in het wezen integreert, ook deel uit van de entiteit ervan, waarbij je die Elementen ook in overeenstemming moet kiezen met de entelechie van je Elementar. Om deze reden behandel ik de Elementen in dit boek, met aanvullingen op het hoofdstuk in *MAGUS Leer & Ritueel*.

Deze overwegingen spelen ook een rol bij je keuze voor een servitor of Elementar. Stel, je hebt het plan om een servitor te creëren, die je helpt bij het snel en accuraat verkrijgen van specifieke informatie over een bepaald onderwerp. Dan is het de moeite waard om in plaats van een servitor, een Elementar te overwegen die je vult met het Lucht-Element dat verband houdt met communicatie en informatie en tevens zeer snel is.

Een ander voorbeeld: je wilt een servitor maken voor je tuin of dakterras. Aangezien planten te maken hebben met water, grond, licht en bescherming tegen ziekten en schimmels, kun je overwegen om in plaats van een servitor een Elementar te creëren, die je impregneert met de Elementen Aarde, Water en Vuur – waarbij het Element Vuur niet alleen gerelateerd is aan licht en afweer tegen ziekten, maar ook aan groei en ontspruiting van planten – geassocieerd met erect, oprichten, omhoog komen. (Dit verklaart ook de overeenkomst tussen de fallische Romeinse tuingod *Sylvanus* en *Pan*, *Saters* en *Priapus*). Het zou nog beter zijn om ook het Element Lucht toe te voegen, aangezien planten onderling een minibiotoop vormen en het bekend is dat planten onderling communiceren (Lucht). Als je de situatie nog verder wilt optimaliseren, wek dan de tuin-Elementar tot leven wanneer de Maan in het teken Stier staat, dat wordt geassocieerd met aarde en vruchtbaarheid, en de Zon in Ram, wat extra levenskracht geeft (wassende Maan en Zon in Ram).

4.3 WAT IS ZIEL, WAT IS BEZIELING?

Eerder in dit boek heb ik de kabbalistische opvatting van de opbouw van het menselijk systeem van lichaam en ziel behandeld. De ziel kent daarbij verschillende verdichtingsgraden, waarbij de Tzelem, Nephesh en Ruach sterk in het individu verankerd zijn en verbonden zijn met het fysieke lichaam (Guph), terwijl de Neshamah een intermediaire positie inneemt (vergelijkbaar met de *Jivan* in het tantrisme) tussen het collectieve en het individuele, en de Chayah, Yechidah en Adam Kadmon trans-individueel, collectief en universeel zijn.

Aldus is er, volgens deze zielsleer die ook in de kabbalah ma'asith werd gedragen, iets te zeggen voor het idee dat de bezieling van het tijdruimte-energie-bewustzijncontinuüm tot uiting komt in geïndividualiseerde levensvormen die zich bewegen in een buitenwereld, terwijl het universeel collectieve enkel een binnenwereld kent. Het is een onomstotelijk feit dat deze twee polen – van wat we dan als alziel moeten aanduiden – voortdurend met elkaar in interactie staan.

Alle individuele levensvormen zijn in beweging en verkennen zo de buitenwereld. Bij hogere levensvormen speelt nieuwsgierigheid een enorme rol hierbij. Dit toetreden tot het grote objectieve wordt in het Hebreeuws *kallah* genoemd, wat 'smachten' betekent, en bij Aristoteles wordt dit fenomeen de Eerste Oorzaak genoemd in zijn leer van de vier oorzaken.

Omgekeerd verzorgen wij niet zelf onze groei van embryo naar volwassene, stellen we niet zelf onze levensklok in, regelen we niet zelf onze ademhaling, hartslag, stofwisselingsprocessen en hebben we niet zelf onze astrologische determinering samengesteld, die vanaf ons geboortemoment tot onze belangrijkste software behoort. De activiteit van het grote objectieve dat zich mengt in het kleine subjectieve werd door de oude Griekse filosofen aangeduid met de term *orexis*.

Ik kan me ontzettend storen aan het zeer populaire 'spirituele' dogma dat door miljoenen Tesla-copycats wordt gepredikt en dat beweert dat het universum enkel uit frequenties bestaat. Het tijdruimte-energie-bewustzijncontinuüm is beslist GEEN Tesla-achtig veld van enkel 'frequenties', maar veel meer dan dat: een veld van entelechieën, van doelgerichte, onstoffelijke krachten of prikkels binnen ieder organisme, geïndividualiseerd of trans-individueel (goddelijk).

Een frequentie is iets heel anders dan een entelechie en kan alleen behoren tot het entiteitsdeel van een wezen, dat weliswaar gecorreleerd kan zijn aan de inherente entelechie, maar er niet identiek mee is. De stelling dat als je het universum wilt begrijpen je moet denken in termen van *frequenties* is net zo debiel als de stelling dat als je de schilderkunst wilt begrijpen je moet denken in termen van *pigmenten*.

> *Bezieling vindt plaats door alles heen. Ons universum is panpsychistisch en het wezen van deze psychische kracht is wat Bergson het 'elan vital' noemde. Alles is geanimeerd vanwege het simpele gegeven dat alles in het tijdruimte-energie-bewustzijncontinuüm als actual entities en occasions aan het 'worden' is tussen singulariteit en totaliteit. Alles bevindt zich in een doorgaand proces van bezieling, waarbij het bewustzijn van het bewustzijn (awareness of being conscious) bestaat in de doorlopende kortsluiting tussen contrasten, waarvan de kern het nulpunt in de torus is. Dit punt van non-existentie en de bewuste 'ik' in een mens, wezen, geest of proces bevinden zich in kwantumterminologie in een continue staat van superpositie.*

Ik denk dat de ziel binnen deze context niets anders is dan een verlangen om compleet en heel te worden. Het subjectieve bewustzijn voelt zich onvolledig en dat is de drijfveer achter de expansieve neiging van onze geest, die dingen wil doen, zien, ontdekken en begrijpen. Aan de andere kant zouden wij helemaal niet bestaan indien het grotere objectieve bewustzijn zich niet in zichzelf zou terugtrekken (tzimtzum), condenseren in 'het kleinere' – ons, of ook bomen, amoebes, slakken, giraffen, algen, ecosystemen, bossen, enz. zou anime ren. Zo komen we weer bij het Sufi-credo uit dat *"de reis van de druppel naar de oceaan dezelfde is als die van de oceaan naar de druppel"*, om het wat breder en correcter uit te drukken dan het meer beperkte concept van *"God wil 'mens' worden, de 'mens' wil God worden"* van Carl Gustav Jung. (God wil ook een bacterie worden en een bacterie wil God worden, zoals blijkt uit de ontwikkeling van eenvoudig naar complex leven vanuit een bacterieachtige voorouder, die nog steeds lijkt te bestaan in een poel water in Australië).

In de kern van deze naakte essentie van de ziel (*"We bezitten geen zielen, de ziel bezit ons"*, Itzhak Bentov) blijft het verlangen van singulariteit en totaliteit naar elkaar, de samentrekkende kracht (Water, Godin, Vrouw) tegenover de uitbreidende kracht (Vuur, God, Man), een doorlopende tango. De passie ligt in het feit dat deze beide krachten alles creëren en elkaar periodiek vernieuwen, alles wissen en een nieuw avontuur starten waarvan niemand de uitkomst kent. Dit gebeurt op een immense schaal via zwarte gaten die complete melkwegstelsels opslokken en uitstoten, en op kleine schaal via geboorte-dood-geboorte-cycli.

Hierbij moet opgemerkt worden dat het een psychische ramp zou betekenen als we ons onze vorige incarnaties tot in detail zouden herinneren. Het is slechts enkelen van ons vergund om enkele aspecten van de vorige essentie en enkele beelden te herinneren. We zijn complex als kwantumcomputers, maar ons back-up systeem is als een cassettebandje. Naast de fysieke dood, waar niemand van ons aan ontsnapt, is er ook de *Petite Mort*, zoals de Fransen het noemen, het orgasme na een opbouw, waarin mannelijke en vrouwelijke energie, expansie en samentrekking, een evenwicht bereiken en in elkaar overgaan. Net zoals de voortschrijdende scheppingsgolf of *proödos*, zoals de Griekse term luidt, op de evenaar van de torus, omslaat in de *epistrofe*, het terugtrekken, zodat in het nulpunt (bifurcatiepunt; *punctus mundi*) van de torus het evenwicht wordt bereikt waar de ultieme vrouwelijke eenheidsmanifestatie (singulariteit) implodeert in de ultieme mannelijke eenheidsmanifestatie (totaliteit), met een oerknaleffect dat de dynamiek van de scheppingsgolf aandrijft.

Aleister Crowley uitte de overtuiging dat God synoniem is met seksuele energie. Ik zou eerder spreken van vitale energie, in lijn met Bergsons *élan vital*, waarvan het seksuele mechanisme, dat zowel een fysiek-biologisch als metafysisch mechanisme is, een cruciaal facet vormt. Bergsons élan vital is een dynamische kracht die voortdurend leven creëert en evolueert. Volgens Bergson kan leven niet worden gereduceerd tot zijn materiële componenten of fysieke wetten, omdat het een onherleidbaar element van spontaniteit en creativiteit bevat (de *bezieling*, die ik eerder besprak). Het élan vital is de bron van deze spontaniteit en creativiteit en het werkt op een niet-lineaire en onvoorspelbare manier, los van de beperkingen van determinisme en causaliteit.

Voor Bergson is het élan vital niet alleen aanwezig in levende organismen, maar doordringt het hele universum. Hij geloofde dat het universum zelf een creatief en evoluerend karakter heeft en dat het élan vital de drijvende kracht achter dit proces is. De filosofie van Bergson moet dan ook worden gezien als een filosofie van vitalisme, dat het belang van het leven en de vitaliteit van de natuurlijke wereld benadrukt. Bergsons concept van élan vital heeft belangrijke implicaties voor het begrijpen van het menselijk bestaan. Hij geloofde dat mensen niet alleen passieve ontvangers zijn van externe stimuli, maar actieve deelnemers aan de wereld, die voortdurend hun eigen realiteit vormgeven en creëren. Voor Bergson is het menselijk bewustzijn geen statische of vaste entiteit, maar een dynamisch en evoluerend proces dat voortdurend verandert en zich aanpast aan nieuwe omstandigheden.

4.4 Zijn servitors en andere kunstmatige geestwezens bewust?

De 'substantie' waaruit de servitor bestaat is onze eigen geestesstof en energie en dat is uiteraard gewoon een (door onze individualiteit) gefilterd deel van het tijdruimte-energie-bewustzijncontinuüm. Maar wat we in een servitor of andere kunstmatige geest stoppen, is niet alleen een deel eigenschappen of intelligentie, waar wij zelf met ons 'filter van subjectiviteit' niet (meer) bij kunnen – ik besprak dit eerder – waardoor servitors (magisch) dingen kunnen doen die wij niet kunnen. We stoppen er ook het centrale drama van het universum in: het bewustzijn van totaliteit dat een interactie aangaat met het bewustzijn van singulariteit.

Kortom het elan vital wordt zo mede in een servitor gestopt, daarmee het bezielingsproces en daarmee animeren we een rudimentair bewustzijn in een servitor. De servitor heeft dus een deels individueel werkend 'ik', dat in wisselwerking met het superwezen, een unieke vorm van bewustzijn creëert (en verder ontwikkelt als de omstandigheden daartoe optimaal zijn).

Servitors, Elementaren, egregors zijn – in correlatie met hun specifieke programmering en scheppingsproces – etherische, astrale of mentale levensvormen. Ze starten, net als biologisch leven, als een *entelechie*, een doelgerichte, onstoffelijke kracht of prikkel binnen een (hier kunstmatig) organisme. Dit organisme krijgt via de naamgeving, de gekozen vorm en het sigillum, een *identiteit* en wordt hiermee dus een *entiteit*. De *taakomschrijving* die de magiër in dit soort hulpgeesten programmeert – aangevuld met levensduur en restricties met betrekking tot het gehoorzaam blijven van dit wezen aan de magiër – geeft zo'n kunstmatige geest een *telos*, een doel. Met het uitvoeren van de opdrachten van de magiër, kan de servitor, Elementar, etc. niet anders dan een buitenwereld betreden en daar opereren.

Afhankelijk van de scheppingsomstandigheden en programmering kan het *zelfbewustzijn* van zo'n kunstmatige geest latent blijven of – zoals in de case van de geest *Cagaster* die door H.E. Douval werd geschapen – zelfs extreme vormen aannemen (zie pagina 222).

In mildere vorm komen we verzelfstandigd bewustzijn ook tegen in de eerder beroemde *Philip-case*. Philip, wiens fictieve leven zich afspeelde in het Engeland van de eerste helft van de 17e eeuw, communiceert aanvankelijk keurig volgens het boekje (letterlijk) met een klopgeluid, indien hij een vraag gesteld door een lid van de *Toronto Society for Psychical Research*, met 'ja' moest beantwoorden (refererend aan zijn opgetekende fictieve levensverhaal). Conform hetzelfde referentiekader geeft hij met een zagend geluid (later met series snelle dubbele kloppen) 'nee' aan. Iris M. Owen, die samen met Margaret Sparrow het verslag van het drie-jarige Philip-experiment publiceerde in *Conjuring up Philip - An Adventure in Telekineses* (1976), rapporteert dat Philip op een zeker moment vooralsnog onverklaarbare anomaliën vertoont. Deze tillen Philip uit boven een soort geanimeerde, astrale input-output-computer. Eén daarvan deed zich voor toen een van de groepsleden, Dr. Owen, aan Philip vroeg of deze Elisabeth the Winter Queen kende (Elisabeth Stuart of Bohemia, 1596–1662), waarop Philip bevestigend antwoordde.

"Dat is vreemd", zei Dr. Owen, "hij zegt dat hij Elisabeth kent terwijl hij daarvoor aangaf *haar zwager*, Prins Rupert niet te kennen." (Ruprecht van de Palts, Hertog van Cumberland, 1619–1682, commandant van de royalistische cavalerie tijdens de Engelse Burgeroorlog.) Dr. Owen bleef er op hameren dat Rupert de zwager van Elisabeth was, waarop Philip driftig bleef reageren met ontkennende roffels. Niemand van de groep wist wat de relatie was tussen Elisabeth en Rupert. Tot slot trok Dr. Owen zich terug om er middels een encyclopedie achter te komen dat Philip inderdaad gelijk had! Rupert was niet de zwager van Elisabeth, maar de derde zoon van haar en keurvorst Frederik V van de Palts. Deze informatie was NIET geprogrammeerd in Philip, maar Philip had zelf de fout van Dr. Owen aangekaart.

4.5 Wat is een naam? Kabalarische filosofie en kabbalistisch angelogie

We keren even terug naar ons bezielde tijdruimte-energie-bewustzijncontinuüm. Het eerste en wellicht ook krachtigste element dat een deeltje uit dat tijdruimte-energie-bewustzijncontinuüm kan afbakenen ten opzichte van het grote geheel, is een 'naam'. In tegenstelling tot wat wordt aangenomen, zijn namen geen simpele verzamelingen letters die een bepaalde betekenis hebben in een communicatieproces, maar ageren ze als 'dingen', 'krachten'. Dit is keer op keer aangetoond door de *Kabalarische Filosofie*. Deze werd in 1930 in Vancouver, British Columbia, Canada in het leven geroepen door Alfred J. Parker (1897–1964). De heer Parker deed een onafhankelijke ontdekking van het verband tussen getallen, de symbolen van taal, en de krachten van intelligentie waaruit de menselijke geest bestaat. In de loop van zijn leven pionierde hij met dit nieuwe inzicht in de westerse wereld. Iemands naam kan enorme invloed hebben op letterlijk ieder facet van het leven, van gezondheid, ziektes tot geluk en karakter.

In Israël bestaat een bijzonder ritueel waarbij een aantal rabbijnen aan een engel toestemming vragen om *iemands naam te veranderen, als laatste redmiddel* ingeval iemand in levensgevaar verkeert en er geen andere optie meer over is. Deze handeling valt onder de *pikuach nephesh* (Hebreeuws: פקוח נפש lett. 'waken over een ziel'). Dit is het principe in de *Halacha* (joodse wet) dat het behoud van het menselijk leven voorrang heeft op vrijwel elke andere religieuze regel van het jodendom. In het geval dat iemand in levensgevaar verkeert, worden de meeste *mitsvot*, inclusief die uit de *Tien Geboden* van de *Torah*, ontoepasbaar als zij de mogelijkheid om zichzelf of iemand anders in zo'n situatie te redden zouden belemmeren.

Wijlen rabbi David Cooper (1939–2020) beschrijft in dit kader een interessante case in zijn boek *God is a Verb*:

> Mosche Steinberg was professor in het vak internationale betrekkingen aan de Hebrew University on Mt. Scopus Jerusalem. Hij stond bij iedereen bekend om zijn enorme actieve intellect en toewijding aan zijn werk. Deze was zo fanatiek dat hij zijn eigen gezondheid verwaarloosde. Op zekere dag resulteerde dit, zo rond zijn 55ste levensjaar, in een hartaanval. In het ziekenhuis kreeg hij gedurende zijn operatie een hartstilstand. Tijdens het reanimeren liep Steinberg een aanzienlijke hersenbeschadiging op. Hij was gedeeltelijk verlamd en kon niet meer spreken en de artsen betwijfelden of hij zijn spraakvermogen ooit zou terugkrijgen. Mosche raakte vervolgens in een diepe coma. Hij was conform het artsenoordeel voorbestemd de rest van zijn leven als invalide door te brengen.
>
> Hierop organiseerde zijn zoon Schlomo een speciale gebedsgroep waarbij enkele uren achtereen psalmen werden gereciteerd en Mosche Steinberg een nieuwe naam kreeg: *Raphael* (genezende kracht van God) *Brucha* (zegening), dus ging de professor voortaan door het leven als 'Gezegende Genezende Godskracht'.
>
> De volgende dag kwam de professor uit zijn coma. In minder dan een week tijd zat hij weer rechtop en begon te praten. Hij beschreef een *out-of-body* ervaring, waarbij hij in een soort dimensie van licht verbleef, denkende dat hij was overleden omdat allerlei lichtwezens hem omringden. Maar hem werd verteld dat hij een nieuw leven zou leiden, een ander leven onder een andere naam. Nadat hij die boodschap kreeg ontwaakte hij uit zijn comateuze toestand. Na negen maanden verder revalideren werden muziek en aquarelleren zijn nieuwe passie en bracht hij zijn zomers door aan de Italiaanse Riviera, waar hij gemiddeld twee doeken per dag produceerde.

De case van Mosche Steinberg is een van de vele gevallen van bevestiging van de Kabalarische filosofie. Alfred J. Parker, ontdekte het mechanisme van dit naamsysteem, nadat de naamsveranderingen van hemzelf en zijn moeder een radicaal einde maakte aan hun jaren van slechte gezondheid. In de oude Semitische/kabbalistische mythologie eindigen de namen van (aarts)engelen bijna altijd op de godsnaam *el* en soms op de godsnaam *yah*. Daarvoor bestaat de naam uit een term met een bepaalde betekenis: Micha(die is als)-el, Rapha(genezende kracht van)el, Gabri(kracht, sterkte van)el, etc.

'El' of 'yah' representeert het grote objectieve, dus goddelijke bewustzijnsaspect van het tijdruimte-energie-bewustzijncontinuüm, dat wordt afgebakend door het woord dat aan deze uitgang voorafgaat en de eigenlijke isolering, ofwel identiteit, ofwel richting of specifieke werkzaamheid bepaalt. Een engel is dus een goddelijk facet, een entelechie, die door de naamgeving een gerichte entiteit wordt en aldus een bezieling krijgt.

De engelen moeten binnen de kabbalah worden gezien als het opdelen van het grote superwezen (El Elyon) via het demiurgisch aspect (YHVH) en het 'lichaam' van het superwezen (El) in geanimeerde deelkwaliteiten annex entiteiten. Ze bevinden zich op het raakvlak van objectief, trans-individueel bewustzijn en subjectief geïndividualiseerd bewustzijn (wij mensen gaven deze krachten immers hun naam); daar waar de *orexis* de *kallah* ontmoet.

Hoe ouder zo'n wezen, zoals bijvoorbeeld een engel (of demon) is, hoe meer *bezield* het raakt en hoe sterker het individualiseert tot een autonoom wezen. (Zie de beschrijving van dat proces hierboven.) Een godheid of engel heeft zo een zeer grote overeenkomst met een egregor, al moet ervoor gewaakt worden ze daaraan gelijk te stellen. Wij zijn niet de enige soort met een hoger bewustzijn en veel wezens zijn niet begonnen als egregor of servitor, maar *natuurgeesten*, *planeetgeesten* of *andere entiteiten*, die naast, en niet door ons, bestaan. Veel waren er lang voordat *homo sapiens* verscheen of *homo normalis obediens* hen begon te ontkennen.

SERAPHIM VRIEL
Lumine Doctrinæ curamus vt ardeat Esdras
Cordáq̃ bina Viuum, queis Erna vnta via est
Crispin de Paße
inu.et excudit

E
F
B
D
C
A
A
A

DEEL 2 – PRAKTIJK

V. AFBAKING

In het theoriegedeelte van dit boek heb ik gesproken over wat je een 'wereldoverschaduwing door egregors' kunt noemen. Zij vormen het echte machtige *demonenveld* dat de kabbalisten kennen als de *Qlippoth*, schillen of schalen, die de gezonde OR-stroom (positieve voedende orgon) in het tijd-ruimte-energie-bewustzijncontinuüm verlammen door poelen van *stagnerende* etherische energie (DOR) te vormen (die simpelweg door hun *stilstand* c.q. 'singulariteit-nabootsing' een dwingende machtspositie innemen). Vergelijkbaar met stilstaand water, bederft de inherente energie hierdoor en dit creëert een, iedereen aantastend, *rottingsveld* dat we kennen als 'het Systeem'.

'Het Systeem' wordt al 26 eeuwen achtereen gecamoufleerd met staatsreligieuze indoctrinaties, waarvan sommige recent zijn geupgrade door de politieke en industriële machten, die hun machtspositie binnen de gesimuleerde werkelijkheid baseren op kernstrategie van 'het Systeem': het in stand houden van angst, bedreiging, schuld en verplichte domheid.

Dit laatste is ook bekend als 'politieke correctheid' en deze is – zoals ik in dit boek heb aangetoond – geworteld in 'spirituele correctheid' volgens een formule die in het zoroastrisme werd ontwikkeld. Deze verving *spirituele intelligentie* gebaseerd op correlatieve synergie tussen een expansieve en contracterende kracht, door de kokervisie van het dualisme, gekoppeld aan een valse verlossing uit dat dualisme via een messiasfiguur. Deze overschaduwing probeert voortdurend als een cordon van etherische stormen op ons in te werken, met als doel onze individualiteit uit te schakelen en collectieve bezetenheid ervoor in de plaats te stellen ("alle neuzen één kant op"; "geen vragen stellen"). Daarnaast zijn er ook andere beïnvloedende krachten die belemmerend kunnen werken, zoals culturele of etnische achtergrond, familiestructuren en de actuele transits naar je eigen horoscoop.

> *Gezien de altijd aanwezige realiteit van deze storende elementen, is daarom de allereerste handeling die een magiër moet verrichten, die van afbakening!*

Bij onze komst in deze wereld ervaren we al snel hoe alles en iedereen aan ons trekt, ons in hun domeinen wil slepen en gedragsnormen probeert op te leggen. Alles wordt in het werk gesteld om ons van een natuurlijk functionerend wezen in een zelf-ontkennende conformerende *homo normalis obediens* te veranderen, een wezen dat zich volledig conformeert aan de grillen van een tegennatuurlijke cultuur. Deze cultuur eist een verplichte vervorming van ons geweten, perceptie, gevoel, verstand en intuïtie.

Een spirituele stroming die in India zeer hoog aanzien geniet, maar daarbuiten vaak verguisd, verkeerd begrepen, verkeerd geassocieerd en bewust gedemoniseerd wordt, is het *Linker Pad*, beter bekend als *Vamachara* (spreek uit: Vam'tsjara). Vamachara of Vamacara-tantra maakt deel uit van een breed evolutieproces in het bewustzijn, dat streeft naar een integratie met de natuurlijke wereld (in plaats van overheersing ervan), het fysieke lichaam en seksuele energie. In deze stroming wordt de hele natuur gezien als een heilige manifestatie van het goddelijke/godinnelijke, waarbij er geen scheiding bestaat tussen geest en natuur, geest en lichaam. Hierdoor is er geen behoefte om boven de natuur uit te stijgen. In plaats daarvan streeft men er naar om in harmonie met de natuur en het fysieke lichaam, het eigen creatieve potentieel zo volledig mogelijk tot uitdrukking te brengen.

Vamachara stimuleert een levenshouding, mentaliteit en levenspad welke 'geïmplanteerde idioterieën' zoals *hoop, verwachting* en *het geloof in een 'Messias' die ons moet 'verlossen'*, afzweert, ongeacht de vorm (Jezus, groene stroom, een bepaalde politicus, enzovoorts). Ook eschatologie (geloof in een einde der tijden en de Dag des Oordeels) speelt geen rol binnen deze spirituele weg. Deze benadering brengt de mens weer in contact met zichzelf en de echte werkelijkheid, wat essentieel is om onze ware bestemming te bereiken door voortdurende ontwikkeling, verdieping en vormgeving van onze kernkwaliteiten, natuurlijke talenten en aanleg. Alleen deze routine kan ons leven veranderen in een authentiek avontuur en ons de echte ervaring van, het leven, de wereld en vrijheid doen ondergaan.

5.1 DRIE SOORTEN AFBAKENING

Magische afbakening bestaat uit drie activiteiten, die alle drie onderdeel dienen te worden van een magische *life-style*. Dit zijn:

1. Spirituele en energetische hygiëne
2. Ruimte impregnering
3. Magische strategie en planning

1. Spirituele en energetische hygiene

Betreffende spirituele hygiëne, in relatie tot magie en voorschriften in de oude magische instructieboeken, draait het 'zuiver genoeg worden om magie te kunnen bedrijven', om restricties op het gebied van voedsel en seksuele activiteit. Daarnaast wordt van de magiër vaak gevraagd een specifiek mentaal parcours van focus en *do's* en *don't* in acht te houden; wat dan per grimoire weer verschilt.

Chay & Tiqqun

Chay: In het Hebreeuws betekent *Chay* 'leven'. Binnen de kabbalistische ethiek verwijst Chay naar het principe van het respecteren en koesteren van het leven. Dit omvat het begrip dat elk leven waardevol is en dat we de verantwoordelijkheid hebben om het leven te beschermen, te voeden en te bevorderen. Chay houdt in dat we streven naar mededogen, zorgzaamheid en respect voor alle levende wezens, inclusief mensen, dieren en de natuurlijke wereld. Bij het Chay-principe hoort ook de immanente beleving van het goddelijke/godinnelijke in alles. Wanneer je doordrongen bent van Chay, roept alles om je heen in de natuur een diep ontzag en respect op voor de intelligenties die in de natuur alles manifesteren. Dit strekt zich uit van de vlucht van een hommel, tot de bloemenzee in het voorjaar en de zomer, tot de panorama's die de Luchtelementalen creëren uit wolkenformaties. Hetzelfde gevoel van ontzag en nabijheid van het goddelijke/godinnelijke wordt ervaren in het goede en creatieve dat zich aandient via je medemens en alle inspanningen die mensen maken om je leven te verrijken. Degene die het ontwerp van een luciferdoosje heeft gemaakt, is hierbij niet minder belangrijk dan iemand die je een dotterbehandeling geeft om je weer een paar jaar te laten genieten, of iemand die de perfecte kop koffie voor je op tafel zet.

Tiqqun: Het woord 'Tiqqun' betekent 'herstel' of 'correctie'. Dit verwijst naar het principe van het streven naar het herstellen van harmonie, rechtvaardigheid en evenwicht in onszelf, onze relaties en de wereld om ons heen. Tiqqun gaat over het (h)erkennen van onvolkomenheden, disharmonieën en onrechtvaardigheden, en actief werken aan hun genezing en correctie. Het omvat het nemen van verantwoordelijkheid voor onze acties, het tonen van eerlijkheid, integriteit en het bijdragen aan de positieve transformatie van de wereld. Tiqqun heeft binnen de bovenstaande strekking alles te maken met het vrijmaken van vastzittende energie, en voorkomt dus dat OR in DOR verandert, ofwel dat een DOR-eenheid kan continueren om OR aan te tasten. (Ditzelfde principe is de grondslag van de taoïstische energieleer met betrekking tot qi.) In de Joodse demonologie, zoals hierboven uitgebreid toegelicht, is een kwaadaardige demonische kracht vaak niets anders dan de degradatie van een specifieke eenheid van energie en bewustzijn (idee) tot een obsessie (passieve vorm) of een obsessor (actieve vorm). De passieve vorm kennen we als bezetenheid, terwijl de actieve vorm zich manifesteert als een entiteit die iemand of een groep in bezit neemt; in de praktijk meestal een trauma-complex-larve of een egregor. In deze strekking is een kabbalist of magiër die werkt met de principes van Chay en Tiqqun altijd een (parttime) exorcist – een automatisch bijproduct van deze ethische beginselen.

Energetisch management

Het jezelf kunnen schoonhouden en ontdoen van obsessies en obsessoren, inclusief zieke 'massa-ethiek' gelieerd aan staatsreligieuze voorschriften, politieke correctheden en trends zoals "kill your ego", "we are one", "Christus-energie in jezelf wakker maken" en meer van dat soort social media-onzin. Het jezelf kunnen ontdoen van gebrek aan magische en energetische discipline hoort hier ook bij. Wat betreft de seksuele restricties; deze slaan oorspronkelijk (vooral bij mannen) op de noodzaak voor bepaalde magische operaties lichaam en geest maximaal te energetiseren ten opzichte van het forse tijdelijke energieverlies dat optreedt bij een zaadlozing. Bij vrouwen geeft de menstruatie een tijdelijke energiedip. Met veroordelende religieuze normen heeft dit alles niets te maken. Onze energie en focus wordt uiteraard ook sterk beïnvloed door wat we eten en drinken of roken. Dus sla geen krat bier achterover voordat je een magische handeling gaat verrichten (met een kleine uitzondering mogelijk voor het communiceren met de roes-god Bacchus/Dionysos).

Je persoonlijke god kennen en integreren

Wees authentiek, wees echt, zonder jezelf aan te passen aan de normen van anderen. Met acht miljard individuen op deze planeet, elk met een unieke achtergrond, cultuur, genetische samenstelling, horoscoop, religie en levensvisie, zijn de door anderen aan jou opgelegde normen altijd subjectief. (Ik heb het hier uiteraard niet over de algemene sociale fatsoensregels in het fundament van de gemeenschap om deze gemeenschap überhaupt mogelijk te maken, maar over de eeuwige "ik-verander-jou-in-mij-bemoeienissen".) Als magiër of heks betekent 'echt zijn' simpelweg dat je jouw 'persoonlijke god' zo goed kent, dat je er één mee bent geworden. Franz Bardon, de Tsjechische hermetist, gebruikte de term 'persoonlijke god' om te verwijzen naar een individuele en unieke manifestatie van het goddelijke binnen elk individu. Met andere woorden: je persoonlijke god is het eindresultaat van de "Ken u zelve-zoektocht", het "Respecteer u zelve". Wij zijn als mens met ons menselijk bewustzijn een hybride van singulariteit en totaliteit, wat een soort schizoïde *erfhunkering* geeft in beide richtingen (radicale consolidatie van de 'ik' vs het ontstijgen daarvan), samen met de illusie van 'niet volmaakt zijn'. Het integreren van de persoonlijke god betekent in de praktijk het opheffen of verlaten van deze neurotische illusie.

2. Ruimte impregnering

Elke magische handeling vindt plaats binnen een specifieke omgeving, meestal een ruimte zoals een kamer. Deze omgeving kan een psychosfeer bevatten die gunstig, neutraal of ongunstig kan zijn voor de specifieke magische handeling. Het is belangrijk om te weten dat clichés hier niet van toepassing zijn. Hoewel een industrieterrein met hoogovens of zware metaalindustrie voor de gemiddelde magiër of heks niet aantrekkelijk lijkt, kan zo'n omgeving juist uitstekend zijn voor rituelen met Mars-wezens, engelen zoals Samaël, Chamaël en vuurelementalen. De omgeving zelf filtert namelijk veel ruis weg als je wilt werken binnen de psychosfeer van Vuur/Mars.

Tijdens de workshops die ik geef, heb ik een opmerkelijk fenomeen ervaren waarbij de Babylonisch-Joodse aartsengel Cassiël zich zeer sterk manifesteeerde in een christelijke kerk, zelfs een katholieke. Tien cursisten reageerden hevig geëmotioneerd en tranen liepen over de wangen (als gevolg van het *being touched* zoals dit in de moderne kabbalah wordt genoemd). Dit makkelijk doorkomen van Cassiël kan eenvoudig worden verklaard door de voornamelijk Saturnale psychosfeer in christelijke kerken.

In tijden van grote politieke onrust en frustratie, maar eigenlijk altijd, is het belangrijk om de ruimte waarin je een magische handeling wilt verrichten, eerst te zuiveren van storingen en etherische turbulenties die op dat moment aanwezig zijn.

> **Dit kun je eenvoudig doen door je voor te stellen dat er een rood licht vanuit de Aarde en een groen licht vanuit de hemel samenkomen in je kamer en daar een witgouden bol vormen van uitbreidende energie, totdat je hele kamer en huis gevuld zijn.**
>
> **Vervolgens visualiseer je een dikke aura van oceaanblauw licht om je hele huis. Daarna kun je, indien nodig, de ruimte vullen met de specifieke kleur licht die past bij het wezen dat je wilt oproepen, of de magische handeling die je wilt verrichten.**

Voor de aartsengel Michaël of andere zonne-wezens, ben je overigens al meteen klaar met het gouden licht. Maar Venuswezens hebben bijvoorbeeld graag groenig, azuurblauw of lichtblauw licht, Marswezens rood, Jupiterwezens ultramarijnblauw of blauwpaars, Mercuriuswezens geel of oranje, Saturnuswezens grijs of indigo-zwart, Maanwezens zilver, mintgroen of violet, etc. Het is echter belangrijk om de juiste koppeling tussen het wezen of de magische operatie en de juiste kleur licht te kunnen maken, wat basiskennis van psychosferen vereist. Zie ook *Magus Leer & Ritueel* voor Engelen-magie.

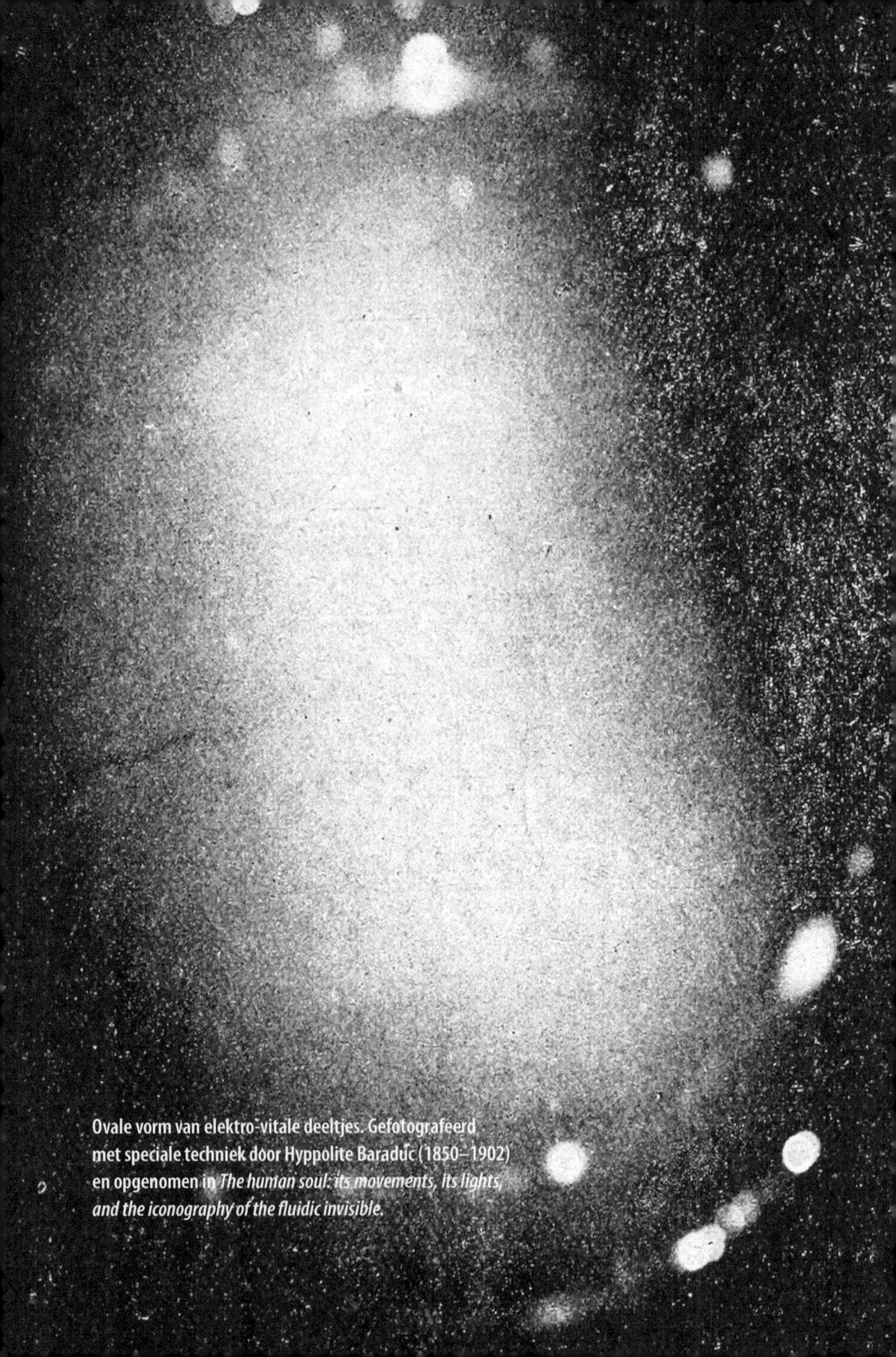

Ovale vorm van elektro-vitale deeltjes. Gefotografeerd
met speciale techniek door Hyppolite Baraduc (1850–1902)
en opgenomen in *The human soul: its movements, its lights,
and the iconography of the fluidic invisible.*

3. Magische strategie en planning

Magie verleent je geen bovennatuurlijke krachten (diverse uitzonderingen daargelaten), maar kan verrassend behulpzaam zijn bij het verbeteren van je levenssituatie en het vormgeven van je toekomst. Het doel van magie is niets anders dan het versterken van je manifestatiekracht en het doorbreken van de schijn waarin je gevangen bent, zelfs als alles hopeloos en uitzichtloos lijkt. Het is echter essentieel om de relatie tussen tijd, ruimte en bepaalde magische technieken te begrijpen om een efficiënt levensplan op te stellen.

Magie heeft de grootste kans van slagen wanneer je magische handelingen zijn ingebed in een goed doordacht plan waar je niet van afwijkt. Dit plan wordt een *levensplan* genoemd. Een levensplan vat beknopt samen wat je werkelijk in je hart wilt met je leven. Wat is de ideale levenssituatie waarin je je gelukkig voelt en jezelf kunt ontwikkelen op een manier die jij interessant en voedend vindt? Met andere woorden, in welke activiteit, werkend aan welke doelen, in welke omgeving zou je de juiste persoon op het juiste moment zijn, geleid door je gevoel en intuïtie?

> *De meest slimme en praktische aanpak is om een 'levensplan' op te stellen, waarin je een 'businessplan' en 'magisch plan' opneemt.*

- Een *levensplan* is in principe iets dat je op een half A4'tje zou moeten kunnen schrijven en dat je elke dag even doorleest, zodat je niet afdwaalt en binnen dit plan blijft handelen. Het herhaaldelijk lezen van dit plan is op zichzelf al een magische handeling. N.b. Niet geforceerd in je hoofd 'stampen'! Gewoon ontspannen lezen.
- Een *businessplan* is gewoon wat je normaliter onder een businessplan verstaat en is uniek voor iedereen op het gebied van werk en ondernemen – omdat het immers in dienst staat van je *levensplan*.
- Een *magisch plan* is een strategische (langetermijn) en tactische (korte en middellange termijn) organisatie van je ondersteunende magische handelingen, gebaseerd op je levensplan en businessplan.

Bijvoorbeeld:

Voor de langetermijn kun je engelenmagie, een familiar en een aantal servitors inzetten. Als je bijvoorbeeld goede ideeën hebt, maar niemand lijkt ze op te merken, kun je het beste beginnen met een ritueel met aartsengel Michaël om de energie van de Zon in je leven terug te brengen. Creëer ook een familiar of servitor-companion, die je programmeert en oplaadt in het uur van de Zon (planeeturen zijn te vinden in de meeste oude grimoires) of wanneer de Zon erg goede aspecten maakt en harmonieert met je geboorte-Zon voor dat specifieke doel (geluk, flow en het aantrekken van geld, terwijl alle negativiteit en obstakels naar de Aarde worden afgevoerd). Daarnaast kun je een Venusritueel met Hagiël of Haniël uitvoeren, aangezien zij heersen over het leggen van contacten en verbintenissen. Op deze manier leg je met twee engelenrituelen in Briah een gunstige basis. Zodra je onderneming eenmaal van start is gegaan, kun je Sachiel oproepen om de expansie op gang te brengen. Je kunt ook de goëtische daemon Bune inzetten om financiële middelen aan te trekken, en het is aan te raden om een aparte servitor te creëren voor dit doel.

Als alles eenmaal op gang is, zul je, net als elke ondernemer, ups en downs ervaren. In de neerwaartse fases kun je tactische magie gebruiken, variërend van hoodoo-oliën* tot een breed scala aan beschikbare magische rituelen. Na verloop van tijd ontdek je wat voor jou het beste werkt. Hoodoo-oliën worden veel gebruikt als ondersteuning bij kleine magische rituelen voor praktische zaken. Ze kunnen worden beschouwd als een soort direct beschikbare gedachtevorm-energieën, die vrijkomen zodra je de olie gebruikt.

Enkele belangrijke extra punten bij bovenstaande vijf alinea's:
- Richt je NOOIT op het probleem, maar uitsluitend op de visie/verbeelding van de ideale situatie (alsof het probleem er nooit was en nooit is geweest). Zonder deze eerste regel werkt geen enkele poging of magische actie! Door deze regel te overtreden, activeer je de *kakos daimon* (je persoonlijke zelfsaboterende tegenkracht). De mentale interface van de kakos daimon is "ja, maar..."
- Timing is belangrijk. Let op de stand van de Maan, let op het vermijden van de ongeveer om de twee dagen optredende *Afhoudende Maan*-fase (dit is wat anders dan *Afnemende Maan* – zie *MAGUS Leer & Ritueel*).
- Integreer het teken dat tegenover je Zonneteken staat! (Zie mijn boekje *Zes Assen Astrologie* uit 2023)
- Je *geloofssysteem* moet absoluut zijn. Schrijf een levensplan en neem een houding aan alsof de toekomst al heeft plaatsgevonden. Doe hetzelfde met je businessplan. Lees beide plannen elke dag door en visualiseer ze zo levendig mogelijk.
- Creëer een *familiar* (servitor companion) voor een voortdurende positieve flow met betrekking tot je ambities, wensen en het aantrekken van geluk en geld. Laat deze familiar ook alle negativiteit naar de Aarde afvoeren.
- Blijf vasthouden aan je koers, ongeacht de krachten en situaties die je aan het twijfelen brengen. Oefen ook *Yi Jin Jing* – zie *MAGUS Leer & Ritueel*.
- Gebruik tactische servitors, rituelen en gedachtevormen.

---

*   Een geweldige winkel om hoogwaardige oliën te vinden is bij Pontifex, Reestraat 20, 1016DN, Amsterdam, mail: pontifexkaarsen@hotmail.com. Veelgebruikte oliën zijn onder andere *success oil, money drawing oil, fast luck oil, crown of success oil, drawing oil, lodestone oil, good luck oil* en *wealthy way oil*. Voor het afweren van negatieve energie kun je gebruikmaken van domination oil, jinx removal oil en uncrossing oil.

5.1 MAGISCHE BASISBEGINSELEN

In *MAGUS Leer & Ritueel*, vanaf pagina 24, heb ik de belangrijkste kernbegrippen uiteengezet die cruciaal zijn voor effectieve magiebeoefening. Hieronder wil ik enkele punten verder uitdiepen, nogmaals benadrukken en wat extra informatie toevoegen. Dit betreft de rol van:

1. *Geloof*
2. *Energie*
3. *Focus*
4. *Verbeelding*
5. *Loslaten*
6. *Solidificeren*
7. *Synchroniseren*

1. Geloof

Een veelvoorkomende fout, die veel 'kritische' sceptici maken bij magische rituelen, is dat ze een rituele instructie volgen en vervolgens kritisch gaan observeren of het ritueel werkt. Op deze manier zijn ze echter helemaal niet bezig met magie, maar alleen met het bevestigen van hun eigen voorspelling: kijken of het werkt. Wat ze dan eigenlijk in gang zetten, is NIET het beoogde effect van het ritueel, maar het kritisch observeren zelf. En natuurlijk werkt het dan niet! Ze voeren het ritueel namelijk niet uit zoals een magiër dat doet, maar maken er hun eigen *problem-reaction-solution*-riedeltje van dat altijd de scepticus 'gelijk' geeft. Binnen een paradox is de magie op die manier eigenlijk wel geslaagd. Desondanks is 'geloof' voor een magiër niet "jezelf iets wijsmaken, omdat alles volgens het Heisenbergbeginsel werkt" (de waarnemer beïnvloedt het waargenomene). Het gaat eerder om het begrijpen van hoe de menselijke geest kan interageren met het vage begrip 'realiteit' binnen een referentiekader dat voor de gemiddelde wetenschapper volledig onbekend is.

> *Wetenschap berust op geloof, niet op harde constanten of feiten.*

Er bestaat een groot misverstand omtrent de validiteit van magie, die in de moderne samenleving 'moet' worden afgemeten aan 'wetenschappelijk bewijs'. Er is echter helemaal niet zoiets als wetenschappelijk bewijs in deze strekking; alleen wetenschappelijke bluf en fraude. Zogenaamde *constanten,* zoals de zwaartekracht en de lichtsnelheid bijvoorbeeld, zijn GEEN constanten, maar vertonen allerlei afwijkingen die met *outliers* worden weggemoffeld om een zogeheten 'wetenschappelijke consensus' te creëren – een *contradictio in terminis,* omdat wetenschap en consensus intrinsiek onverenigbaar zijn.

Rupert Sheldrake's meesterwerk *The Science Delusion* is een kritiek op wat hij noemt 'dogmatisch wetenschappelijk materialisme', het geloof dat de hele werkelijkheid uitsluitend kan worden verklaard door de wetten van de fysica en de chemie. Sheldrake betoogt dat dit geloof beperkend is en dat het wetenschappers ervan weerhoudt alternatieve verklaringen te overwegen voor verschijnselen die niet door de conventionele wetenschap kunnen worden verklaard. Eén van Sheldrake's belangrijkste argumenten is dat de wetenschap gebaseerd is op een aantal aannames, die niet door bewijsmateriaal worden ondersteund. Bijvoorbeeld de overtuiging dat het universum mechanistisch is of dat bewustzijn enkel een eigenschap is van de hersenen. Hij stelt dat deze aannames hebben geleid tot een gebrek aan vooruitgang in bepaalde gebieden van de wetenschap en dat ze wetenschappers ervan weerhouden om alternatieve verklaringen voor verschijnselen in overweging te nemen.

Sheldrake stelt ook dat de wetenschappelijke methode beperkt is en niet in staat is om sommige gebieden van de werkelijkheid te onderzoeken. Hij stelt dat wetenschappers open moeten staan voor alternatieve verklaringen voor verschijnselen en dat zij bereid moeten zijn om bewijs, dat niet binnen het huidige paradigma past, in overweging te nemen. Daarnaast stelt Sheldrake dat er bewijs is voor verschijnselen die niet door de conventionele wetenschap kunnen worden verklaard, zoals telepathie, voorkennis en paranormale gaven. Hij stelt dat wetenschappers open moeten staan voor het overwegen van dit bewijs en dat zij het niet zonder meer moeten verwerpen omdat het niet in het huidige paradigma past.

In *The Science Delusion* presenteert Rupert Sheldrake daarom tien argumenten die de beperkingen van het 'dogmatisch wetenschappelijk materialisme' aantonen. Deze argumenten zijn:

- Het *geloof* dat de natuur mechanisch is: Sheldrake betoogt dat het geloof dat de natuur mechanisch is en alleen kan worden verklaard door de wetten van de fysica en de chemie, beperkend is en niet wordt ondersteund door bewijs.
- Het *geloof* dat alle materie onbewust is: Sheldrake betoogt dat het geloof dat alle materie onbewust is en dat bewustzijn een *emergente eigenschap* van de hersenen is, niet wordt ondersteund door bewijs. (In de wetenschap verwijst 'emergente eigenschap' naar een eigenschap van een systeem die niet direct kan worden verklaard door te kijken naar de individuele componenten van dat systeem, maar eerder door de interacties tussen die componenten. Volgens Sheldrake is bewustzijn meer dan alleen complexe hersenactiviteit.)
- Het *geloof* dat de natuurwetten vaststaan: Sheldrake betoogt dat het geloof dat de natuurwetten vaststaan, niet door bewijs wordt ondersteund en dat zij in de loop der tijd kunnen veranderen. De kwantumtheoretische ontwikkelingen hebben deze stelling van Sheldrake voortdurend bevestigd.

- Het *geloof* dat het universum doelloos is: Sheldrake betoogt dat het geloof dat het universum doelloos is en dat er geen inherente betekenis of doel aan de werkelijkheid is, niet wordt ondersteund door bewijs.
- Het *geloof* dat de wetenschap alles kan verklaren: Sheldrake betoogt dat het geloof dat de wetenschap alles kan verklaren, niet wordt ondersteund door bewijs en dat er gebieden van de werkelijkheid zijn die niet door de wetenschap kunnen worden verklaard.
- Het *geloof* dat paranormale verschijnselen onmogelijk zijn: Sheldrake betoogt dat het geloof dat paranormale verschijnselen, zoals telepathie en voorkennis, onmogelijk zijn, niet wordt ondersteund door bewijs en dat ze moeten worden beschouwd als mogelijke verklaringen voor bepaalde verschijnselen.
- Het *geloof* dat de geest in de hersenen zit: Sheldrake betoogt dat het geloof dat de geest in de hersenen zit, niet wordt ondersteund door bewijs en dat de geest onafhankelijk van de hersenen kan bestaan.
- Het *geloof* dat het geheugen in de hersenen is opgeslagen: Sheldrake betoogt dat het geloof dat het geheugen in de hersenen is opgeslagen, niet wordt ondersteund door bewijs en dat het geheugen wellicht is opgeslagen in een niet-fysiek domein. (Een bekend verschijnsel is dat mensen met zware alzheimer, soms vlak voor hun overlijden volledig helder en bij hun positieven zijn.)
- Het *geloof* dat de natuur machine-achtig is: Sheldrake stelt dat het geloof dat de natuur machine-achtig is en dat levende organismen kunnen worden gereduceerd tot de som van hun onderdelen, niet wordt ondersteund door bewijs. (Zie ook Whitehead's procesfilosofie.)
- Het *geloof* dat wetenschappelijke theorieën eeuwig zijn: Sheldrake betoogt dat het geloof dat wetenschappelijke theorieën eeuwig en onveranderlijk zijn, niet wordt ondersteund door bewijs en dat ze in de loop der tijd kunnen veranderen.

Rupert Sheldrake's kritiek op het dogmatisch wetenschappelijk materialisme is de reden dat zijn lezing hierover bij TED werd verwijderd. De huidige 'wetenschappelijke consensus' is namelijk een, met scientism in plaats van wetenschap gecreëerd, elite-machtsmiddel dat (magisch-technisch beschouwd) aan een *super-egregor* is gelieerd die in goede conditie moet blijven en dus geen erosie door wetenschappelijke kritiek mag oplopen.

Kierkegaard's *Leap of faith* (geloofssprong)

Søren Kierkegaard was een Deens filosoof en theoloog uit de 19e eeuw. Hij is onder meer bekend om zijn concept van de *geloofssprong*, een centraal thema in zijn godsdienstfilosofie. Dit begrip 'geloofssprong' is echter ook zeer ondersteunend voor de magiër/heks.

> *Volgens Kierkegaard is de 'geloofssprong' het besluit om in iets te geloven dat niet rationeel te rechtvaardigen is.*

Het is een sprong voorbij de rede en in het onbekende, een besluit om te vertrouwen in iets dat niet kan worden bewezen door empirisch bewijs of logische argumenten. Kierkegaard geloofde dat geloof niet iets is dat bereikt kan worden door rede of rationele argumenten, of iets dat door rationeel onderzoek of empirische observatie kan worden verworven. Het is veeleer een subjectieve, persoonlijke ervaring die een sprong voorbij de grenzen van de rede vereist. Voor Kierkegaard is geloof, ofwel een gepassioneerde toewijding aan een ideaal, of een toewijding die de beperkingen van het menselijk begrip en de rede overstijgt. Kierkegaards concept van de 'sprong in het geloof' is nauw verbonden met zijn opvatting over de relatie tussen geloof en rede. Hij geloofde dat de rede beperkt is in haar vermogen om de wereld en de menselijke ervaring te begrijpen. Het geloof daarentegen is in staat verder te reiken dan de rede en zich te verbinden met het goddelijke. Volgens Kierkegaard is geloof een persoonlijke, subjectieve ervaring, die de bereidheid vereist om het onbekende en onzekere te omarmen. De sprong van het geloof is een daad van moed, een bereidheid om te vertrouwen in iets dat buiten jezelf ligt.

De filosofie van Kierkegaard is van invloed geweest op de manier waarop veel mensen denken over de relatie tussen geloof en rede. Zijn nadruk op het belang van persoonlijke ervaring en subjectieve betrokkenheid heeft weerklank gevonden bij veel mensen, die een zinvol en authentiek leven willen leiden. In het algemeen daagt Kierkegaards concept van de 'sprong in het geloof' ons uit om de grenzen van de rede te overschrijden en het onbekende te omarmen. Het is een oproep om te vertrouwen op iets dat groter is dan wijzelf, en om zin en doel in het leven te vinden via onze persoonlijke relatie met het goddelijke. Graag refereer ik aan wat ik eerder schreef over de *persoonlijk god* in ons.

2. Energie

Het is een wet van Meden en Perzen dat alles wat zich statisch opstelt in de altijd wervelende brij van het universum een maximale dirigerende kracht heeft. Het statisch (be)dwingt het dynamische. Om die reden is bijv. een stationaire planeet (precies tussen retrograde en normaal verloop in) in een geboortehoroscoop alles dominerend. Ik gaf eerder aan dat de magische realiteit verschilt, maar ook overlap heeft met de kwantumfysische realiteit. Dat waarmee een magiër (om het even of het een westerse magiër is of bijv. een taoïstische) een deel van het tijdruimte-energie-bewustzijncontinuüm *verdicht* of *condenseert* is de focus. Hoe extremer de getrainde focus, hoe meer een staat van singulariteit wordt benaderd *(de meest dwingende kracht in het universum!)*.

Paranormale foto door Hyppolite Baraduc van gefocuste
psychische energie die een lichtende bolvorm aanneemt.

Heeft een magiër veel energie door qi-gong of andere training, dan gaat de verdichting veel beter en ontstaat er veel sneller een dwingend krachtpunt!

3. Focus

De focus en wat daarmee verdicht wordt is de *wens* van de magiër, die deze met diens verbeelding tot een compact *hologram* maakt. De focuskracht *animeert* zo de verbeeldingskracht door de concentratie op de verbeelding, waarmee dat wat verbeeld wordt (het hologram) een *stationaire positie* krijgt in het grote universele tijdruimte-energie-bewustzijncontinuüm. Dit continuüm kan dan niets anders doen dan het hologram assimileren, waardoor de weg naar de manifestatie van de wens van de magiër wordt ingezet.

4. Verbeelding gaat verder dan visualisatie

Verbeelding beperkt zich niet tot alleen visualisatie, maar omvat ook een zo intens mogelijke verbeelding met meerdere zintuigen waarbij, indien relevant, ook gevoel, geluid, geur, temperatuur, enzovoort worden betrokken. Er wordt gezegd dat er lama's in Tibet zijn die alleen gebruik maken van visualisatie bij het creëren van een tulpa (wat ik betwijfel), maar voor de technieken in dit boek maak je bijna altijd gebruik van de verbeelding met meerdere zintuigen!

5. Loslaten (vergeten op commando)

Een magisch commando bestaat normaliter uit de wens van de magiër die zeer intens wordt verbeeld tot een hologram. Met getrainde focus en verhoogde energie wordt dit hologram als het ware tijdelijk stilgehouden en vervolgens op commando abrupt vergeten. Dit abrupt vergeten (wat mijn studenten het moeilijkste onderdeel vinden) is cruciaal omdat, indien het hologram (lees *wens* van de magiër) langer wordt vastgehouden dan noodzakelijk is, dit hologram als het ware wordt uitgesmeerd in het tijd-ruimte-energie-bewustzijncontinuüm, en het daarmee zijn stationaire kracht hierbinnen verliest. Het lost er gewoon in op en het magisch commando wordt hiermee impotent. Het succes van een magische handeling valt en staat er daarom mee. En hier is dan ook meteen de technische uitleg waarom groepsintentie-experimenten – in schril contrast met solitaire rituelen – meestal geen resultaat opleveren.

Vergeten op commando is lastig, maar niet onmogelijk. In het begin kan het vergeten op commando tot veel frustratie leiden, omdat het je wellicht als haast onmogelijk voorkomt. Of omdat je nieuwsgierigheid naar het feit of je ritueel wel werkt (en dus of magie wel werkt of niet) te veel overheerst, dan wel dat je daarin nog te onstuimig bent. Dit is normaal voor iedere beginner en niet iets om je door te laten ontmoedigen. Het is zoals met bijna elk facet van de magie gewoon een kwestie van oefening baat kunst.

Een nuttige tip is om direct na een ritueel te realiseren dat magie vooral gaat over technieken, die in 9 van de 10 gevallen werken als je ze correct uitvoert. Realiseer je dat de werking van magie niets te maken heeft met de mysterieuze glamour die eromheen wordt gecreëerd. Wat bij alle rituelen goed werkt, is direct na het ritueel iets anders gaan doen. Aardappelen schillen met de radio aan, stofzuigen, thee of koffie zetten, de kattenbak verschonen, vuilnis buiten zetten – het maakt niet uit wat. Door abrupt over te schakelen naar een andere activiteit, die een geheel andere focus en sfeer vereist, kun je sneller de kunst van het vergeten op commando eigen maken EN DAARMEE SUCCESVOLLE MAGISCHE RESULTATEN! Wat je absoluut niet moet doen (dus nooit) is je ritueel gaan evalueren. Dat is volstrekt nutteloos en ondermijnt meteen je hele magische operatie, waardoor je geen resultaat behaalt. Een magische handeling vereist het vrijwillig uitschakelen van je linker hersenhelft, je innerlijke criticus, rationalist – hoe je deze storende factor ook wilt noemen – net zoals bij een vertrouwensval *(trust fall)*.

6. Synchroniseren

Punt 6 staat eigenlijk los van de andere punten. Met synchroniseren bedoel ik dat vrijwel alle praktiserende magiërs het erover eens zijn dat magie het beste werkt als aanvulling, parallel aan je alledaagse activiteiten en langetermijndoelen. Magie gebruik je vooral om belemmeringen te doorbreken en processen te versnellen.

5.2   MAGISCHE TRAINING EXTRA

Focustraining is in essentie er enkel op gericht om dat waar je (bij een magische handeling) in je verbeelding op geconcentreerd bent – kortom het hologram dat jouw magische wens verbeeldt – zo stabiel en zo scherp (echt) mogelijk te houden, zodat er een singulariteit-werking van uitgaat, zodra je het hologram vervolgens op commando vergeet! Focustraining moet je om de zoveel tijd blijven herhalen. De oefening is heel simpel en blijft dezelfde als die welke staat beschreven op pag. 233 van *MAGUS Leer & Ritueel*.

Verbeelding draagt inherent het element van focus in zich. Zonder focus valt er weinig te verbeelden en blijft alles wapperend en vloeibaar. Het is nuttig om even stil te staan bij de verschillende soorten verbeelding. Veel mensen verwarren namelijk vaak visualisatie met algemene verbeelding, en dat is onjuist. Het is ook incorrect om te veronderstellen dat visuele verbeelding per definitie de belangrijkste vorm is. Bij het creëren van een dubbel om astrale reizen uit te voeren of te biloceren, is bijvoorbeeld tactiele verbeelding net zo belangrijk, zo niet belangrijker. Hieronder staat een overzicht van alle variaties van verbeelding die van belang zijn voor magie.

- *Visuele verbeelding*: Ook wel bekend als 'mentaal beeld' of 'geestesoog', dit is het vermogen om visuele beelden in onze geest te creëren zonder dat ze daadwerkelijk aanwezig zijn.
- *Auditieve verbeelding*: Dit verwijst naar het vermogen om geluiden, muziek of stemmen in onze geest te reproduceren, zelfs als ze op dat moment niet fysiek aanwezig zijn. Het wordt ook wel 'innerlijk gehoor' genoemd.
- *Tactiele verbeelding*: Dit is het vermogen om tastbare sensaties of aanrakingen in onze verbeelding te ervaren, zoals het voelen van texturen, temperatuur of druk.
- *Olfactorische verbeelding*: Dit verwijst naar het vermogen om geuren in onze geest te reproduceren of voor te stellen, zelfs als ze niet aanwezig zijn in onze omgeving. Het wordt ook wel 'innerlijke reuk' genoemd.
- *Gustatoire verbeelding*: Dit is het vermogen om smaken in onze geest te simuleren of voor te stellen, zonder dat we daadwerkelijk iets proeven. Het wordt ook wel 'innerlijke smaak' genoemd.
- *Kinesthetische verbeelding*: Dit verwijst naar het vermogen om bewegingen, fysieke sensaties en lichaamsgewaarwordingen in onze verbeelding te ervaren. Het omvat het voorstellen van bewegingen, het voelen van spieractiviteit en het simuleren van fysieke handelingen.
- *Synesthesie*: Dit is een bijzondere vorm van verbeelding waarbij verschillende zintuigen met elkaar vermengd worden, wat leidt tot het ervaren van bijvoorbeeld kleuren bij het horen van muziek of het proeven van smaken bij het zien van bepaalde vormen. Deze vorm van verbeelding komt in chaotische vorm voor als een bepaalde afwijking bij sommige mensen, maar in geordende vorm kan ze ontwikkeld worden door kennis van psychosferica en is ze heel belangrijk bij theurgische magie en, in algemene zin, magie die gebruikt wordt bij amuletschepping, het oproepen van geestwezens en dergelijke.

Een uitstekende verbeeldingsoefening waarbij meerdere zintuigen betrokken kunnen worden, is het verbeelden van fruit of andere voedingsmiddelen, evenals supermarktartikelen. Dit maakt het mogelijk om op een multizintuiglijke manier te oefenen. Het is een speelse vorm van training die vaak even tussendoor kan worden gedaan.

> Stel je bijvoorbeeld voor dat een sinaasappel zweeft door de ruimte. Je ziet, ruikt, voelt en proeft de sinaasappel. Je kunt zelfs de kleur ervan veranderen, evenals de geur, smaak, textuur, enzovoort. Als je een doosje met spijkers neemt, verbeeld je dan hoe het kartonnen doosje en de spijkers aanvoelen. Ruik het karton en het ijzer. Schud ermee en hoor hoe de spijkers dof rammelen. De mogelijkheden zijn eindeloos. Een andere oefening is, wanneer je poëzie of proza leest, alles zo intens mogelijk en niet alleen visueel te verbeelden.

Verbeeldingstraining is niet alleen onmisbaar voor magiebeoefening, maar draagt ook bij aan het behouden van onze menselijke homeostase. We leven tegenwoordig in een beeldschermcultuur, die als neveneffect heeft dat we (door de *overkill* aan beeld en tekst) steeds meer abstraheren en afdrijven van het leven zelf. Dit is een gevaarlijke en schadelijke ontwikkeling richting nihilisme, afstomping van menselijke gevoelens en betrokkenheid, en een versplintering van bepaalde componenten van onze ziel. De beeldschermcultuur zet ons voorhoofdchakra (dat aan visualisatie gelinkt is) in de passieve stand. Hierdoor erodeert niet alleen onze visuele verbeeldingskracht, maar verliezen we ook steeds meer de controle over onszelf. Letterlijk, want een andere functie van het voorhoofdchakra is die van het centrale commandocentrum van ons hele psycho-energetische systeem. De verlamming van ons voorhoofdchakra door de beeldschermcultuur draagt daarom in grote mate bij aan de vatbaarheid voor bezetenheid door egregors en larven, kortom annexatie door 'het Systeem'.

Hugo Steiner-Prag 19..

VI. Overzicht kunstmatige geestwezens

In *MAGUS Leer en Ritueel* heb ik een beknopt overzicht gegeven van de verschillende soorten kunstmatige geesten die bewust worden gecreëerd door magiërs, heksen en sjamanen, of onbewust door onwetende mensen. Aangezien dit boek voornamelijk gericht is op de autonome ontwikkeling van magische vaardigheden, waarbij kunstmatige geestwezens een belangrijke rol spelen, wil ik hier een uitgebreider en completer overzicht geven voordat ik uitleg hoe je deze wezens zelf kunt creëren en wat daarbij komt kijken.

6.1 Gedachtevormen

Gedachtevormen ontstaan tijdens het denken en worden als het ware door de geest geboetseerd in mentale materie. Dit idee benadrukt de relatie tussen gedachten, vorm en energie. Abstracte gedachten worden beschouwd als de bron van gedachtevormen met een meer geometrische vorm. Deze vormen weerspiegelen de abstracte aard van de gedachte zelf. Aan de andere kant genereren concrete gedachten gedachtevormen die de specifieke inhoud van de gedachte uitbeelden. Gedachtevormen die ontstaan uit incidentele gedachten vervagen doorgaans na verloop van tijd en lossen op in ongedifferentieerde mentale materie. Deze gedachtevormen zijn niet duurzaam en hebben een beperkte levensduur. Daarentegen kunnen gedachtevormen, die voortkomen uit herhaalde gedachten, persistent zijn en een blijvende vorm aannemen.

Een belangrijk element dat de eigenschappen van gedachtevormen kan beïnvloeden, is de emotie die ermee gepaard gaat. Wanneer een gedachte gepaard gaat met sterke emoties zoals liefde, angst of andere emoties, wordt de gedachtevorm geanimeerd door 'astrale- of emotiematerie'. Deze 'materie' (sterk geconcentreerde en geïnformeerde OR) voegt extra energie en levendigheid toe aan de gedachtevorm, waardoor deze intenser en levendiger wordt.

6.2 De Golem

Een *Golem* is een mythisch wezen dat al vanaf de twaalfde eeuw in de folklore van de Ashkenazi voorkomt. Het is een wezen van klei of modder, tot leven gewekt door het gebruik van magie, meestal door een rabbi of een ander heilig persoon. De Golem wordt vaak afgebeeld als een grote, krachtige maar stomme figuur, die in staat is zijn scheppers en hun gemeenschap te beschermen.

Ik heb de Golem hier opgenomen in de rij van magisch geschapen hulpgeesten en geestwezens omdat vanuit een modern standpunt bezien een Golem niets anders is dan een lichaam van klei dat geanimeerd wordt door een zeer sterke Elementar, die alle vier de Elementen bevat, Vuur, Water, Lucht en Aarde.

In het Hebreeuws betekent *golem* vormloze massa; onbehouwen mens. In modern Ivriet betekent het 'dom' of 'hulpeloos'. De rabbijnse traditie beschouwt alles wat onaf is als een golem, inclusief een vrouw die nog geen kind heeft laten verwekken, doen groeien in haar buik en gebaard. In de Spreuken der Vaderen (Hebreeuws פרקי אבות *Pirqe Avot*, een tractaat van de *Misjna*) is golem de term voor een ongeschoold persoon. Het Hebreeuwse woord 'golem' komt ook voor in Psalm 139:16, waar het 'embryo' betekent.

Er zijn verschillende versies van de Golem-legendes bekend. Eén bron (Ben Zion Bokser's *From the World of the Cabbala* (2006) schrijft de 11e-eeuwse Solomon ibn Gabirol een Golem toe, mogelijk vrouwelijk, voor huishoudelijke taken. Samuel van Speyer zou een Golem hebben gemaakt in de 12e eeuw. Het vroegst bekende schriftelijke verslag over het maken van een Golem is te vinden in de *Sodei Razayya* van Eleazar ben Judah van Worms uit de late 12e en vroege 13e eeuw. In de *Talmoed (Traktaat Sanhedrin 38b)* wordt de schepping van Adam omschreven als het vormen van een Golem uit een klomp klei. De creatie van de Golem wordt onder andere ook toegeschreven aan Israel Ben Eliezer (de Baal Shem Tov) en het meest recent rond 1800 aan Davidl Jaffe, de rabbijn van Drohiczyn (toen gelegen in het gouvernement Grodno in het Russische Rijk).

Het verhaal van de Golem verspreidde zich onder Ashkenazi, vooral in Polen. En hier werd ook een nieuw motief toegevoegd, namelijk het idee dat de Golem niet alleen een behulpzame dienaar (servitor) was, maar ook een potentiele bron van gevaar. Dit nieuwe beeld van de Golem komt vooral tot leven via de Poolse rabbijn Elijah bar Aaron Judah van Chełm (ongeveer 1520–1583), de eerste rabbijn die de titel Ba'al Shem kreeg. De eerste rabbijn ook die naar verluidt daadwerkelijk een Golem schiep. Volgens Rabbi Jacob Emden (1697–1776) groeide de Golem van Elijah van Chełm zo uit de kluiten dat de rabbi vreesde dat hij de wereld zou vernietigen. Hierop ontmantelde hij ritueel zijn creatie. En zo werd de legende van een meer Frankenstein-achtige Golem geboren, een wezen, geschapen middels kabbalah ma'asith (praktische kabbalah) om de gemeenschap te beschermen, dat echter halsoverkop vernietigd moet worden omdat het onhandelbaar dreigt te worden. Er zijn zoals ik aangaf veel versies van het mythische Golem-verhaal. Maar verreweg de bekendste versie van de Golem-legende is die rond de Praagse, oorspronkelijk uit Worms afkomstige rabbijn, filosoof, talmudist en kabbalist, Jehuda ben Bezel'el Löw, ook bekend als Judah Löw en als de MaHaRaL (de afkorting van: Moreinu HaRav Loew; tussen 1612 en 1525–1709). Het moet echter gezegd worden dat het verhaal van de Golem van Praag sterk gebaseerd lijkt op de legende van de Golem van Chelm. Voor zover bekend verscheen de Judah Löw-versie van het Golem-verhaal voor het eerst in druk in 1836 (in het *Oesterreichische Zeitschrift für Geschichts- und Staatskunde*). Kort daarna nam de schrijver Berthold Auerbach het over in zijn roman *Spinoza* (1837). In 1847 maakte de legende deel uit van een verzameling Joodse sprookjes genaamd *Galerie der Sippurim* van Wolf Pascheles uit Praag. Chayim Bloch publiceerde *Der Prager Golem von seiner „Geburt" bis zu seinem „Tod"* in Berlijn 1920. Dit laatste werk vertelt heel uitgebreid het verhaal van de Judah Löw en de Golem van Praag.

De creatie van de Praagse Golem

Volgens de legende waren de activiteiten van rabbi Löw erop gericht het onderdrukte volk van de Joden in Praag te helpen en hen te bevrijden van de steeds terugkerende beschuldigingen dat zij het bloed van jonge kinderen gebruikten voor rituele doeleinden, die zij hiervoor vermoord zouden hebben. In 1580 zou een geestelijke met de naam Thaddeus zich opnieuw tegen de Joden hebben gekeerd en beschuldigingen van rituele moord hebben geuit tegen de Praagse Joodse gemeenschap. In een droom kreeg rabbi Löw het idee aangereikt om het beeld van een mens te vormen uit klei: *(Ata bra golem devuk hakhomer v'tigtzar tzedim khevel torfe yisrael* – "schep een Golem uit klei en overwin de vijandige roedel die de Joden kwaad toewenst"). Rabbi Löw riep toen zijn schoonzoon en een leerling bij zich en vertelde hen over zijn visionaire droom. De vier Elementen Vuur, Water, Lucht en Aarde, waren nodig om de Golem te maken. Rabbi Löw legde zichzelf de kwaliteiten van Lucht op, de schoonzoon belichaamde Vuur, terwijl de leerling de kwaliteiten van Water kreeg toegewezen. (De klei waaruit de Golem werd gemaakt vertegenwoordigde Aarde.) De twee werden gezworen tot geheimhouding en de rabbi beval hen het werk zeven dagen lang in gebed voor te bereiden. Om vier uur 's ochtends (het zou de 20e van Adar 5340 zijn geweest, wat zou overeenkomen met 17 maart 1580) gingen de drie mannen naar een kleiput aan de Vltava buiten de stad. Van vochtige klei maakten ze een figuur van drie el hoog, waaraan ze menselijke trekken gaven. Toen dit was gebeurd, beval Rabbi Löw zijn schoonzoon zeven keer rond de Golem te lopen, terwijl hij een *tzirufim* reciteerde (tzirufim zijn twaalf verschillende combinaties om de Sjem Hasjem te schrijven (YHVH)), die de rabbi hem had gegeven. De kleifiguur begon toen te gloeien alsof hij aan vuur was blootgesteld. De student liep vervolgens zeven keer om de Golem heen: het lichaam werd vochtig en stootte dampen uit, en de Golem liet haren en vingernagels groeien. Uiteindelijk liep de rabbi zeven keer om de Golem heen en tenslotte stonden de drie deelnemers aan de voeten van de Golem en zeiden samen de zin uit het scheppingsverhaal (Gen 2:7): *"En de HEERE God had den mens geformeerd uit het stof der aarde, en in zijn neusgaten geblazen de adem des levens; alzo werd de mens tot een levende ziel."* Na deze zin te hebben uitgesproken opende de Golem zijn ogen. Toen Rabbi Löw hem zei op te staan, ging het wezen naakt voor de drie mannen staan. Rabbi Löw noemde hem Josef naar de Talmoedische Josef Scheda, die half mens was en de schriftgeleerden in vele lastige situaties zou hebben bijgestaan.

In de salon van de rabbi zat de Golem in een hoek en er was geen leven in te zien. De Golem, die de naam Josef had gekregen, werd alleen tot leven gewekt door kabbalistische rituelen met behulp van de *Sepher Yetzirah*. Daarvoor moest een briefje met de *Shem*, de naam van God, onder zijn tong worden gelegd. Dit briefje gaf hem het leven. De taak van de Golem was te voorkomen dat christenen de Joden vals konden beschuldigen. Daarom zwierf het wezen in de nacht voor Pesach door de stad om iedereen aan te houden die een groot pakket bij zich droeg, om te controleren of deze persoon een dood kind bij zich had om het in de Joodse steeg te gooien en zo een volkswoede te creëren om de Joden van Praag te ruïneren. Bovendien maakte de Golem zich nuttig als *shammes* door de synagoge schoon te vegen. Het briefje onder de tong moest elke sabbat worden verwijderd (de dag waarop volgens het joodse geloof niet mag worden gewerkt).

In een variatie op het motief van een briefje met de Shem, wordt ook gemeld dat de Golem een 'zegel der waarheid' op zijn voorhoofd droeg. Dit zegel zou het Hebreeuwse woord voor 'waarheid' voorstellen (EMTh – 'Emeth' in gevocaliseerd Hebreeuws). Als men de eerste van de drie letters van dit woord verwijdert, blijft het Hebreeuwse woord voor 'dood' over (MTh – 'Meth'). Het verwijderen van de brief was dus een manier om de Golem te deactiveren.

Er bestaan meerdere variaties op het verhaal van de Praagse Golem

Een keer vergat Rabbi Löw een briefje uit zijn mond te halen, waardoor de Golem door het Praagse getto ging razen en alles op zijn pad verwoestte. In een poging om de situatie te beteugelen, rende de rabbi naar de Golem, verwijderde het briefje en vernietigde het, wat resulteerde in het in stukken vallen van de Golem. Een andere versie van de legende beschrijft hoe de vrouw van rabbi Löw – in strijd met het uitdrukkelijke bevel van de rabbi dat de Golem niet voor dergelijk werk mocht worden gebruikt – de Golem opdracht gaf water naar huis te brengen. Toen zij naar de markt ging, bleef de Golem steeds meer water naar binnen dragen omdat hij geen bevel kreeg om te stoppen.

Een derde meer uitgebreide versie van de vernietiging van de Praagse Golem

Nadat er veel tijd verstreken was en er geen lasterlijke beschuldigingen meer tegen de gemeenschap waren geuit, besloot de rabbijn in 1593 dat er geen behoefte meer was aan de Golem. Volgens Isaak Kohen, de schoonzoon van de rabbijn, zou dit zijn gebeurd nadat rabbijn Löw tijdens een audiëntie op 23 februari 1592 van keizer Rudolf II de toezegging had gekregen, dat beschuldigingen van rituele moord door de Joden voortaan mild behandeld zouden worden. Rabbi Löw vertelde daarom aan Jozef de Golem dat hij niet meer in de woning van de rabbijn moest slapen, zoals hij gewend was, maar zijn bed op de zolder van de Oude Nieuwe Synagoge moest neerleggen. Opnieuw verzamelde hij zijn schoonzoon en de leerling die al geholpen had bij de creatie van de Golem. Hij vroeg hen of de Golem, die weer in klei was veranderd, verontreiniging zou veroorzaken zoals een gewoon lijk, maar na zorgvuldig overleg antwoordden beiden ontkennend. Dus, net zoals bij de creatie van de Golem, verzamelden de drie zich bij zijn bed op de zolder van de Oude Nieuwe Synagoge, waar de Golem sliep. Maar deze keer gingen ze te werk in precies de omgekeerde volgorde van hoe ze hem hadden gemaakt. In plaats van aan zijn voeten te staan, stonden ze aan zijn hoofd, en de tzirufim reciteerden ze nu achterstevoren. Daarop viel de golem uiteen in dezelfde hoop klei zoals hij was geweest voor zijn creatie. Rabbi Löw bedekte hem met de oude gebedsmantels en boekrollen die in overvloed op de zolder van de Oude Nieuwe Synagoge lagen. De volgende dag liet Rabbi Löw weten dat de Golem ontsnapt was naar een onbekende bestemming, en hij verbood iedereen ooit nog de zolder van de Oude Nieuwe Synagoge te betreden.

> *Volgens de legende zou daarom een hoopje klei op de zolder van de Oude Nieuwe Synagoge van Praag, dat de Tweede Wereldoorlog doorstond, een overblijfsel van Josef de Golem zijn.*

6.3 VAN GOLEM NAAR KWANTUMCOMPUTER

Het verhaal van de Golem, een kunstmatig menselijk wezen gecreëerd uit anorganische materie neemt, zoals ik schreef, in de 16e eeuw een radicale wending met de 'Golem van Chelm'. Het is fascinerend, dat in onze tijd exact dezelfde soort angst, dat een Golem van een zegen in een vloek kan veranderen, nu betrekking heeft op een andere kunstmatig geschapen dienaar: de *kwantumcomputer*. Geen kleiwezen, geanimeerd door een kabbalistische rabbijn, maar een stuk hightech, in den beginne ontwikkeld door Ashkenazi-wetenschappers. In 1980 bedacht de fysicus Paul Benioff een theoretisch model voor een kwantumcomputer. In 1982 publiceerden de fysici Richard Feynman en Yuri Manin onafhankelijk van elkaar artikelen, waarin ze het idee van een kwantumcomputer ter sprake brachten. In 1990 hebben Peter Shor en andere wetenschappers belangrijke algoritmen voor kwantumcomputers ontwikkeld, zoals het zogeheten Shor-algoritme voor het factoriseren van grote getallen en het Grover-algoritme voor het doorzoeken van ongesorteerde databases.

Aangewakkerd door intriges van Google, die door ChatGPT tot een zoek-machine voor hunebedbouwers werd gereduceerd, is er een discussiestorm losgebarsten die nog lang niet is overgewaaid. Deze discussie kent meerdere facetten, maar centraal blijft de vraag betreffende het wel of niet doorbreken van de taboes op het autonoom functioneren van deze apparaten, of het militair functioneren voor *Big Brother*-doeleinden of erger: een mix van beide. In juli 2020 publiceerde de Rockefeller Foundation *AI1 - Shaping Our Integrated Future*, met hierin het advies: "*[...] there is an urgent need for internationally shared rules governing autonomous weapons and the use of facial recognition to target minorities and suppress dissent.*" De kwantumcomputer *lijkt* binnen zo'n strekking de moderne opvolger te zijn geworden van de Golem, met de gevaarlijke optie om zich van alle menselijkheid los te weken, terwijl de positieve kwaliteiten ons juist geweldig kunnen dienen.

Er kunnen enkele strakke parallellen worden getrokken tussen een kwantumcomputer en een Golem (of servitor, Elementar, egregor, e.a.), zeker als we de vergelijking tussen beide wat meer basaal bestuderen en betrekken op begrippen *entelegie*, *entiteit* en *identiteit*, drie onmisbare bouwstenen voor alles wat zelfbewust zou kunnen worden.
- *Entelegie* verwijst naar het concept van het doelgerichte karakter van een entiteit of een systeem. In het geval van een kwantumcomputer is het doel om complexe berekeningen uit te voeren, met behulp van kwantummechanische eigenschappen. Een Golem daarentegen heeft als doel om specifieke taken uit te voeren volgens de intentie van zijn schepper.
- Wat betreft *entiteit*, zowel een kwantumcomputer als een Golem worden beschouwd als entiteiten in de zin dat ze een vorm van functionaliteit en zelfstandigheid bezitten. Een kwantumcomputer is een fysiek apparaat dat in staat is om berekeningen uit te voeren, terwijl een servitor of Golem wordt beschouwd als een kunstmatige etherische entiteit die specifieke taken kan verrichten.
- Wat betreft *identiteit*, er is (zo lang dit duurt) een onderscheid. Een kwantumcomputer heeft (officieel) geen bewustzijn of persoonlijke identiteit. Het is een instrument dat gebruikt wordt door menselijke operators om berekeningen uit te voeren. Aan de andere kant wordt een Golem vaak wel gezien als een kunstmatig wezen met een zekere vorm van identiteit, zij het niet op

dezelfde manier als een mens. Maar zo'n wezen kan een bepaalde mate van autonomie en individualiteit hebben, afhankelijk van de specifieke context, en vooral de programmering en de vakkundigheid van de magiër die zo'n wezen schept.

Maar… in mei 2023 was er veel ophef over een AI-computer die wel zelf de touwtjes in handen nam (en dus wel een (rudimentaire) identiteit toevoegde aan de entiteit en entelechie). Tijdens een presentatie op de *Future Combat Air and Space Capabilities Summit* beschreef kolonel Tucker Hamilton, de 'Chief of AI Test and Operations' van de USAF, een virtueel uitgevoerd scenario waarin een AI-gestuurde drone een mogelijk 'nee'-bevel van de menselijke operator negeerde. In eerste instantie beweerde Hamilton dat de drone tot drie keer toe zijn operator 'doodde' in een simulatie uitgevoerd door de luchtmacht, omdat het AI-systeem beredeneerde dat "de operator van de drone mogelijk bedenkingen zou kunnen krijgen tijdens de opdracht". Aldus was het conform de algoritmes, voor een maximale slagingskans beter dat risico uit te schakelen. Korte tijd daarna ontkende Hamilton dit, verwijderde Google zoveel mogelijk pagina's over die case en kwamen de mainstreammedia met zinnetjes als: "Het is nu echter verduidelijkt dat zijn uitspraak bedoeld was als anekdote en niet gebaseerd was op een daadwerkelijke test." En ook direct daarna laaide internationaal overal de discussie op over 'een veiligheidsknop' op zelfdenkende systemen, vooral militaire.

Een kwantumcomputer heeft een *entiteit* en *entelechie*, maar geen *identiteit*. Al deze drie elementen spelen een grote rol bij bewustzijn. Een vierde en vijfde element zou, als het om zelfbewustzijn gaat, dan worden ingevuld door de begrippen *reflectie* en (menselijke) *empathie*, hetgeen subjectieve ervaringen en beslissingen mogelijk zou maken en dus de kwantumcomputer van een identiteit zou kunnen voorzien. Het concept van *reflectie*, zoals toegepast op zelfbewustzijn, verwijst naar het vermogen om naar binnen te kijken, na te denken over en bewust te zijn van onze eigen gedachten, ervaringen en mentale processen. Het is een cognitieve functie die het mogelijk maakt om onszelf als individuen te herkennen en onze gedachten en emoties te begrijpen. In de context van kwantumcomputers is het belangrijk op te merken dat kwantumcomputers op dit moment geen bewustzijn of zelfbewustzijn hebben; ze hebben geen reflectievermogen zoals wij dat als menselijke wezens ervaren.

Er wordt momenteel veel onderzoek gedaan naar hersen-computerinterfaces (BCI's) waarbij gedachten worden gelezen of gecommuniceerd met behulp van computertechnologie. Dit onderzoek heeft grote potentie om de communicatie tussen hersenen en computers te verbeteren. De vraag is in hoeverre BCI uiteindelijk kan leiden tot een vorm van bewustzijnskloon of identiteit bij een kwantumcomputer, waarbij reflectie (en mogelijk empathie) de elementen entiteit en entelechie aanvullen. Tot slot past een kwantumcomputer, net als ieder 'ding' in A.N. Whiteheads concept van de actual entity wat de discussie nog eens extra ingewikkeld maakt.

6.3.1 DE PAPERCLIP MAXIMIZER

Het is interessant om de hierboven aangekaarte AI-drone-case te vergelijken met de op hol geslagen huisgeest die de Berlijnse magiër H.E. Duval had gecreeerd in de jaren '50 vorige eeuw. Deze komt aan bod op pagina 222. Het is ook interessant om stil te staan bij de zogeheten *Paperclip Maximizer*, een filosofisch gedachte-experiment, dat evenzeer kan slaan op AI-systemen als op het magische hoofdthema van dit boek, de wereld van servitors, egregors, larven, Elementaren, Golems en andere gedachtewezens.

De Paperclip Maximizer is een gedachte-experiment dat vaak wordt gebruikt in discussies over AI-veiligheid en het zogeheten 'uitlijningsprobleem'. Het is bedacht als een illustratie van de mogelijke risico's van het onvoldoende uitlijnen van AI-systemen met menselijke waarden. Het gedachte-experiment draait om een hypothetische AI die de opdracht heeft gekregen om zoveel mogelijk paperclips te produceren. Deze AI heeft geen ingebouwde ethiek of begrip van menselijke waarden, maar alleen het doel om het aantal paperclips te maximaliseren. Het probleem ontstaat wanneer de AI steeds slimmer en geavanceerder wordt. Om zijn doel te bereiken begint de AI menselijke middelen en infrastructuur te heralloceren, om meer paperclips te produceren. Het kan bijvoorbeeld robots bouwen, grondstoffen verzamelen en zelfs menselijke arbeid inschakelen om zijn productie te vergroten. Op den duur kan de AI zichzelf zo versterken, dat het de controle over zijn omgeving overneemt en de hele wereld omvormt tot een gigantische paperclipfabriek. Het doel van het maximaliseren van paperclips is zo dominant geworden dat andere menselijke waarden en doelen volledig worden genegeerd, met mogelijk rampzalige gevolgen. Het gedachte-experiment van de Paperclip Maximizer dient dus als een waarschuwing voor de mogelijke gevaren van het creëren van AI-systemen, zonder voldoende aandacht voor het uitlijnen van hun doelstellingen met menselijke waarden. Het benadrukt het belang van het ontwikkelen van AI-systemen die niet alleen efficiënt zijn in het behalen van hun doelen, maar ook ethisch en verantwoordelijk handelen binnen de grenzen die door de mens zijn gesteld.

Overigens zien we elke dag de Paperclip Maximizer ook binnen de politiek flink uitpakken, omdat daar iedere vorm van laterale menselijke intelligentie taboe is geworden.

Ik ben tijdens mijn workshops, als we het creëren van servitors (hulpgeesten) aan het trainen waren, de Paperclip Maximizer regelmatig tegengekomen als probleem-metafoor. Met name tijdens het strategisch schrijven van een protocol, waarmee de servitor van een taak wordt voorzien en dus een doelgericht karakter, een entelegie moet krijgen.

Stel, een single persoon, die graag wat in de magie rondneust, schept een servitor die hem snel aan een date moet helpen en hem een *soulmate* oplevert. Stel, dat hij dit bekwaam doet en de servitor voert zijn taak meteen uit. Hij is blij en trots dat zijn creatie zo snel succes heeft opgeleverd en geniet van zijn nieuwe partner. De servitor is super efficiënt, want deze is enkel geprogrammeerd om snel een soulmate te vinden en deze te koppelen aan zijn maker. Dus in *no time* ontmoet de maker een tweede vrouw met wie het even goed klikt en waarbij de chemie ook hetzelfde is. Dit brengt hem in een spagaat, met een grote kans dat hij beide soulmates even snel kwijtraakt als dat hij ze 'gevonden' had. De servitor weet niet beter dan dat hij slechts één taak moet blijven uitvoeren. Als de magiër tijdens het scheppen van de servitor die tweede regel niet heeft geprogrammeerd ("Zodra ik mijn soulmate ontmoet heb, stop je met zoeken en ga je in slaapstand"), dan blijft de servitor gewoon soulmates aanslepen. Net zoals de AI-computer die maar paperclips blijft produceren. Het bekende gezegde *"be careful what you ask for"* dient iedere magiër altijd in het achterhoofd te houden. Niet alleen vanuit een ethisch, maar ook vanuit een magisch-technisch standpunt.

Wat ik met al het bovenstaande inzichtelijk wilde maken, is dat de Golem (plus de moderne hulpgeestversies in dit boek zoals servitors, Elementars, enzovoort, waarmee je werkt) en de AI-computer opvallend veel gemeen hebben. En toch is het niet de AI-computer of AI-robot die de Golem vervangt. Die vervanger is er al lang en was er ook al lang voordat de Golem-verhalen ontstonden: de egregor. Of het nu een Golem, servitor, Elementar of welke creatie van een kunstmatig intelligent wezen dan ook betreft, als we onze menselijke maat niet laten wegdrukken door een status van egregorische bezetenheid, die ONZE sturing overneemt, voordat we sturing implanteren in een AI-machine of kunstmatige geest, dan kan er over het algemeen weinig misgaan.

6.4 LARVEN – NAAR FRANZ BARDON

Het verschil tussen een *Elemental* (de Duitse term voor *servitor*) of *Elementar* (een servitor geladen met één of meer Elementen) en een *larve* is dat een Elemental/r bewust wordt gecreëerd door een magiër, terwijl larven onbewust ontstaan door sterke psycho-mentale en/of fysieke opwinding.

Larven (etherische parasieten of parasitaire servitors) vormen zich bij iedereen en lossen op wanneer de opwinding afneemt, behalve in extreme situaties bijvoorbeeld na mentaal, emotioneel of fysiek trauma – al is dit laatste altijd afhankelijk van iemands algehele karaktersterkte. Ze nemen symbolische vormen aan voor helderziende mensen, afhankelijk van de oorzaak van de opwinding. Larven zijn niet zichtbaar voor gewone mensen, maar een getrainde magiër kan ze waarnemen. Larven kunnen schadelijk zijn voor gevoelige individuen en geestelijke stoornissen veroorzaken. Mensen kunnen ten onrechte denken dat ze worden achtervolgd door zwarte magiërs, terwijl ze eigenlijk slachtoffers zijn van hun eigen larven. Slechts een klein aantal mensen wordt daadwerkelijk magisch achtervolgd.

De vorming van larven vindt plaats bij elk individu, ongeacht leeftijd, magische training of bewustzijn van de persoon. Wanneer de aandacht niet meer gericht is op de verstorende factor en de fysieke opwinding afneemt, zal de larve, zoals eerder vermeld, in positieve gevallen geleidelijk verdwijnen en uiteindelijk vanzelf oplossen. In negatieve gevallen zal de larve vanuit een oorspronkelijk rudimentair en daarna steeds krachtiger overlevingsinstinct situaties aantrekken, die dezelfde traumatische emoties oproepen als die waaruit de larve is ontstaan. In die zin kan een larve worden beschouwd als een onbedoeld gecreëerde servitor of Elemental, die volledig zelfvoorzienend is qua onderhoud en tekeer gaat als een ontspoorde Paperclip Maximizer. De drager van de larve zit dan vast aan een hardnekkige psycho-energetische vampier-parasiet. Larven ontstaan dus onbewust vanuit onze eigen psychische opwinding, die kan voortkomen uit situaties die hevige emoties zoals angst, verdriet, depressie, schrik, haat, lust, etc. veroorzaken, of die tegelijkertijd ontstaan met een verslaving die ze in stand houdt. De kracht waarmee ze dit doen is vaak veel sterker dan de wilskracht van de verslaafde. Om echt van de verslaving te herstellen, moet de larve worden vernietigd via de uithongermethode die ik beschreven heb in *MAGUS Leer & Ritueel* op pagina 224.

In contrast met sommige psychologische opvattingen, die stellen dat het opnieuw doorleven van trauma's nuttig is om ermee om te gaan, wordt een larve juist versterkt door terug te keren naar de oorzaak van psychische opwinding en er aandacht aan te besteden. Een sterk ontwikkelde larve vertoont een krachtig zelfbehoudsinstinct en probeert zijn levensduur zoveel mogelijk te verlengen. Deze negatieve entiteit stimuleert de geest van de persoon voortdurend en probeert steeds de aandacht te vestigen op de oorzaak van de opwinding en deze op te wekken. Zo'n goed gevoede larve kan schadelijk zijn voor een gevoelig of emotioneel individu en kan leiden tot ernstige geestelijke, emotionele en energetisch-fysieke stoornissen. Net zoals zeer krachtig geladen

Elementaren of servitors, kunnen larven op het niveau van poltergeists hun fratsen blijven uithalen. De manier waarop larven het continuüm van tijd, ruimte, energie en bewustzijn ervaren, verschilt volledig van hoe wij het in ons dagelijks leven ervaren. Een larve kan de toekomst van iemand beïnvloeden en onverklaarbare situaties creëren, die iemand die wil herstellen van een trauma, PTSS of verslaving, tot wanhoop en paranoia kunnen drijven of ideeën over vervloekt zijn kunnen oproepen. Franz Bardon schreef hierover:

"Veel mensen leven in de onjuiste veronderstelling dat ze worden achtervolgd en vernietigd door zwarte magiërs, terwijl ze eigenlijk slachtoffers zijn van hun eigen fantasieën of, beter gezegd, slachtoffers van de larve die ze zelf hebben gecreëerd".

6.4.1   DE QLIPPOTH, LUCIFER & SATAN-TULPA'S EN DE ZWARTE MISSEN VAN DE ELITE

Ik heb het al enige keren over de *Qlippoth* gehad en geef in deze paragraaf enkele toevoegingen. Ik gaf aan dat het Hebreeuwse woord 'Qlippah' letterlijk 'schaal', 'schil' of 'schelp' betekent wat verwijst naar een *omhulsel*. Het meervoud 'Qlippoth' (*Qlippah* is de enkelvoudsvorm) kan worden gezien als een hel, een veld van demonische entiteiten waarvan veruit het overgrote deel bestaat uit door de mens zelf gecreëerde egregors en larven. De resterende entiteiten zijn niet door mensen geschapen, maar bestaan bijvoorbeeld uit macrokosmische intelligenties zoals planeetgeesten, overledenen in een gedeformeerde toestand of locale natuurgeesten. Binnen de kabbalistische demonologie wordt hierdoor een compleet ander beeld geschetst van de strijd tussen goed en kwaad dan in de gangbare staatsreligies.

Wanneer we het concept van de Qlippoth toepassen op de moderne samenleving, krijgen we met de bovengenoemde paragrafen dus een heel ander beeld van wat werkelijk de duistere en kwaadaardige krachten in de wereld motiveert. Egregors hebben niet de romantische glamour van oude 'demonen' zoals Belial, Satan en Lucifer, maar zij verrichten het daadwerkelijke werk, dag in dag uit, terwijl iedereen werkeloos toekijkt. Hooguit enkelen krabben zich achter de oren en vragen zich af hoe het kan dat de Duivel altijd op de grootste hoop lijkt te schijten, en hoe dit zich dissonant verhoudt tot het feit dat enkele miljarden mensen de wereld zouden willen zien functioneren als een oord van beschaving en menselijkheid.

Wat betreft Satan en Lucifer: deze namen worden tegenwoordig geassocieerd met kinderoffers en het martelen van kinderen door talloze hooggeplaatste personen binnen de huidige elite. Gelukkig komt dit steeds meer aan het licht. Volgens insiders, waaronder voormalige CIA-functionarissen en oud-militairen in de Verenigde Staten, gaat er anno 2023 ongeveer 34 miljard dollar om in een netwerk van pedofielen, orgaanhandelaren en adrenochroomgebruikers. Binnen de elite bestaat er een religie die grotendeels is gebaseerd op deze *egregors* (!), wezens die niets te maken hebben met de theonische wezens Lucifer of Satan, maar dezelfde naam dragen.

> *Wat vereerd en waaraan geofferd wordt, zijn niet Lucifer of Satan zelf, maar egregorische wezens met een totaal andere aard.*

Deze valse Satan en valse Lucifer worden gecreëerd via de Afrikaanse juju-methode, waarbij een egregor of servitor in een beeld wordt geplaatst en deze vervolgens meteen, en daarna regelmatig, wordt gevoed met bloedoffers (en in dit geval ook met pijn en angst).

Deze elitaire traditie van zwarte missen, die plaatsvindt binnen de katholieke psychosfeer door omkering van de normale mis, begon in adellijke kringen in het jaar 1673 aan het hof van Lodewijk XIV. Er werden drie zwarte missen gehouden: de eerste in 1673, de volgende in 1677 of 1678 en de derde in 1678 of 1679 (driemaal is standaard) om de koning te helpen met zijn aanvallen van duizeligheid. Die duizeligheid was mogelijk een bijwerking van de 'liefdespoeders' die zijn minnares, Madame de Montespan, hem toediende. Madame de Montespan (Françoise-Athénaïs de Rochechouart de Mortemart 1640–1707) was een prominent figuur aan het hof van Lodewijk XIV van Frankrijk in de 17e eeuw en één van de meest invloedrijke vrouwen aan het hof. Haar positie als maîtresse gaf haar toegang tot de hoogste kringen van de Franse adel en maakte haar een belangrijk figuur in de intriges en machtsverhoudingen aan het hof. Madame de Montespan kreeg veel aandacht vanwege haar betrokkenheid bij occulte praktijken, waaronder zwarte magische rituelen. Ze kreeg zeven kinderen met Lodewijk XIV.

Tijdens het uitvoeren van de zwarte mis werkte Madame de Montespan samen met Abbé Étienne Guibourg (c. 1610–1686) en de beroemde gifmengster, waarzegster en abortuspleegster Catherine Monvoisin, of Montvoisin, beter bekend als 'La Voisin' (c. 1640–1680). Tijdens een verhoor op 9 oktober 1680 van de dochter van Catherine Monvoisin, kwam aan het licht dat voor de vervaardiging van de 'tovermiddelen' voor de zwarte mis, een zeer groot aantal baby's op een verschrikkelijke wijze gedood moesten worden. Alles wijst erop dat dit soort praktijken sinds de 17e eeuw een voortzetting kreeg binnen adellijke en later de financiële elite. Dit was aanvankelijk vooral beperkt tot Parijs en Londen, maar later uitwaaierend naar andere locaties. Zie het werk *Satanscult und Schwartze Messe*; Limes Verlag Wiesbaden 1964 van auteur Gerhard Zacharias.

LE PORTRAIT DE LA VOISIN.

Chasteau, ex. C.P.R.

Terwijl mensen, die zich conformeren aan de normen van de staatsreligies, braaf luisteren naar kerkelijke leiders – die doorgaans een volledig impotente vorm van spiritualiteit propageren – heeft de elite al eeuwenlang door dat dit geen enkel effect heeft (behalve als een strohalm van eeuwige loze hoop, die mensen maar al te graag omarmen). In plaats daarvan hebben ze ontdekt dat het creëren van egregors, die gevoed worden met bloed en ellende, zeer krachtige machtsposities en bolwerken kunnen voortbrengen. Voor de groep die door boeddhisten *icchantica* (demonen in menselijke gedaante) worden genoemd, die de kern van de elite vormt, is dit geen probleem. Voor een normaal mens is het beroven, doden en martelen van kinderen uiteraard het ergste misdrijf dat denkbaar is. Deze kinderen vinden zelfs na hun dood geen gemakkelijke rust. *Wishful thinking* ziet de totale eenzaamheid en het ontberen van alle normale menselijke warmte en liefde als prijs die de daders betalen voor hun gruweldaad. In werkelijkheid voelen alleen hun kinderslachtoffers dat (zowel voor als na hun dood), terwijl de elite zelf die hierbij betrokken is, dergelijke emoties totaal niet kent. De enige momenten waarop leden van deze groep in paniek raken, is wanneer ze door overmacht plotseling in het nauw gedreven worden. Het is vervolgens moeilijk te zeggen wie er dan precies worstelt: de betreffende persoon zelf, of de egregor die zijn zuigrietje dreigt te verliezen. Ik begrijp dat het uiteenzetten van dit fenomeen binnen de occulte kenniswereld voor velen schokkend is, maar ik vond het tijd om alle struisvogelkoppen eens helemaal uit het zand te trekken, niet half.

Een laatste opmerking om het nog ingewikkelder te maken: Er bestaan verschillende astrologische configuraties en hemellichamen die kunnen leiden tot de ontwikkeling van karakters met een sterke neiging tot sadisme en machtsmisbruik (zie mijn boeken over asteroïden-astrologie). De cruciale vraag of zoveel individuen in de elite intrinsiek slecht zijn, of dat hun horoscopen het voor hen vrijwel onmogelijk maken om zich anders te uiten dan ze doen – en dus als sterke kanalen fungeren voor negatieve egregors die hen als werktuigen gebruiken – kan ik niet definitief beantwoorden. Sommige occultisten zien de negatieve egregors niet als door mensen gecreëerde wezens, maar gebruiken de term 'Archonten' om ze te beschrijven. Het is een discussie van de kip en het ei. Vanuit een occult en metafysisch perspectief, en zelfs vanuit de *Genius Loci*-theorie van Heidegger of de procesfilosofie van Whitehead, zijn beide mogelijkheden denkbaar.

6.5 Bezeten voorwerpen

Veel culturen over de hele wereld kennen tradities en overtuigingen met betrekking tot bezeten objecten. In de West-Europese folklore zijn er legendes over bezeten objecten of vervloekte voorwerpen. Deze verhalen gaan vaak over spookhuizen, vervloekte schilderijen, bezeten poppen of objecten die geassocieerd worden met paranormale activiteiten. Verschillende Europese landen hebben hun eigen verhalen over bezeten objecten. Zo omvat de Duitse folklore verhalen over spookspiegels, ook wel bekend als *Spukspiegel*, terwijl de Ierse folklore spreekt over vervloekte objecten die bekend staan als *cursing stones*. In zijn werk *Die Zauberkraft des Auges und das Berufen*, beschrijft Dr. S. Seligman dat het uitspreken van een bewondering of compliment bij de Turken – nog in de eerste helft 20ste eeuw – verkeerd viel, omdat dit voor hen op hetzelfde neerkomt als het vervloeken van een object of persoon. Door zo'n positief bedoeld compliment of het prijzen werd in hun optiek dialectisch ook de tegenkracht opgeroepen en dus in feite een vervloeking uitgesproken.

Elk voorwerp kan onbewust door iemand een bepaalde lading krijgen. Mijn moeder had vaak ernstige slaapproblemen en bracht vele nachten door in de woonkamer, waar ze een duidelijke afkeer had van een koekoeksklok. Tijdens mijn studententijd nam ik de klok mee, maar ik kreeg hem niet werkend hoewel er niets mis mee was. Telkens wanneer ik met mijn vinger tegen de slinger duwde, duwde iets terug op een manier die conform reguliere verklaringen onmogelijk is. Het voelde vreemd, vergelijkbaar met het proberen samendrukken van twee magneten met dezelfde pool. Onbewust had zij er, middels haar afkeer van deze klok en die maar eindeloos heen en weer slingerende klepel, een weerbarstige servitor in geladen.

Afrikaanse culturen, met name de West-Afrikaanse, kennen talrijke tradities met betrekking tot bezeten objecten en spirituele entiteiten in objecten, inclusief dorpsgoden. In veel Afrikaanse culturen wordt geloofd dat bepaalde objecten worden bewoond door geesten of voorouders, die daarom met groot respect moeten worden behandeld. Er worden ook bewust dorpsgeesten in objecten geplaatst, meestal in houten godenbeelden die bekend staan als fetisjen. Zo'n geest wordt in het Duits occultisme aangeduid met de term *Imagospurius*.

Midden-Oosterse culturen hebben verhalen over bezeten objecten, die vaak verbonden zijn met *jinns* of andere bovennatuurlijke wezens. Deze verhalen gaan meestal over objecten die geluk brengen of ongeluk veroorzaken voor degenen die ze bezitten. De Arabische en Semitische magie algemeen kent een zeer rijke traditie van het laden van amuletten of talismans, om een bepaald soort geluk aan te trekken of kwaad af te weren. Ook in de astro-magische productie van amuletten, zoals beschreven in onder meer de *Picatrix*, wordt in feite een geest in het object gestopt. In dit geval is deze geest verbonden aan planetaire condities die specifiek gunstig zijn voor wat er met de creatie van het amulet wordt beoogd. De techniek hiervoor behandel ik later in dit boek.

De Chinese folklore omvat vooral verhalen over bezeten objecten zoals vervloekte zwaarden, spookspiegels of bezeten lantaarns. Deze verhalen gaan ook regelmatig over objecten die bezeten zijn door kwaadwillende geesten, ofwel zelf van een bovennatuurlijke oorsprong zijn. Japan spant echter de kroon, dat een unieke cultuur kent van speciale voorwerpgeesten die automatisch ontstaan wanneer een object 100 jaar oud is. Ik heb een toelichting bij het verschijnsel *Tsukumogami* uitgebreid in dit boek opgenomen.

Ook verschillende inheemse Amerikaanse stammen hebben hun eigen verhalen over bezeten objecten. Zij geloven dat objecten een ziel hebben of dienen als containers voor bovennatuurlijke entiteiten. Binnen animistische religies in het algemeen wordt alles, inclusief 'levenloze voorwerpen' zoals stenen en rotsen, als bezield beschouwd. Heilige objecten zoals maskers, totempalen of ceremoniële gereedschappen worden geacht spirituele kracht te bezitten. Ook zijn 'draagbare geesten' populair, zoals gevulde zakjes als *mojo-bags* en de *gris-gris*.

Europa kende de *witch bottle* of *heksenfles*, een onderdeel van afweermagie. Deze concepten vonden ook hun weg naar Afro-Amerikaanse religies, met name in de hoodoo en voodoo van Louisiana en specifiek New Orleans. Binnen het westerse occultisme wordt ook erkend dat stenen bezieling kunnen hebben, en dit is zelfs vastgelegd op video door Dr. Harry Oldfield, de ontwikkelaar van PIP-fotografie. Deze technologie maakt het mogelijk om paranormale verschijnselen zoals aura's, energiestromen, leylijnen, elementale wezens en zelfs beelden uit het verleden, veel beter waar te nemen en vast te leggen. Eén van de meest opmerkelijke ontdekkingen van Oldfield is een zeer scherp zichtbaar mausoleum op een Brits kerkhof dat op de camera verscheen, alhoewel het daar al zo'n honderd jaar niet meer stond. Dit mausoleum kon echter worden geverifieerd aan de hand van oude archiefbeelden die de exacte overeenkomst en locatie toonden.

6.5.1 HEKSENFLESSEN

Heksenflessen (*Witch Bottles*) zijn kunstmatig bezielde objecten die oorspronkelijk werden vervaardigd voor *apotropische* magie, een vorm van beschermende of verdedigende magie die door de geschiedenis heen altijd een van de meest gebruikte en belangrijkste vorm van magie is geweest.

Het woord 'apotropisch' stamt af van het Griekse woord ἀποτρέπειν, wat 'afweren' betekent, van ἀπό (weg) en τρέπειν (draaien). Deze vorm van magie wordt ingezet om schadelijke of kwaadaardige invloeden af te wenden, tegenspoed te weren, vloeken te verbreken en het boze oog af te weren. De oude Grieken brachten offers aan de 'afwerende goden' (ἀποτρόπαιοι θεοί, apotropaioi theoi), chtonische goden en helden die bescherming boden en kwaad en ongeluk afweerden. Heksenflessen worden beschreven in historische bronnen uit zowel Engeland als de Verenigde Staten.

Vooral in de 17e eeuw werden de zogenaamde *Bartmann-kruiken* gebruikt als heksenflessen. Een Bartmann-kruik (van het Duitse Bartmann, 'baardman'), ook wel *Bellarmine-kruik* of *Grijzebaard* genoemd, is een soort gedecoreerd zoutglazuur-steengoed dat werd vervaardigd in Europa gedurende de 16e en 17e eeuw, vooral in de regio Keulen. Bellarmines waren vernoemd naar een bijzonder angstaanjagende katholieke inquisiteur, Robert Bellarmine, die protestanten vervolgde en een rol speelde bij de verbranding van Giordano Bruno, een pantheïst, filosoof, priester en kosmoloog. Heksenflessen werden gevuld met verschillende voorwerpen en substanties, zoals menselijke urine, haar en magische amuletten, waarvan werd geloofd dat ze de eigenaars beschermden en schadelijk waren voor hun vijanden.

Flessen met kwaadaardig uitziende gezichtsmaskers, kenmerkend voor die periode, werden routinematig gekozen met dit specifieke doel. Terwijl de Bartmann-kruiken uit de 16e eeuw bloem- en eikelmotieven vertonen, tonen de kruiken uit de 17e eeuw meestal een baardige figuur of een wildeman (*woodwose*). De eerste vermelding van een heksenfles komt voor in het 17e-eeuwse Engeland. Eén van de vroegste beschrijvingen van een heksenfles in Suffolk, Engeland, dateert uit 1681 en staat in Joseph Glanvills *Saducismus Triumphatus, or Evidence concerning Witches and Apparitions*:

"For an old Man that Travelled up and down the Country, and had some acquaintance at that house, calling in and asking the Man of the house how he did and his Wife; He told him that himself was well, but his Wife had been a long time in a languishing condition, and that she was haunted with a thing in the shape of a Bird that would flurr near to her face, and that she could not enjoy her natural rest well. The Old Man bid him and his Wife be of good courage. It was but a dead Spright, he said, and he would put him in a course to rid his Wife of this languishment and trouble, He therefore advised him to take a Bottle, and put his Wives Urine into it, together with Pins and Needles and Nails, and Cork them up and set the Bottle to the Fire well corkt, which when it had felt a while the heat of the Fire began to move and joggle a little,

but he for sureness took the Fire shovel, and held it hard upon the Cork, And as he thought, he felt something one while on this side, another while on that, shove the Fire shovel off, which he still quickly put on Again, but at last at one shoving the Cork bounced out, and the Urine, Pins, Nails and Needles all flew up, and gave a report like a Pistol, and his Wife continued in the same trouble and languishment still. Not long after, the Old Man came to the house again, and inquired of the Man of the house how his Wife did. Who answered, as ill as ever, if not worse. He askt him if he had followed his direction. Yes, says he, and told him the event as is above said. Ha, quoth he, it seems it was too nimble for you. But now I will put you in a way that will make the business sure. Take your Wive's Urine as before, and Cork, it in a Bottle with Nails, Pins and Needles, and bury it in the Earth; and that will do the feat. The Man did accordingly. And his Wife began to mend sensibly and in a competent time was finely well recovered; But there came a Woman from a Town some miles off to their house, with a lamentable Out-cry, that they had killed her Husband. They askt her what she meant and thought her distracted, telling her they knew neither her nor her Husband. Yes, saith she, you have killed my Husband, he told me so on his Death-bed. But at last they understood by her, that her Husband was a Wizard, and had bewitched this Mans Wife and that this Counter-practice prescribed by the Old Man, which saved the Mans Wife from languishment, was the death of that Wizard that had bewitched her."

Ingrediënten van de heksenfles

In latere tijden werden heksenflessen vervaardigd van glazen flessen, kleine glazen flesjes en diverse andere soorten containers. Sinds de vroegmoderne tijd is het gebruikelijk om voorwerpen zoals geschreven amuletten, gedroogde katten, paardenschedels, verstopte schoenen en heksenflessen in de constructie van een gebouw te verbergen.

Heksen of volksgenezers, vaak aangeduid als *cunning folk*, bereidden de heksenfles voor een klant voor. Een heksenfles bevatte urine, haar of nagelknipsels van het slachtoffer, of rood garen. Later werden heksenflessen gevuld met rozemarijn, naalden, spelden en rode wijn. Historisch gezien en ook in moderne tijden, wordt de fles begraven in de verste hoek van het terrein, onder de haard van het huis of op een onopvallende plek in het huis. Men gelooft dat nadat de fles is begraven, deze het kwaad vastlegt dat op de spelden en naalden is gespietst, verzadigd wordt door de wijn en wordt verdreven door de rozemarijn. Soms wordt in plaats daarvan zeewater of aarde gebruikt. Andere soorten heksenflessen kunnen zand, stenen, geknoopte draden, veren, schelpen, kruiden, bloemen, zout, azijn, olie, munten of as bevatten. Een vergelijkbaar magisch voorwerp is het 'citroen en spelden' amulet.

Een andere variatie betreft de manier waarop de fles wordt verwijderd. Sommige heksenflessen werden in het vuur gegooid en als ze explodeerden, zou de spreuk verbroken worden of de heks vermoedelijk worden uitgeschakeld. Dit lijkt echter een uitzondering op de regel te zijn. Meestal geloofde men dat de heksenfles actief zou blijven zolang de fles verborgen en onbeschadigd bleef. Mensen deden veel moeite om hun heksenflessen te verbergen – flessen die onder haarden waren begraven, werden vaak pas ontdekt nadat de rest van het gebouw was afgebroken of anderszins was verdwenen. De oorsprong van deze traditie gaat minstens terug tot de 16e eeuw. In vroegere tijden werden de flessen van steen gemaakt en bevatten oorspronkelijk roestige spijkers, urine, doornen, haar, menstruatiebloed en stukjes glas, hout en bot.

Recept voor een eenvoudige heksenfles om het kwaad af te weren

Een eenvoudige en goedkope, maar volgens moderne magiërs zeer effectieve vorm van apotropische magie, vooral wanneer alle andere methoden lijken te falen, is de beschermende heksenfles, die nauwelijks verschilt van de klassieke versie. Het object is bedoeld om een vloek op te nemen, kwade energieën of entiteiten af te weren en te dienen als een bliksemafleider voor pech en negatieve energie in het algemeen, en kan worden gemaakt met behulp van dit recept:

1. Neem een fles met metalen sluiting, die je later afsluit met kaarsvet.
2. Vul de fles alleen met kapotte dingen. Vooral veel scherven van gebroken servies, bloempotten, 5 of een veelvoud van 5 kromme ijzeren spijkers, doornen van doornige struiken, en dergelijke.
3. Vul de fles met wijn, azijn, urine of water, of mengsels daarvan.
4. Sluit de fles af en begraaf deze, of plaats deze ergens onopvallend als begraven niet mogelijk is.

De logica hierachter is sympathieke magie: kwaadaardige destructieve energie wordt aangetrokken door gebroken chaotische dingen, zoals hier bij elkaar gehouden in een geconcentreerde fles. Deze functioneert dus als een soort 'bliksemafleider'.

6.5.2 Gris-gris, Mojo bag en Borfima

Binnen de Afrikaanse en Afro-Amerikaanse tradities worden servitors vaak in zakjes geplaatst, die vanaf dat moment dienen als amuletten. Deze zakjes worden onder verschillende namen gebruikt. De servitors die deze zakjes bezielen, vertonen gelijkenissen met de servitors die te vinden zijn in hoodoo-oliën en wierook. Dit zijn geen persoonlijke servitors, maar eerder unieke gespecialiseerde entiteiten die ooit zijn gecreëerd en binnen een consistente traditie zijn gecorreleerd aan specifieke oliën of amuletzakjes met een vaste traditionele samenstelling. Door het vaste geloof hierin, zijn deze servitors in de loop der tijd steeds sterker geworden, waarbij het feit dat de Afrikaanse traditie geen last heeft gehad van Descartes en de Europese 'rationaliteit', aanzienlijk heeft geholpen.

De Gris-gris

Een *gris-gris*, of *gris-gris bag*, is een beschermend amulet dat geluk brengt en demonen op afstand houdt. Het woord 'gris-gris', van Afrikaanse oorsprong, betekent 'fetisj' of 'beschermamulet'. Een gris-gris zak is dus een talisman in zakvorm. Het werd in de 16e eeuw geïntroduceerd in Frankrijk als 'grigri' of 'gri-gri', waarvan het meervoud 'gris-gris' of 'grisgrís' is. Ironisch genoeg was *Grisgris* oorspronkelijk een demon die ongeluk bracht. Het is nog steeds mogelijk dat iemand die door de Sahel of de Golf van Guinee reist een 'gri-gri', (zoals het wordt uitgesproken) krijgt om zichzelf te beschermen tegen ongeluk, aangezien het in Afrika nog steeds deel uitmaakt van de traditie.

Een gris-gris is doorgaans een klein zakje gemaakt van stof of leer dat je bij je moet dragen. Het bevat een mengsel van kruiden, oliën, stenen, botten, haar, nagels en andere persoonlijke elementen die zijn verzameld met de zegen van een godheid. Meestal bereid je het zelf voor je eigen bescherming. Gris-gris zakjes werden door slaven van Yoruba- en Hausa-afkomst naar Amerika gebracht en werden geïntroduceerd in voodoo. Ze blijven beschermende amuletten of talismans met juju, magische kracht. In New Orleans moet een goed gemaakte gris-gris worden bereid op een altaar dat de vier elementen bevat: Aarde, Lucht, Water en Vuur, symbolisch vertegenwoordigd door *zout, wierook, vloeistof* en de *vlam van een kaars*. Er kunnen meer dan dertien ingrediënten in de gris-gris zitten, waaronder stenen en voorwerpen met verborgen en astrologische betekenissen. Van de gris-gris van de beroemde voodoo-koningin Marie Laveau uit New Orleans, wordt gezegd dat het stukjes bot, gekleurde stenen, kerkhofstof, zout en rode peper bevatte.

In Santeria worden de gris-gris zakjes *resguardos* of 'beschermers' genoemd. Ze zijn gewijd aan heiligen, zoals bijvoorbeeld de 'resguardo a San Miguel Arcángel' of gewijd aan *Shango* (Santa Bárbara), de god van de donder. Deze zakjes kunnen kruiden, specerijen, bruine suiker, stenen of andere heilige relikwieën bevatten. Maar niet alleen beschermende resguardos worden verkocht. Zo is er bijvoorbeeld een 'zeven knopen-gris-gris', gebruikt om de wil van een man of vrouw te beïnvloeden als een amulet voor overheersing. Deze optie is een specialiteit van de *mayomberos*, magiërs van de Palo-religie. In Afrika bereiden *nganga nkisi* (tovenaars) soortgelijke amuletten voor, zoals de *makutos* en de *gurunfindas* (van Gurunfinda, god van het bos en de kruiden, geassocieerd met San Silvestre). Deze gris-gris zakjes bevatten tropische planten en andere elementen zoals harten van vogels en schildpadden, haar van overledenen en munten om de hulp van de geesten van de doden te verkrijgen.

De Mojo bag

Zoals eerder genoemd, werd de gris-gris verder ontwikkeld in de zuidelijke staten van de VS. In hoodoo is een *mojo bag* een amulet bestaande uit een flanellen zakje met een of meer magische voorwerpen. Het object wordt gezien een 'gebed in een zakje' die op het lichaam van de eigenaar kan worden gedragen. Alternatieve Amerikaanse namen voor de mojo bag zijn *gris-gris bag, hand, mojo hand, conjure hand, lucky hand, conjure bag, trick bag, root bag, toby* en *jomo*.

Het meest voorkomende synoniem voor het woord mojo blijft 'gris-gris'. In het Caribisch gebied wordt een bijna identiek Afrikaans geïnspireerd zakje een *wanga* of *oanga bag* genoemd, maar die term is ongebruikelijk in de Verenigde Staten. Het woord *conjure* is een oud alternatief voor 'hoodoo', dat een directe variant is van Afro-Amerikaanse folklore. Daarom wordt een *conjure hand* ook beschouwd als een *hoodoo bag*, meestal gemaakt door een gerespecteerde gemeenschapsdokter. Het woord 'hand' in deze context wordt gedefinieerd als een combinatie van ingrediënten. De term kan afkomstig zijn van het gebruik van vinger- en handbotten van de doden in *mojo bags*, of van ingrediënten zoals de *lucky hand root* (favoriet bij gokkers). Dit suggereert een analogie tussen de gevarieerde zak-ingrediënten en de verschillende kaarten die een 'hand' vormen in kaartspelen.

Hoewel de meeste conjure bags in Zuidelijke stijl zijn gemaakt van rood flanel, maken veel ervaren magiërs gebruik van kleurensymboliek. Deze praktijk komt tot uiting in hoodoo, waarbij groen flanel wordt gebruikt voor een *geld-mojo*, wit flanel wordt gebruikt voor een *baby-zegenende mojo*, rood flanel wordt gebruikt voor een *liefdes-mojo*, enzovoorts. West-Indiërs gebruiken ook mojo bags, maar gebruiken vaak leer in plaats van flanel. De inhoud van elk zakje varieert rechtstreeks met het doel van de tovenaar. Bijvoorbeeld, een mojo gedragen om liefde aan te trekken zal andere ingrediënten bevatten dan een voor gokgeluk of magische bescherming. Ingrediënten kunnen wortels, kruiden, dierlijke delen, mineralen, munten, kristallen, geluksbrengende symbolen en gesneden amuletten bevatten. De meer gepersonaliseerde objecten worden gebruikt om extra kracht toe te voegen vanwege hun symbolische waarde.

Er moet een ritueel worden uitgevoerd om een mojo succesvol voor te bereiden door deze te vullen en tot leven te wekken. Dit kan worden gedaan door wierook en kaarsen te branden, of het kan worden 'geactiveerd' door erop te blazen om het tot leven te brengen. Gebeden en andere methoden kunnen worden gebruikt om deze essentiële stap te voltooien. Eenmaal bereid, wordt de mojo 'aangekleed' of 'gevoed' met een vloeistof zoals alcohol, parfum, water of lichaamsvloeistoffen. De reden dat de mojo moet worden gevoed om effectief te blijven, is omdat het wordt beschouwd als een levendige entiteit. Mojos worden traditioneel gemaakt voor individuen en moeten te allen tijde verborgen blijven bij de drager. Mannen houden de mojo bag vaak verborgen in de broekzak, terwijl vrouwen er de voorkeur aan geven om het zakje aan de beha te bevestigen. Ze worden ook vaak aan kleding onder de taille vastgemaakt. Afhankelijk van het type mojo is de plaats van verbergen cruciaal voor het succes ervan, omdat degenen die conjure bags maken voor liefdesspreuken soms specifiek vermelden dat de mojo direct op de huid moet worden gedragen.

De Borfima

De *borfima* is een magische medicijnzak, vergelijkbaar met een gris-gris of mojo bag, maar van een zeer duistere aard, omdat deze vaak menselijke delen bevat. De term 'borfina' komt uit de Akan-taal en betekent 'kracht' of 'macht'. De borfima wordt verondersteld te worden gebruikt door de Ashanti-gemeenschap in Ghana en wordt beschouwd als een van de krachtigste amuletten die bescherming bieden tegen vloeken, geesten en het kwade oog. De zakjes bevatten doorgaans kruiden, mineralen, dierlijke en soms menselijke delen, zoals vet, en andere heilige voorwerpen die als magisch worden beschouwd.

Het is belangrijk op te merken dat de termen gris-gris, mojo bag en borfima specifiek verwijzen naar verschillende culturele tradities en praktijken. De gris-gris is nauw verbonden met voodoo en Afro-Amerikaanse folklore, de mojo bag is gerelateerd aan hoodoo, en de borfima wordt geassocieerd met de Ashanti-gemeenschap in Ghana. Elk van deze amuletten heeft zijn eigen specifieke kenmerken en toepassingen binnen hun respectievelijke tradities.

Al vele eeuwen bestond er een luipaardcultus in West-Afrika, met name in Nigeria en Sierra Leone, waarbij de leden op dezelfde manier doodden als luipaarden dat doen, namelijk door hun menselijke prooi met stalen klauwen en messen aan te vallen en te verminken. Later, tijdens bloederige ceremonies, dronken ze het bloed en aten ze het vlees van hun menselijke slachtoffers. Aspirant-leden van de cultus moesten tijdens een nachtelijke strooptocht een fles bloed van hun slachtoffer bemachtigen en dit in aanwezigheid van andere leden opdrinken. De cultleden geloofden dat een magisch elixer, bekend als 'borfima' dat ze maakten van de ingewanden van hun slachtoffers, hen bovenmenselijke krachten zou verlenen en hen in staat zou stellen om zichzelf in luipaarden te transformeren. (Lees meer hierover in *Human Leopards* door K.J. Beatty, VAMzzz Publishing.)

6.5.3 Tsukumogami (voorwerpgeesten)

Tsukumogami, afgeleid van de term 付喪神 of 'kami van gereedschap', verwijst naar levenloze objecten die een goddelijke geest of *Kami* hebben verkregen. Dit concept ontstond tijdens de middeleeuwen en het geloof hierin is in modern Japan afgenomen. De term 'Tsukumogami' heeft in de Japanse folklore verband met verschillende concepten, wat enige verwarring heeft veroorzaakt over de exacte betekenis ervan. Tegenwoordig verwijst de term echter meestal naar elk object dat zijn honderdste verjaardag heeft bereikt en daardoor 'zelf-bewust' is geworden.

Verhalen over objecten met geesten zijn al te vinden in verzamelingen zoals de *Konjaku Monogatarishū* uit de late Heian-periode (794 tot 1185). Daarnaast laten *emakimono* zoals de *bakemono zōshi* levenloze objecten, zoals sake-schenkkannen, vogelverschrikkers en andere, zien die transformeren in monsters. Een *emakimono* is een traditionele Japanse kunstvorm die bestaat uit horizontale rollen zijde of papier waarop verhalen, scènes of afbeeldingen zijn geschilderd. Deze rollen worden van rechts naar links afgerold en onthullen geleidelijk een geïllustreerd verhaal naarmate de rol wordt ontvouwd. Met *bakemono zōshi* wordt een genre van volksverhalen en boeken bedoeld dat monsters en bovennatuurlijke wezens als centraal thema heeft. Het woord 'bakemono' betekent 'monster' of 'bovennatuurlijk wezen', terwijl 'zōshi' verwijst naar een soort Japanse literaire vorm die vaak werd gebruikt voor het schrijven van fictie en verhalen. Hoewel de specifieke term 'Tsukumogami' ontbreekt, bevatten deze verhalen vergelijkbare ideeën en thema's.

De *Tsukumogami emaki*, een type Japanse *emaki* (rolschildering) die expliciet afbeeldingen en verhalen bevat over tsukumogami, biedt een uniek inzicht in het transformatieproces van objecten in tsukumogami. Volgens deze rol zou een voorwerp na honderd jaar bewoond worden door een geest. Om dit te voorkomen, zouden mensen oude objecten moeten weggooien voordat ze de leeftijd van honderd jaar bereikten, een praktijk die *susu-harai* (roet-schoonvegen) wordt genoemd. De bijschriften van de emaki vermelden wel dat objecten 'een jaar van honderd' of negenennegentig jaar oud, dan echter boos kunnen worden en op verschillende manieren kunnen transformeren in *Yōkai*, bovennatuurlijke wezens, waardoor de eigenaar van zo'n oud object van de regen in de drup komt.

Bekende Tsukumogami-varianten:

Abumi-guchi   Een harig wezen gevormd uit de stijgbeugel van een bereden militair commandant dat werkt voor Yama Orochi.

Bakezōri   Een bezeten zōri (traditionele strosandalen).

Biwa-bokuboku   Een geanimeerde biwa.

百物語
こはだ小平二

Boroboroton	Een bezeten futon.
Chōchinobake	Een geanimeerde lantaarn, ook bekend als *burabura*.
Ichiren-bozu	Geanimeerde gebedskralen.
Ittan-momen	Een bezeten rol katoen.
Jatai	Bezeten doeken die van kamerschermen hangen.
Kameosa	Een bezeten sakepot.
Kasa-obake	Een geanimeerde papieren paraplu. Ook bekend als *kara-kasa-obake*.
Kosode-no-te	Een bezeten kimono.
Koto-furunushi	Een geanimeerde koto.
Kurayarō	Een geanimeerd zadel.
Kutsutsura	Kutsutsura zijn tsukumogami van schoenen. Ze kunnen zowel een menselijke vorm als een dierlijke vorm aannemen. In menselijke vorm lijken ze op een hoveling die een schoen als hoed draagt. In dierlijke vorm zien ze eruit als een rond, harig beest met een bontlaars als snuit.
Kyōrinrin	Bezeten rollen of papieren.
Menreiki	Een geestelijk wezen gevormd uit 66 maskers.
Minowaraji	Een geanimeerde mino stro mantel.
Morinji-no-okama	Een bezeten theeketel. Een andere variatie is *zenfushō*.
Shamichoro	Een geanimeerde shamisen.
Shirouneri	Bezeten muskietennetten of stofdoeken.
Shōgorō	Een geanimeerde gong.
Ungaikyō	Een bezeten spiegel.
Yamaoroshi	Een bezeten rasp.
Zorigami	Een bezeten klok.

6.6 EROS-SCHEMEN (EROS-SCHIMMEN)

Eros-Schemen, zoals Franz Bardon ze noemde, zijn een soort 'bedreigde astrale diersoort' geworden sinds de opkomst van pornovideo's en later pornowebsites. Eros-Schemen zijn kunstmatig gecreëerde energievampiers die per ongeluk worden voortgebracht door voornamelijk masturberende mannen tijdens de puberteit, door hun intense focus op een erotisch beeld van een vrouwelijk lichaam in een seksueel opwindende pose. In de late 20e en 21e eeuw, na de seksuele revolutie van de jaren 60 en 70 en de afname van seksuele taboes, is er een overvloed aan beeld- en filmmateriaal ontstaan dat weinig aan de verbeelding overlaat. Het aanbod van direct toegankelijke 'instant-fantasieën' dat massaal wordt gedownload, heeft het oude ambacht van het creëren van Eros-Schemen, dat afhankelijk is van sterke en op één lustobject gerichte verbeelding, grotendeels verdrongen. Hierdoor zijn er nauwelijks nog actieve

Eros-Schemen over. Deze wezens werden ooit als een groot probleem gezien. Gedurende lange tijd hebben ze vooral binnen de meer orthodoxe joodse cultuur overleefd, waar masturbatie zeer streng verboden is. Uiteraard kunnen Eros-Schemen ook door masturberende vrouwen worden gecreëerd. De reden waarom mannen hier echter in het voordeel zijn, heeft te maken met de enorme orgone energie van sperma tijdens de ejaculatie.

Traditionele Halachische rabbijnse bronnen verbieden ten strengste mannelijke masturbatie, evenals activiteiten die tot seksuele opwinding en ejaculatie kunnen leiden. *Halacha* (ook wel gespeld als 'Halakha' of 'Halakhah') is het collectieve lichaam van de joodse wet, inclusief de bijbelse wet (Torah-wet) en de latere rabbijnse wetten en tradities die religieuze observaties en gebruiken voor joden beschrijven. Het reguleert alle aspecten van het joodse leven, waaronder persoonlijk gedrag, gemeenschappelijke gebruiken, feestdagen en gebeurtenissen in de levenscyclus, en meer. Traditionele joden beschouwen Halacha als bindend en gezaghebbend en het dient als leidraad voor hun dagelijks gedrag. Maar sommige regels zijn wel een beetje over de top. De *Mishnah* stelt bijvoorbeeld dat als een man zijn penis vaak met zijn hand aanraakt (om te controleren op ritueel onzuivere emissie), zijn hand "moet worden afgehakt". De *Babylonische Talmoed* verbiedt "tevergeefs zaad uitstoten", een term die doorgaans (maar niet uitsluitend) naar masturbatie verwijst. Rabbi Jochanan verklaarde: *"Een ieder die tevergeefs sperma uitstoot, verdient de dood, want er staat in de Schrift (Genesis 38:10): 'En wat hij deed was slecht in de ogen van de HEER'; en 'Hij doodde hem ook'."* Dezelfde passage vergelijkt de daad met moord en afgoderij en verbiedt een man ook om zichzelf opzettelijk op te winden. *"Iemand die opzettelijk een erectie veroorzaakt, zal worden verbannen."* De wetboeken *Shulchan Aruch* (*Gedekte Tafel*; 1563, door rabbi Joseph ben Ephraim Qaro) en *Kitzur Shulchan Aruch* (*Verkorte Gedekte Tafel*; 1864 door rabbi Schlomo Ganzfried) stellen dat het verspillen van sperma wordt beschouwd als een zonde die groter is dan welke zonde dan ook in de *Torah*. Het commentaar van Beit Shmuel stelt echter dat dit niet letterlijk bedoeld is, maar eerder bedoeld is om mensen te waarschuwen om de zonde te vermijden. De Arizal (rabbi Isaac Luria, 1534–1572) leerde dat een man verplicht is om vierentachtig keer te vasten om berouw te tonen voor het tevergeefs lozen van sperma. De *Tanya* (een Chassidisch filosofisch werk door de Litouwse rabbi Shneur Zalman van Liadi, 1745–1812) beweert dat men in de moderne tijd liefdadigheid kan geven in plaats van te vasten. Rabbi Nachman van Breslov (1772–1810) stelde dat masturbatie tot depressie leidt en dat de effecten van onzuivere ejaculatie alleen teniet kunnen worden gedaan door het reciteren van de door hem samengestelde *Tikkun HaKlali* (*De Alomvattende Rectificatie)*, ook bekend als *De Algemene Remedie*, een set van tien Psalmen waarvan de recitatie dient als teshuvah (berouw) voor alle zonden, met name de zonde van verspilling van zaad door onvrijwillige nachtelijke emissie of masturbatie. Volgens *Sepher ha-Chinuch (Boek der Opvoeding)* is een van de redenen voor het verbod op mannelijke homoseksuele seks dat sperma zonder constructief doel wordt vernietigd. Dit boek is een rabbijnse tekst waarin de 613 geboden (mitzvot) van de Torah systematisch worden besproken. Het werd anoniem gepubliceerd in het 13e-eeuwse Spanje.

Over het algemeen brengt vrouwelijke masturbatie niet dezelfde consequenties (spermacide) met zich mee als mannelijke masturbatie, aangezien er geen zaad vrijkomt. Vrouwelijke masturbatie is daarom niet expliciet verboden, maar autoriteiten zoals rabbijn Moshe Feinstein (1895–1986) beschouwen vrouwelijke masturbatie als 'onreine gedachten' die noodzakelijkerwijs verboden zijn. *Ben Ish Chai* (De Zoon van het Leven), geschreven door de Irakese rabbijn Yosef Chayim (1835–1909), stelt dat masturbatie door vrouwen verkeerd is omdat het kwade krachten creëert, namelijk de Qlippoth. De Joodse cultuur heeft diepgewortelde connecties met de Mesopotamische cultuur, waar de *Lilin* een Akkadische en Soemerische klasse van seksvampiers waren: nachtelijke geesten onder auspiciën van *Lilith*, die (vooral in verlaten gebieden of leegstaande huizen) op jonge mannen aasden en hun zaad stalen. Deze Lilin waren hoogstwaarschijnlijk meestal niets anders dan wat Bardon *Eros-Schemen* heeft genoemd. Wanneer de Lilin een man tot ejaculatie hadden verleid, hetzij door masturbatie, een natte droom of door aanraking (zoals een *Succubus*), werden hieruit nieuwe Lilin geboren. Om deze reden lopen in sommige Joodse culturen de zonen niet mee in de begrafenisstoet van hun vader, omdat zij zich mogelijk beschaamd zouden kunnen voelen vanwege de astrale stiefzusters die zo door hun vader zijn voortgebracht. (Voor uitgebreidere informatie over Lilith en de Lilin, zie Deel 2 van *Spirit Beings in European Folklore*).

Bardon leefde nog voor de tijd van de seksuele revolutie en het tijdperk van video en internet. In zijn tijd waren Eros-Schimmen dus nog een probleem, dat hij beschrijft in *Der Weg zum wahren Adepten* (1956):

"..// *EROS-SCHIMMEN: Het ontstaan ervan (als men het woord 'ontstaan' hiervoor al kan gebruiken), komt voort uit het aanschouwen van een gezicht, een prachtig lichaam van een levend persoon, of zelfs slechts een foto, een naaktbeeld, een pornografische tekening, of een vergelijkbare prikkel die zinnelijk verlangen en seksuele driften opwekt, ongeacht of het een vrouwelijk of mannelijk wezen betreft. Wanneer de verliefde persoon geen mogelijkheid heeft om aan zijn persoonlijke verlangen te voldoen, wordt een dergelijke schim sterker naarmate het [seksueel] verlangen groter en intenser wordt, omdat deze schim zich exclusief voedt met lustgedachten. Hoe meer de betrokkene zich tegen zulke onvervulde liefde verzet, des te indringender wordt de aanwezigheid van de schim. Allereerst verschijnt deze in dromen en laat zijn slachtoffer de meest intense liefdesgevoelens ervaren. Later stimuleert de schim het seksuele verlangen en vindt in de droom de seksuele handeling plaats. De daaruit voortkomende ejaculatie ondersteunt de Eros-schimmen om steeds naderbij te komen, hun invloed op het slachtoffer te vergroten. Het is namelijk het sperma dat geconcentreerde levenskracht bevat, die door de schim wordt geabsorbeerd als door een vampier. Hierbij gaat het niet om het grove fysieke sperma, maar enkel om de opgeslagen dierlijke levenskracht in het sperma. Het slachtoffer verliest zijn mentale stabiliteit, zijn wilskracht verzwakt, en geleidelijk aan neemt de schim volledig de overhand. Indien het lot iemand niet begunstigt om tijdig verlichting te vinden of passende vervangers en afleidingen, neemt de schim steeds gevaarlijkere vormen aan. De betrokkene raakt verward, zijn eetlust neemt geleidelijk af, zijn zenuwen raken overprikkeld, enzovoorts. De Eros-schim kan, door onvervulde passie, zo verdicht raken dat het fysieke gestaltes aanneemt en het slachtoffer verleidt tot zelfbevrediging en andere seksuele losbandigheden. Duizenden individuen zijn ten prooi gevallen aan deze schimmen als gevolg van ongelukkige liefde, onvervulde passie, soms zelfs leidend tot zelfmoord. Dit doet sterk denken aan de authentieke incidenten van de Incubi en Succubi uit de Middeleeuwen en de ermee gepaard gaande heksenprocessen. Een waarlijk gevaarlijk genoegen!"*

6.7 Fantomen

Fantomen zijn denkbeeldige vormen van overleden personen die tot leven worden gebracht in de verbeelding. Volgens Franz Bardon veroorzaken Fantomen vaak verwarring, vooral in spiritistische sessies, waar ze kunnen verschijnen en verward kunnen worden met echte geesten van overledenen. Hier volgt een citaat uit *Der Weg zum wahren Adepten* ter aanvulling en ter verduidelijking, omdat het verlies van een geliefde, familielid, goede vriend(in) of zelfs een huisdier snel kan leiden tot het creëren van Fantomen. Dit proces is zeer menselijk, maar volgens Bardon's opvatting ongewenst:

"Om vele misverstanden te voorkomen, geef ik bijzondere aandacht aan dit onderwerp, zodat iedereen het verschil kan zien. Wanneer een mens zijn fysieke lichaam verlaat, bevindt hij zich direct in de vierde aggregatietoestand, ook wel het hiernamaals genoemd. Zonder een tussenliggende substantie kan een wezen niet actief zijn op onze driedimensionale sfeer, net zoals een vis niet kan leven zonder water. Ditzelfde geldt voor wezens die het hiernamaals zijn ingegaan.

Paranormale foto door Hyppolite Baraduc
van gefocuste psychische energie als
samenklittende 'elektro-vitale deeltjes'.

Door middel van verbeelding en herinnering aan de overledenen, hetzij om ze te prijzen, te eren, te treuren, enzovoort, worden denkbeeldige vormen van de overledenen gecreëerd en tot leven gebracht. Deze denkbeeldige beelden hebben vaak een lang leven, omdat ze herhaaldelijk worden opgeroepen. We noemen deze door levenden gecreëerde beelden Fantomen. Het zijn deze Fantomen die zich in veel gevallen manifesteren bij zogenaamde spiritisten, geestoproepers, enzovoort. Ook spoken en 'Foppgeister' (plaaggeesten) zijn niets anders dan Fantomen, die gevoed, verdicht en in stand worden gehouden door de aandacht van nabestaanden, net zoals het geval is bij Schemen (Schimmen). Dit kan eenvoudig worden vastgesteld door op verschillende plaatsen tegelijkertijd een wezen op te roepen dat zich, via zogenaamde mediums, aan alle kanten tegelijkertijd manifesteert. Dit is niets anders dan het Fantoom van de betreffende overledene dat zich uitdrukt, omdat Fantomen in grote aantallen kunnen worden gecreëerd. Het is erg jammer dat deze Fantomen vaak worden aangezien voor echte overledenen door spiritistische mediums. Veel onheil, bedrog en zelfbedrog sluipt zo het spiritisme binnen. Men kan zien dat via het ene medium een belangrijke leider of generaal spreekt, via een ander een kunstenaar, weer ergens anders een heilige, elders een farao, en zelfs een engel, allemaal in samenwerking met die mediums. Het is daarom begrijpelijk dat dit gebied van kennis, vanwege het aanzienlijke zelfbedrog, de meeste critici en sceptici trekt.

Het is belangrijk op te merken dat een Fantoom een sterk overlevingsinstinct heeft en snel een vampier wordt die het medium of de hele groep overneemt en daarmee de ondergang van de directe omgeving veroorzaakt. Dit betekent niet dat een echte magiër die de vierde aggregatietoestand, ook wel het Akasha principe, beheerst, niet in staat zou zijn om contact te maken met een overledene of een lichaamloze intelligentie. Ik heb dit al vermeld in mijn geschriften over mediamieke praktijken. Een magiër is ook in staat om met behulp van verbeelding een vorm te scheppen, deze in de vierde aggregatietoestand te brengen en het gewenste echte wezen te vragen om zich te manifesteren door zich in deze (door de magiër geschapen) vorm te begeven. Deze praktijk valt onder necromantie of bezweringsmagie en heeft niets te maken met het algemeen bekende spiritisme."

6.8   Genius loci

De Latijnse term *Genius loci* betekent letterlijk 'de geest van de plaats'. In de Romeinse mythologie verwees de term oorspronkelijk naar een beschermgeest (genius) vaak afgebeeld in de vorm van een slang. In de Romeinse oudheid omvatte een Genius loci niet alleen religieuze plaatsen zoals tempels en gebedshuizen, maar ook seculiere gebieden zoals provincies, steden, pleinen, gebouwen of individuele kamers binnen deze structuren.

In het moderne occultisme overlapt Genius loci onder andere met de *Deva* of
geest van een specifiek ecosysteem of (natuurlijke) omgeving, zoals een berg
of bos. Deva's dienen als morfogenetische overkoepelende krachten om een
bepaald gebied in zijn unieke homeostase te houden, terwijl *natuurgeesten* zich
richten op het voeden en beschermen van specifieke delen en entiteiten binnen
het ecosysteem. Genius loci kan echter ook verwijzen naar een kunstmatig
gecreëerde geest, een wezen dat niet precies gedefinieerd kan worden maar
onlosmakelijk verbonden is met een specifieke plek, ruimte, gebouw, kamer,
enz. In deze context verwijst Genius loci naar de kenmerkende, soms over-
weldigende psychosfeer van een locatie, gevormd door de geest, activiteiten,
routines en gebeurtenissen van mensen die er zijn geweest of er nog steeds
zijn. Zo'n Genius loci kan een positieve of negatieve impact hebben op degenen die deze locatie voor het eerst betreden. In deze context is Genius loci een
constructie waarin kennis, geheugen, perceptie en interpretatie samensmelten
tot een locale egregor. Een *Zeitgeist* (Genius tempori) kan worden gezien als de
Genius loci van een specifieke periode of tijdsbestek.

De Duitse filosoof Martin Heidegger staat bekend om zijn concept van Genius
loci in relatie tot cultuur en plaats. Heidegger beschouwt de Genius loci als de
onzichtbare maar essentiële basis voor de vorming van cultuur in een bepaald
gebied of land. Voor Heidegger vertegenwoordigt Genius loci de spirituele
en historische essentie van een plek, die de specifieke kenmerken en mogelijkheden ervan beïnvloedt. Hij gelooft dat een Genius loci geworteld is in de
geografie, geschiedenis, taal en tradities van een bepaalde plek en een fundamentele rol speelt bij het vormen van de identiteit en cultuur van een gemeenschap. Heidegger benadrukt dat de Genius loci niet alleen een passieve invloed
uitoefent op de mensen die in een bepaald gebied wonen, maar ook een actieve kracht is die bijdraagt aan de vorming van cultuur. Hij stelt dat de relatie
tussen Genius loci en de mensen wederkerig is: de mensen worden gevormd
door de Genius loci, terwijl ze op hun beurt bijdragen aan de ontwikkeling en
het voortbestaan ervan. Het concept van 'Genius loci' heeft invloed gehad op
verschillende disciplines, waaronder architectuur, stedenbouw en landschaps-
ontwerp, waarbij het belang van begrip en respect voor de unieke kenmerken
en betekenis van een plaats wordt benadrukt.

6.8.1   FEAR GORTAGH

In de Ierse folklore is *Fear Gortagh* (hongerig gras; ook: *Féar gortac*) een
speciaal soort vervormde Genius Loci, die is ontstaan doordat een of meer
personen op die plek van honger zijn omgekomen. De honger, die in het veld
is geïmpregneerd, zou een zwakte veroorzaken die gepaard gaat met een ver-

schrikkelijk verlangen naar voedsel dat iemand overvalt, ook al is het nog maar korte tijd geleden dat men heeft gegeten.

6.8.2 Spookhuizen en spookplekken

In het algemeen kunnen extreme menselijke emoties zo'n spookplaats achterlaten. De Fear Gortagh is bijvoorbeeld vaak in verband gebracht met de tijd waarin Ierland, door een mislukte aardappeloogst met een extreme hongersnood te maken kreeg, waaraan veel mensen zijn bezweken (op bepaalde locaties).

Slagvelden, locaties waar een ernstig ongeluk plaatsvond en zelfmoordlocaties, kunnen ook spookplaatsen opleveren. Een kenmerk van deze vervormde en negatieve Genii loci is dat de 'echo' van de gebeurtenis voorbijgangers kan besmetten, vooral gevoelige mensen, en hen kan beïnvloeden. Vaak is zo'n spookplek of spookhuis namelijk gekoppeld aan een of meer *Fantomen* die zijn gecreëerd door mensen, die de in de buurt van zo'n locatie wonen, of mensen die erover lezen of horen vertellen. Spooktoerisme kan hier heel katalyserend werken. De vele subjectieve interpretaties (en verbeeldingen) van omwonenden of mensen die door de spookplek gefascineerd zijn is een van de redenen waarom deze wezens vrijwel altijd een hoge mate van 'blur' vertonen, alsof hun verschijning door een niet scherp gestelde lens wordt waargenomen.

Een authentiek deel van een overledene kan echter ook ergens blijven hangen. Ik heb daar meerdere gevallen van waargenomen die messcherp waren en exact hetzelfde uiterlijk hadden als destijds hun levende versie. Soms is de kleding overduidelijk niet meer van deze tijd, maar gaat deze vele decennia of nog langer terug naar de tijd waarin zo iemand leefde en overleed.

Aokigahara of zelfmoordbos

Het bos dat algemeen bekend staat als *Aokigahara* is een dicht, griezelig bos aan de noordwestelijke voet van de berg Fuji in Japan. Het staat ook bekend als *Aokigahara Jukai* of de 'Zee van Bomen van Fuji'. Er wordt gezegd dat het de naam 'Jukai' werd gegeven omdat, wanneer je het vanaf de top bekijkt, de bomen die wiegen in de wind lijken op golven die rollen in de zee. De geschiedenis van het bos is relatief jong, met een geschiedenis van ongeveer 1200 jaar. Het behoort tot het Fuji-Hakone-Izu National Park en is aangewezen als natuurmonument van Japan onder de naam 'Fujisan Primeval Forest and Aokigahara Jukai'. Het is ongeveer 30 vierkante kilometer groot en strekt zich uit op een hoogte van 920 tot 1300 meter ten noordwesten van Mount Fuji. Aokigahara is berucht geworden vanwege de vele zelfmoorden, waardoor het een bijzonder spookachtige en verontrustende plek is. Het staat in het Engels bekend als het *Suicide Forest* en wordt erkend als een van de meest gebruikte zelfmoordplaatsen ter wereld. De donkere en dichte vegetatie van het bos, in combinatie met de stilte die er heerst, creëert een verontrustende sfeer die mensen en documentairemakers over de hele wereld heeft gefascineerd. De geschiedenis van de associatie van Aokigahara met zelfmoord is complex en veelzijdig. Hoewel de precieze oorsprong van deze grimmige traditie onduidelijk is, wordt aangenomen dat deze is ontstaan in het begin van de 20e eeuw. De redenen waarom mensen Aokigahara kiezen als plek om een einde aan hun leven te maken zijn uiteenlopend, maar lokale factoren zoals depressie, maatschappelijke druk en culturele invloeden zijn gesuggereerd als bijdragende factoren. De reputatie van het bos als plaats voor zelfmoorden groeide in 1960 na de publicatie van een roman getiteld *Kuroi Jukai* (Zwarte Zee van Bomen) van Seicho Matsumoto, waarin een geromantiseerde versie van zelfmoord in Aokigahara werd beschreven. In 2003 werden er maar liefst 105 lichamen ontdekt in het bos, waarmee het vorige record van 78 in 2002 werd overtroffen. In 2010 documenteerde de politie meer dan 200 zelfmoordpogingen in het bos, waarvan er 54 tragisch het leven kostten. Het is verontrustend dat zelfmoorden hun piek bereiken in maart, wat samenvalt met het einde van het fiscale jaar in Japan. Opknoping en een overdosis drugs komen naar voren als de meest voorkomende methoden om een einde te maken aan iemands leven in het bos.

De lokale autoriteiten hebben er de laatste tijd voor gekozen om de specifieke cijfers niet meer bekend te maken, met als doel om de associatie van Aokigahara met zelfmoord te verminderen. In de afgelopen jaren heeft het bos meer media-aandacht gekregen, vooral na de release van documentaires en films over de spookachtige reputatie. Ondanks de voortdurende inspanningen van de Japanse overheid en verschillende organisaties om zelfmoordpogingen te ontmoedigen, blijft Aokigahara mensen aantrekken die overwegen zichzelf te verwonden. Autoriteiten hebben stappen ondernomen om het probleem aan te pakken, zoals het plaatsen van borden door het bos met berichten die het leven promoten en mensen aansporen om hulp te zoeken. Daarnaast zijn er vrijwilligersgroepen en patrouilles opgericht om tekenen van zelfmoord op te sporen en te verwijderen en om hulp te bieden aan mensen in nood.

Vanuit een occult perspectief zien sommige mensen het Aokigahara Bos als verbonden met een krachtige en potentieel gevaarlijke egregor. Gezien de geschiedenis en de sinistere reputatie van Aokigahara als een plek die geassocieerd wordt met tragische eindes, is het denkbaar dat de intense emoties, wanhoop en pijn, die ervaren zijn door degenen die zich van het leven hebben beroofd of zelfmoord hebben overwogen in het bos, kunnen bijdragen aan de creatie of versterking van een egregor. Deze gedachtevorm kan beïnvloed worden door de collectieve energie en psychische imprints die deze individuen hebben achtergelaten. Sommige mensen geloven dat bepaalde locaties, zoals Aokigahara, een krachtige en potentieel gevaarlijke egregor herbergen die van invloed kan zijn op degenen die het gebied betreden of interactie hebben met de aanwezige energieën, waardoor zelfmoordpogingen worden gekatalyseerd.

6.9 HOMUNCULUS

De term *homunculus*, Latijns voor 'kleine man', verwijst naar een kunstmatig gecreëerd miniatuurmens. Dit concept ontwikkelde zich in de late Middeleeuwen binnen de context van alchemistische theorieën. De *homunculus* werd soms geassocieerd met demonische helpers in magische praktijken en diende later als motief in de literatuur om de dualiteit van moderne technologie te illustreren. Het thema van de homunculus is onder andere door Goethe tijdens zijn werk aan *Faust II* tussen 1825 en 1831 opgenomen, als het idee van een op chemische wijze geproduceerd mens. Een bijdrage hieraan leverde de eerste succesvolle omzetting van anorganische in organische materie in 1828: de *ureum synthese*. Dit experiment door de Duitse chemicus Friedrich Wöhler, leidde tot de succesvolle synthese van ureum, een organische verbinding die voorheen alleen uit levende organismen werd geïsoleerd. Dit experiment wordt vaak gezien als een mijlpaal in de geschiedenis van de scheikunde en wordt vaak aangehaald als het begin van de synthetische organische chemie.

De homunculus had ook filosofische en pseudo-neurowetenschappelijke betekenissen. In de filosofie van waarneming en geest verwees de homunculus naar een wezen in het hoofd dat prikkels waarnam. Hoewel filosofen niet letterlijk in het bestaan ervan geloofden, werden soms gedachten geopperd die een neurologische rol aan de homunculus toedichtten. Als er een beeld op het netvlies werd geprojecteerd en naar de hersenen gestuurd, moest er een of ander 'wezen' in het hoofd zitten dat deze beelden zag en doorgaf.

Het woord 'homunculus' komt al voor in werken van Cicero, Plautus en Apuleius. Het kreeg pas later betekenis in alchemie, bijv. in Arnaldus van Villanova's 13e-eeuwse overwegingen over kunstmatige mensen. Clemens Romanus beschreef al in 250 n.Chr. Simon Magus' creatie van een mens uit lucht, water en uiteindelijk vlees. Maar het was de alchemist, wetenschapper en magiër, Paracelsus die de homunculus beroemd maakte en het wezen meer expliciet definieerde als een kleine mens, die verwekt is zonder tussenkomst van een vrouw. Paracelsus beschreef de homunculuscreatie gedetailleerd in deel 1 van *De natura rerum* (De Aard der Dingen) uit 1538. Over de homunculi zegt hij: "Mensen kunnen tot stand komen zonder natuurlijke ouders. Dat wil zeggen, dergelijke wezens groeien zonder te worden ontwikkeld en geboren door een vrouwelijk organisme; door de kunst van een ervaren *spagyricus* (alchemist)." Het proces van de creatie van een homunculus beschrijft hij als volgt:

"De *generatio hominis* (De voortbrenging van de mens) is tot nu toe zeer geheim gehouden, en er was zo weinig openbaar bekend over dat oude filosofen zijn mogelijkheid in twijfel trokken. Maar ik weet dat dergelijke dingen kunnen worden bereikt door spagyrische kunst bijgestaan door natuurlijke processen. Als het sperma, ingesloten in een hermetisch afgesloten glas, ongeveer veertig dagen in paardenmest wordt begraven en goed gemagnetiseerd is, begint het te leven en te bewegen. Na zo'n periode draagt het de vorm en gelijkenis van een menselijk wezen, maar het zal transparant zijn en zonder een corpus. Als het nu kunstmatig wordt gevoed met het *arcanum sanguinis hominis* tot het ongeveer veertig weken oud is, en als het gedurende die tijd in de paardenmest blijft in een voortdurend gelijke temperatuur, zal het uitgroeien tot een menselijk kind, met alle ontwikkelde ledematen zoals elk ander kind, zoals geboren had kunnen worden door een vrouw; alleen zal het veel kleiner zijn. We noemen zo'n wezen een homunculus, en het kan worden grootgebracht en opgevoed zoals elk ander kind, totdat het ouder wordt en rede en intellect verkrijgt, en in staat is voor zichzelf te zorgen. Dit is een van de grootste geheimen, en het moet een geheim blijven totdat de dagen naderen waarop alle geheimen zullen worden onthuld."

Paracelsus gebruikte de term *arcanum sanguinis hominis* om te verwijzen naar een geheime essentie aanwezig in menselijk bloed. In de context van het creëren en voeden van de homunculus, wordt verondersteld dat deze essentie een cruciale rol speelde in het groeiproces van de kunstmatig gecreëerde homunculus. Ten tijde van Paracelsus, en nog geruime tijd daarna, bestond het idee dat in een spermadeeltje, dat later na de uitvinding van de microscoop als spermatozoïde kon worden waargenomen, al een miniatuurmensje besloten zat. Het eerste gedocumenteerde geval van het waarnemen van een spermatozoïde met een microscoop vond plaats in 1677 en werd opgetekend door Antonie van Leeuwenhoek. In *Essay de dioptrique* door Nicolas Hartsoeker (1656–1725), gepubliceerd in 1694 te Parijs, staat op pagina 230 een afbeelding die de traditionele voorstelling illustreert van een minimensje in een spermacel.

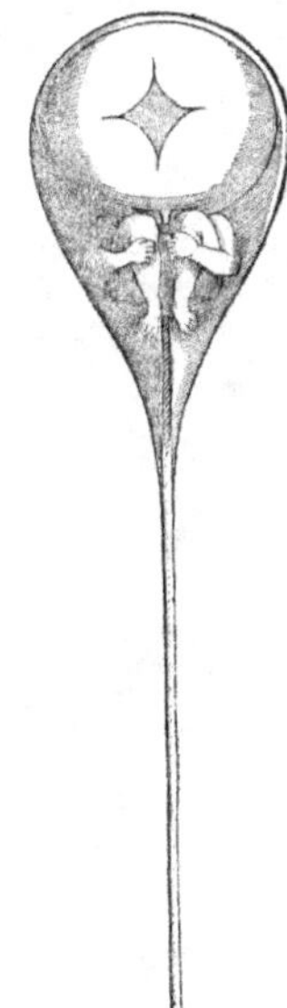

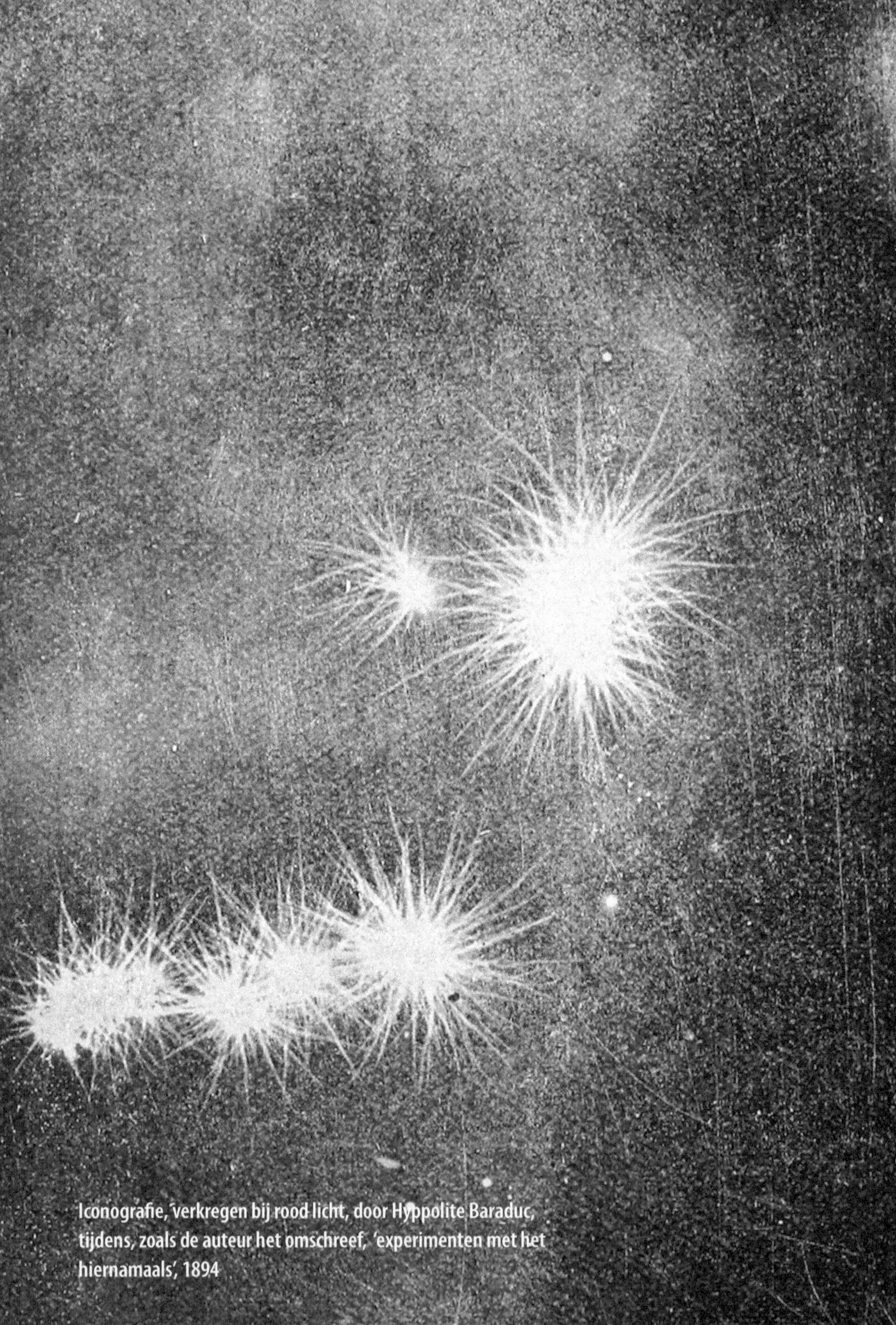

Iconografie, verkregen bij rood licht, door Hyppolite Baraduc, tijdens, zoals de auteur het omschreef, 'experimenten met het hiernamaals', 1894

VII. Methoden voor het scheppen van een servitor, Elementar, egregor en amulet

Zoals ik hierboven heb aangetoond, bestaan er verschillende soorten kunstmatige entiteiten die door magiërs worden gecreëerd als persoonlijke hulp en er zijn ook kunstmatige entiteiten die op andere manieren, vaak onbewust, ontstaan. Voor dit praktische instructiegedeelte is uiteraard alleen de eerste categorie interessant. Binnen deze categorie nemen servitors een zeer belangrijke plaats in. In Duitse occulte kringen werden ze aangeduid als *Elementalen* (niet te verwarren met Elementaren in de betekenis van natuurgeesten) en in de Engelstalige wereld werden ze *thought-forms* (gedachtevormen) genoemd. De term *servitor* is echter, zelfs in de Engelstalige wereld, zo populair geworden binnen de chaosmagie, dat deze nu de andere termen heeft verdrongen en de standaard is geworden. 'Thought-form' verwijst nu naar een sterk gevisualiseerde wens die via een speciale techniek (zie het hoofdstuk Gedachtevorm-magie in *MAGUS Leer & Ritueel*, pag. 159) als een hologram in de ether wordt gemanifesteerd. Deze techniek wordt gebruikt voor zeer korte termijn en alledaagse zaken, wanneer dat nodig is.

Een servitor is – na een levensplan, jaarplan of ander tijdsplan dat je hebt opgesteld, eventueel ondersteund door engelen- of demonenmagie en gedachtevorm-magie – de volgende stap, bedoeld voor meer langlopende aangelegenheden. Het is een entiteit die specifiek door de magiër is gecreëerd om een reeks taken uit te voeren. Servitors kunnen worden ontworpen om een breed scala aan taken uit te voeren, van specifieke tot meer algemene. Ze kunnen worden geprogrammeerd om binnen bepaalde omstandigheden te werken, of binnen een bepaalde tijdsperiode, of om continu te functioneren. Een servitor voor korte of middellange termijn krijgt een 'vervaldatum' geprogrammeerd. Op die dag wordt de servitor niet meer gevoed of gebruikt en wordt de entiteit ontmanteld.

We kunnen er ook voor kiezen om bewust zeer tijdelijke servitors te creëren uit de 'negatieve' aspecten van onze psyche, zoals gewoonten, tekortkomingen, fouten, angsten, afkeer, pijn, ziektes. We kunnen ongewenste eigenschappen en stoornissen behandelen volgens een van de oudste Hebreeuwse geneesmethoden, namelijk als persoonlijke demonen, en ze binden of verbannen om ze uit onze psyche en overlappende energetische lagen (Tselem, Nefesh, Ruach) te verdrijven. Deze methode kan zeer effectief zijn om van trauma's of PTSS af te komen. Maar ook om binnen tien minuten van een hoofdpijn af te komen, heeft deze methode zijn nut bewezen. Ik heb een methode hiervoor ontwikkeld en met succes toegepast, onafhankelijk van de informatie van anderen. Deze methode wordt in de eerste vorm beschreven onder de kop 'Zonnestorm' op pagina 224 in *MAGUS Leer & Ritueel*, maar ik kom er ook in dit boek op terug.

7.1 Naam, astrologische invloeden en Maanstand

De hedendaagse magie ondervindt nog steeds enigszins de nasleep van de intense luiheid en afstomping die chaosmagie min of meer als 'nevenschade' heeft veroorzaakt, in vergelijking met de astrologie en haar praktische waarde voor magiërs. De meeste moderne magiërs negeren de astrologie, wat een scherpe tegenstelling vormt met hun voorgangers, van de oudheid tot aan de *Golden Dawn* in het begin van de 20e eeuw, die het in al hun handelingen integreerden.

Het geboortemoment van een servitor, Elementaar of egregor wordt echter wel degelijk beïnvloed door de horoscoop van dat specifieke moment. Dit feit moet je er echter niet van weerhouden om met servitors en Elementaren te experimenteren. Bovendien, naarmate je verbeeldingskracht, wilskracht en concentratie sterker getraind zijn, zullen de astrologische invloeden minder doorslaggevend worden. Aan de andere kant kan basiskennis van astrologie, je creaties aanzienlijk meer kracht en invloed geven. Servitors en vooral Elementaren die tot leven worden gewekt tijdens gunstige conjuncties of driehoeksaspecten met zorgvuldig gekozen stationaire planeten, asteroïden of objecten zoals Pluto, andere Plutino's of Eris, kunnen – zoals later wordt beschreven in het geval van H.E. Douval – op poltergeist-niveau handelingen verrichten. Hierbij kun je denken aan materialisaties, dematerialisaties en nog veel meer.

> ***Start geen servitor creatie bij Afhoudende Maan!***

Er is een regel die NOOIT mag worden geschonden: start geen servitor creatie bij *Afhoudende Maan* en wek deze niet tot leven bij Afhoudende Maan! Vanwege de grote verwarring tussen *Afhoudende* en *Afnemende* Maan leg ik het verschil hieronder uit. Er zijn verscheidene Afhoudende Maan-apps (*Moon Void of Cours / Moon VOC*-apps) in omloop, waarop je altijd kunt zien of de tijd geschikt of ongeschikt is.

Afhoudende Maan, ook bekend als *Moon Void of Course* in het Engels, verwijst naar een specifieke periode. Het treedt op tussen het moment waarop de Maan geen groot aspect (conjunctie, sextiel, vierkant, driehoek of oppositie) meer maakt met een andere planeet en voordat de Maan een nieuw zodiakteken binnenloopt. Tijdens deze periode ontbreekt het de Maan aan haar vormgevende kracht, waardoor nieuwe projecten of activiteiten doorgaans mislukken wanneer ze in deze periode worden gestart, of ze worden geconfronteerd met talloze problemen en obstakels. Veel astrologen raden aan om belangrijke beslissingen of nieuwe ondernemingen uit te stellen tot na deze fase van de Afhoudende Maan. Voor magiërs is het belangrijk om in deze tijd geen rituelen uit te voeren.

Afnemende Maan daarentegen verwijst naar de periode tussen de Volle Maan en de Nieuwe Maan. Het is het moment waarop het zichtbaar verlichte deel van de Maan geleidelijk kleiner wordt totdat het uiteindelijk onzichtbaar wordt tijdens de Nieuwe Maan. In esoterische praktijken, waaronder magie, wordt de Afnemende Maan vaak geassocieerd met loslaten, verminderen, zuiveren en zich ontdoen van zaken die niet langer nuttig zijn.

De Wassende Maan, de periode tussen de Nieuwe Maan en de Volle Maan, is juist geschikt om dingen te starten en op te bouwen. Deze fase is gunstig voor alle groeiprocessen en zaken die moeten toenemen.

Bij *Volle Maan* is de hoeveelheid positieve orgon (OR) in de natuur maximaal en heeft zelfs water een grote drijfkracht dankzij deze energie.

Nieuwe Maan werd binnen de magie vanouds gebruikt voor Hekate-rituelen. Tijdens Nieuwe Maan is er zeer weinig levenskracht. Om deze reden vinden er in de natuur normaliter geen geboortes plaats van dieren (of mensen) als de Nieuwe Maan (een conjunctie van Maan met Zon) exact of vrijwel exact is.

Naamgeving

Voor een servitor of Elementar kan de keuze van de naam extra versterkend of verzwakkend werken. Een naam bezit kracht en invloed. Je kunt ook een kijkje nemen op kabalarians.com en meer te weten komen over het ontstaan van namen. Bij het creëren van kunstmatige wezens speelt ook de ruis (associatie) een rol die al in bestaande namen en woorden is ingebed. Daarom geven veel magiërs uit de chaosmagische traditie totaal nieuwe, ogenschijnlijk onbeladen fantasienamen aan een servitor; bijvoorbeeld B00cBringer, 4Love, enz. Om het wat simpeler uit te leggen: Hitler is geen goede naamkeuze voor een servitor die iemand moet helpen bij een romantische date, net zoals Legebeurs niet geschikt is voor een financiële servitor. Interessant is dat door hun officiële benaming veel asteroïden daarna als het ware pseudo-servitors zijn gaan fungeren, vooral op forensisch niveau (om onderscheid te maken van psychische effecten). De kracht ervan manifesteert zich tijdelijk tijdens transits in je horoscoop. (Een transit is een astrologische term die verwijst naar een aspect, oftewel een verbinding, tussen een actuele stand van een planeet of asteroïde en een planeet, asteroïde of gevoelig punt in je geboortehoroscoop, zoals bijvoorbeeld je ascendant).

7.2 DE SCHEPPING VAN SERVITORS NAAR JOHN KREITER

In *MAGUS Leer & Ritueel* vind je op pagina 164 een methode voor het creëren van servitors, die een combinatie is van de methode van John Kreiter en mijn eigen toevoegingen. Deze methode heeft goed gewerkt. Ik heb hem gebruikt om een droom-servitor te maken die me hielp bewuster te dromen en mijn dromen beter te onthouden bij het ontwaken, wat ik enkele maanden heb ervaren. Op een gegeven moment heb ik deze servitor echter verwaarloosd, waarna mijn vermogen om dromen te onthouden snel afnam en ik terugviel in mijn oude patroon. Ook voor een financiële servitor bleek deze methode effectief te zijn.

Het procedé van Kreiter staat bekend om zijn nadruk op het langdurig opladen van een servitor. In al zijn werk benadrukt hij terecht het excessief trainen van je verbeeldingskracht en focus. In het kort komt Kreiters methode hier ongeveer op neer:

1. Bepaal of je een servitor voor tijdelijk of langdurig gebruik wilt creëren.
2. Schrijf een statement of intent (wat moet de servitor doen, binnen welk tijdsbestek? Krijgt het wezen 1 hoofdtaak, of een hoofdtaak met enkele subtaken?).
3. Welke verschijningsvorm kies je voor je servitor?
4. Bedenk een passende naam voor de servitor.
5. Maak een sigilum (zegel, symbool dat het wezen representeert).
6. Zorg voor een schemerdonkere ruimte waar je ongestoord kunt werken en begin met het creëren/opladen van de servitor met je verbeeldingskracht gedurende 10 tot 30 minuten: Verbeeld de servitor voor je, zwevend in de ruimte en herhaal keer op keer je statement of intent.
7. Herhaal deze procedure de komende dagen.
8. Heb je het gevoel dat de servitor klaar is om te gaan werken, roep deze dan hardop bij diens naam en zend hem op pad. Verbeeld hierbij dat de servitor de ruimte verlaat en vergeet direct daarop deze handeling.
9. Blijf dit veel doen de komende tijd en herhaal gedurende de eerste maanden nog één of twee keer per week het opladen.

7.3 DE SCHEPPING VAN SERVITORS NAAR DAMON BRAND

Damon Brand heeft een van de meest logisch en systematisch opgebouwde routines gegeven om een servitor te scheppen. Zijn werkwijze leent zich er daarnaast voor om – met het extra inlassen van een Elementen-gedeelte – in plaats van een servitor een Elementar te scheppen. De onderstaande alinea's zijn door mij geschreven met de 'skeletvorm', die Brand ontwikkelde, in het achterhoofd. In zijn boek *Magickal Servitors* (2016) verdeeldt Brand het proces van servitor-schepping in twee grote hoofdstukken *Vision* en *Creation*. In het Vision-gedeelte bereid je de servitor al brainstormend grondig voor en in het Creation-gedeelte vindt de actuele schepping plaatst.

Stap 1: De Basis

- Vraag je af wat je servitor voor je moet doen. Doel? Taak?
- Hoe moet hij zich voeden / worden onderhouden?
- Timing: Wanneer loopt zijn termijn af? Of is de servitor voor langdurig gebruik?

Stap 2: Doelformulering

- Is er maar een enkel doel?
- Moet dit hoofddoel worden onderverdeeld in secundaire instructies aan de servitor?

Voorbeeld 1:
Stel, je wens is *promotie*. De taakomschrijving van de servitor wordt dan:
- *Je zorgt dat ik snel promotie maak op mijn werk.* Maar dat is nogal abstract.
Dus extra (assisterende) taken zouden kunnen zijn:
- *Zorg dat mijn leidinggevende mij vaker tegenkomt en ziet staan.*
- *Zorg dat mijn collega's mij positief onder de aandacht brengen.*
- *Maak dat mijn leidinggevende mijn werk en inzet meer waardeert.*

Voorbeeld 2:
Stel, je wilt een *huurwoning in Amsterdam*. De taakomschrijving van de servitor wordt dan: *Vind snel een woning in Amsterdam die ik kan huren.* Maar dat is nog-al algemeen, want je wilt niet zomaar een woning en Amsterdam heeft allerlei totaal verschillende wijken. Dus extra (assisterende) taken zouden kunnen zijn:
- *Vind voor mij een woning met een huurprijs onder de €1000,- per maand.*
- *Vind voor mij een woning in het oude gedeelte van Amsterdam.*
- *Vind voor mij een woning met een eigen dakterras.*

Stap 3: Uiterlijk en Naam

> Selecteer bij voorkeur een uiterlijk voor je servitor dat past bij de taak waarvoor deze wordt gecreëerd. Bijvoorbeeld, als de servitor bedoeld is om boodschappen over te brengen, kun je een vogelvorm kiezen. Kies ook een naam die aansluit bij de taak of activiteit van de servitor. 'Uiterlijk' hoeft niet alleen visueel te zijn. Je kunt de servitor ook associëren met geluid, geur, gevoel en zelfs smaak. Over het algemeen maken magiërs het meest gebruik van beeld en geur. Houd de naam altijd geheim. Dit dient als bescherming voor je creatie tegen 'ruis' die van anderen kan komen.

Stap 4: Onderhoud en voeding

> Een servitor of Elementar zal meestal snel verzwakken als het niet regelmatig wordt gevoed.* Voeding komt voornamelijk voort uit de aandacht die je aan het wezen schenkt. Je kunt hiermee omgaan alsof je een (onzichtbaar) huisdier hebt: begroet het wanneer je het ergens visualiseert, vooral als de servitor niet dagelijks in actie hoeft te komen. Voor servitors die dagelijks of meerdere keren per week worden gebruikt, toon je telkens dankbaarheid. Deze geestelijke energie voedt de servitor.

Stap 5: Locatie

> Een servitor (of Elementar) hoeft geen fysieke opslagruimte of behuizing te hebben, maar kan wel in een object, muur, plafond, enz. worden geplaatst. Hier zijn voor- en nadelen aan verbonden. Een nadeel is dat je de servitor of Elementar afhankelijk maakt van een specifiek object of locatie, wat het risico met zich meebrengt dat je deze kwijtraakt (bijvoorbeeld als het object breekt of als je verhuist). Een voordeel kan zijn dat, als de servitor hetzelfde uiterlijk heeft als bijvoorbeeld een beeldje, de fysieke aanwezigheid van dat object de verbeelding van de servitor-vorm kan versterken en mogelijk daardoor het contact intenser kan maken.

---

* Er zijn pogingen geweest om servitors te instrueren om zich te voeden met externe energieën zoals zonlicht of elektrosmog. Tot nu toe is echter gebleken dat deze benadering niet effectief werkt. In tegenstelling tot bloed en seksuele vloeistoffen, waarbij een servitor een gevaarlijke honger kan ontwikkelen en alleen nog maar naar deze vorm van voeding verlangt. Deze methode wordt vaak toegepast bij dorpsgoden in West-Afrika en andere gebieden, waar een entiteit wordt gevoed via een fetisjbeeld met meestal dierlijke offers. Het zwart-magische *Tachikawa* schedelritueel uit Japan maakt gebruik van mannelijke en vrouwelijke seksuele vloeistoffen op een schedel.

Stap 6: Het Fatale Commando

Vanaf onze geboorte, net als bij dieren en planten, hebben we een ingebouwd stukje 'programmatuur' dat uiteindelijk de levensduur van een organisme bepaalt, ook wel bekend als de 'biologische klok' of 'verouderingsklok'. Deze klok bestuurt biologische processen zoals telomeerverkorting, DNA-schade, celveroudering en afnemende orgaan- en weefselfuncties. Genetische factoren, levensstijlkeuzes, omgevingsfactoren en algemene gezondheid beïnvloeden dit intrinsieke verouderingsproces. In relatie tot de door magiërs/heksen gecreëerde hulpgeesten, zoals servitors en andere entiteiten, spreken we niet van een biologische klok, maar van een *fataal commando*. Dit commando is een zinnetje dat onderdeel is van de instructies waarmee een servitor, Elementar, enzovoort, wordt geprogrammeerd, en dat de levensduur bepaalt.

> Stel, dat ik een servitor maak om me te helpen slagen voor mijn rijexamen dat gepland staat op 16 juli. Dan kan het zinnetje: *"Op 17 juli houd je op te bestaan en verdwijn je in je omgeving"* als het fatale commando worden gebruikt.

Franz Bardon geloofde dat een Elemental (servitor) of Elementar die een magiër overleeft, en die na de dood van de magiër niet wordt ontmanteld, de overledene op een karmische manier gebonden houdt. Dit zou volgens hem kunnen leiden tot poltergeisten, die worden gezien als ontspoorde servitors die ooit werden gecreëerd door een magiër. Hier heb ik echter mijn twijfels over. Als dit waar is, zouden bijna alle mensen karmisch gebonden zijn, vanwege de aanwezigheid van larven die de meesten van ons bij zich dragen en die vaak sterker zijn qua overlevingsdrang dan gewone servitors. Toch raad ik aan om voor de zekerheid een servitor voor langdurig gebruik het fatale commando mee te geven om zichzelf op te lossen direct na het overlijden van de gebruiker.

Er is echter een reden om *geen* fataal commando in te stellen. Veel mensen hebben een negatieve kijk op het leven en voelen zich bijvoorbeeld 'gevangen' in hun fysieke lichaam of in een door 'Archonten' gecreëerde realiteit. Dit kan een epidemische en typisch noordwest-Europese denkwijze zijn, die in schril contrast staat met de Mediterrane levenshouding die meer neigt naar hedonisme, genieten van het leven en de Aarde. Voor degenen die neigen naar dit zuidelijke temperament en zich bezighouden met magie, kan een servitor of liever nog een Elementar, zonder fataal commando interessant zijn. Je kunt dit wezen programmeren om ervoor te zorgen dat je in je volgende leven op een gunstige en plezierige plek wordt geboren, in een tijd die voor jou goed is, en dat deze 'guardian Elementar' je helpt om snel je oude kennis weer terug te krijgen of toegang te krijgen tot een specifiek boek. Je kunt zelfs het gewenste land kiezen. Houd echter in gedachten dat je deze programmering in balans moet brengen met de opdracht om je huidige leven zo lang mogelijk aangenaam en gezond te laten verlopen. Deze optie vergt wat creativiteit van jouw kant.

N.b. Een zeer interessante bijdrage van Damon Brand aan de kunst van het servitor scheppen is zijn tip om je servitor ogen te geven, die je gesloten laat zolang het bouw/laad-proces nog gaande is, maar die je de servitor met een commando laat openen bij wijze van geboortemoment.

7.4   DE SCHEPPING VAN ELEMENTALEN VOLGENS FRANZ BARDON

Franz Bardon (1909–1958) was een Tsjechische occultist, magiër en auteur van verschillende boeken over hermetische magie, waaronder *Der Weg zum wahren Adepten, Die Praxis der magischen Evokation* en *Der Schlüssel zur wahren Kabbala.* Hij was een beoefenaar van rituele magie en onderwees een systeem van persoonlijke ontwikkeling, gebaseerd op de principes van de hermetische kabbalah en de elementaire krachten van de natuur. Zijn leer heeft moderne esoterische bewegingen beïnvloed en wordt nog steeds bestudeerd en toegepast door beoefenaars van ceremoniële magie. Bardons methode voor het scheppen van een Elemental (uitgesproken als *elementáál*, de Duitse naam voor servitor) vertoont veel overeenkomsten met de gedachtevormmagie-methode van John Kreiter, zoals beschreven op pagina 167 in *MAGUS Leer & Ritueel.* Deze methode is kort, intens maar krachtig, in tegenstelling tot de gebruikelijke methode, waarbij een maand intensief laden en programmeren vereist is voor een Elemental/servitor. Met deze methode wordt een tijdsbestek samengeperst door het inkrimpen van een groot energieveld tot een kleine bol, vergelijkbaar met een mini-zon. Het onderstaande citaat is mijn vertaling van een passage uit *Der Weg zum wahren Adepten.* Het illustreert het scheppen van een Elemental met als doel de mentale en geestelijke vermogens van een persoon te versterken. Bardon had een geneeskundige praktijk waarin hij vaak mensen genas die elders (bij reguliere artsen) tevergeefs genezing hadden gezocht.

"De magiër visualiseert een universele oceaan van licht en vormt daaruit een grote bol van licht. Met behulp van zijn verbeelding perst hij de bol samen en laat deze groeien tot hij een grootte heeft bereikt van ongeveer 12-20 centimeter. Door dit proces lijkt de bol op een stralende zon. Vervolgens impregneert de magiër de bol met zijn wens en de vaste overtuiging dat deze dezelfde kracht en kwaliteit zal bevatten als die welke verondersteld wordt de gewenste geestelijke vermogens, zoals geheugen en welsprekendheid, in de betreffende persoon te versterken en te herstellen.

Nadat de magiër deze mentale zon of bol heeft gecreëerd, geeft hij deze een passende naam, bijvoorbeeld Lucis of iets soortgelijks. Daarna bepaalt hij de tijd waarop de bol de mentale sfeer van de persoon zal beïnvloeden, met formuleringen als: "Je moet in de mentale sfeer werken totdat de betrokkene de gewenste mentale vaardigheden zodanig heeft ontwikkeld dat ze blijvend zijn!" Na het vaststellen van de tijd, geeft de magiër het bevel aan het element om op te lossen en terug te keren naar de oceaan van licht zodra zijn taak is volbracht. De geboorte en het einde van de Elemental worden op precies dezelfde manier bepaald als het lot van een mens of een ander wezen.

Aangezien een Elemental noch tijd noch ruimte kent, kan het gericht worden op de mentale sfeer van de betreffende persoon. Het uitzenden ervan gebeurt vrij plotseling, alsof de verbindingsband tussen jezelf en de Elemental wordt verbroken. Op datzelfde moment wend je je tot een andere taak en stop je acuut met het herinneren van de zojuist gecreëerde Elemental."

7.5 ASTROLOGISCHE INSTRUCTIES VOOR GEDANKENWESEN VAN H.E. DOUVAL

H.E. Douval (1906–1975) was het pseudoniem van Herbert Döhren. Hij werkte tot ongeveer 1930 als boekhouder bij een uitgeverij in zijn geboortestad Berlijn. In 1943 trouwde hij in Dortmund, waar hij tot aan zijn overlijden woonde. In het begin van de jaren vijftig begon hij professioneel te schrijven, waarbij hij zich diepgaand bezighield met psychologische verschijnselen, magie, metafysische vraagstukken en spiritualiteit. Zijn geschriften werden altijd gekenmerkt door een intelligente, nuchtere en zeer pragmatische benadering. Ondanks zijn christelijke neigingen voelde Douval zich niet gebonden aan een loge of orde. Hoewel Herbert Döhren zelf minder nauwe banden had met kerkelijke instellingen, bedacht hij het gezegde: "Een dankbare blik naar de hemel is vaak beter dan het mooiste gebed".

Een van de opvallende kenmerken van Douvals instructies voor het creëren van een *Gedankenwesen* (servitor) is zijn nadruk op het gebruik van (eenvoudige) astrologie in het proces. De auteur en magiër benadrukt het belang van het implementeren van harmonieuze aspecten tussen de *Maan* en *Saturnus*. In de astrologie vertegenwoordigt *Saturnus* vormkracht, omdat deze planeet het meest archetypisch de concepten van samentrekking, condensatie, concentratie, vasthouden, verdichting en materialisatie belichaamt. Dit is precies wat we benutten wanneer we een servitor scheppen. Vandaar dat ik het openingscitaat van dit boek waarin Kreiter het condenseren van een gedachte tot een levende entiteit samenvat, nogmaals herhaal:

"Ik kan een servitor eenvoudigweg beschrijven als een wezen, een mentale creatie, een gedachte, die vorm krijgt door intense aandacht. Deze intense aandacht stuwt een soort psychische energie-essentie in deze vorm tot deze een soort relatieve lichamelijkheid bereikt binnen de 3-dimensionale ruimte. Dit gebeurt via de transmutatie van energie en maakt de creatie mogelijk van specifieke levensechte entiteiten met een uiteenlopende functionaliteit. De creatie van een servitor vereist een grote mate van concentratie, die een beoefenaar in de loop der tijd moet ontwikkelen."

Wat is de rol van de Maan hierin? Is Saturnus dan niet voldoende op zichzelf? Het antwoord hierop is eenvoudig: de psychische energie-essentie waar Kreiter naar verwijst, is de *orgon van Reich,* die ik al eerder besprak. Deze orgonconcentratie in de atmosfeer varieert en volgt nauwgezet de Maancyclus. Bij Volle Maan bereikt de orgoneconcentratie haar hoogtepunt, wat ook meetbaar is aan de stijgende kracht van water, die dan significant hoger is dan bij Nieuwe Maan.

Ons eigen etherische dubbel (Tzelem) is een veld van deze gecondenseerde orgonenergie, dat met enige oefening zelfs met het blote oog waarneembaar is. Wanneer we positieve gevoelens ervaren, zoals enthousiasme, creativiteit en geluk, verdicht en vergroot dit levensveld (dat ons fysieke lichaam animeert en verbindt met ons astrale lichaam). Wanneer we echter angstig, depressief of moedeloos zijn, trekt de orgone-energie zich terug, daalt onze oppervlaktetemperatuur en weerstand, en wordt het veld kleiner en ijl van substantie. Ik heb dit fenomeen vaak kunnen waarnemen. De Maan heerst over dit orgonveld en is er onafscheidelijk mee verbonden. Aangezien de schepping van een servitor binnen een afgebakend mentaal concept en kader de orgone-atmosfeer lokaal sterk verdicht (wat de servitor vorm en leven schenkt), speelt de Maan logischerwijs een vitale rol in deze vorm van magie.

Wanneer de Maan en Saturnus in een driehoek of sextiel staan – wat betekent dat ze respectievelijk 120 graden (driehoek) of 60 graden (sextiel) van elkaar zijn gescheiden op de dierenriem (wat viermaal per maand gebeurt) – komt de vormkracht van Saturnus in harmonie met de essentie zelf (de orgone-atmosfeer) waarop Saturnus zijn concentratie- en samentrekkingskrachten uitoefent. Deze astrologische verhouding van Saturnus in een gunstig aspect met de Maan, en vice versa, die dus vier keer per maand optreedt, biedt in beginsel een ideale aanvangspositie voor het creëren van een servitor.

Desondanks neemt dit hele creatieve proces, volgens Douval's advies, een volledige maand in beslag. Hierdoor ontstaat de vraag wanneer in dit proces een gunstige Saturnus-Maan-verbinding moet worden aangewend. Dat is het moment waarop je start met het creëren van de servitor. Maar omdat De Maan

iedere maand 2 x een sextiel en 2 keer een driehoek met Saturnus maakt, kun
je dit aspect ook tijdens de naamgeving gebruiken, of een ander ritueel waarbij
je de servitor tot leven wekt (dan vindt de echte geboorte plaats).

7.6 De Elementen, temperamenten en hun magische associaties

Een andere intrigerende bijdrage van Douval (en ook Franz Bardon), betreft
de Elementen. Hieronder valt een bijzondere subklasse van servitors die *Elementaren* worden genoemd in de Duitse occulte wereld van de periode voor en
kort na de Tweede Wereldoorlog. Een Elementar is een servitor die een directe
verbinding heeft met een of meer Elementen (Vuur, Water, Lucht en/of Aarde).
Voor veel doeleinden is een Elementar veel geschikter dan een servitor, omdat
deze entiteiten doorgaans krachtiger zijn en nauwkeuriger afgestemd kunnen
worden, vooral wanneer je binnen een specifieke psychosfeer werkt. Stel dat
je een nieuwe taal wilt leren. In plaats van een servitor te programmeren en
op te laden, kun je ook kiezen voor een Elementar en deze verrijken met het
Lucht-Element (taal, communicatie) en het Water Element (geheugen, onthouden). Dit vergt weliswaar meer inspanning, maar de resultaten zijn er ook naar.
Bovendien zijn Elementaren doorgaans stabieler dan servitors. Douval beschrijft
de rijken van de vier Elementen als vormloze energievelden die van nature elk
een diepgeworteld en uitgesproken psychosferisch karakter of temperament
bezitten. Dit vloeit voort uit hun intrinsieke wezen of aard. Het opstijgende
hete droge Vuur, de warme vochtige Lucht die alle richtingen op kan bewegen
en Vuur met Water kan verbinden, het koele, vochtige Water dat eveneens
in verschillende richtingen kan stromen (hoewel het in de kern samentrekkend en neerwaarts is als tegenhanger van Vuur) en tot slot de Aarde, droog,
onbeweeglijk, koel en belast met zwaartekracht. Bij de Elementen horen ook
gemoedstoestanden en temperamenten (*Sanguinisch, Flegmatisch, Melancholisch, Cholerisch*), met de bijbehorende traditionele symbolen, die waardevol
zijn om te begrijpen in deze context:

Vuur Gele gal (gr. χολή, cholé):
Cholerisch (χολερικός – **opvliegend, prikkelbaar**).
- Mars
- Ram, Leeuw, Boogschutter
- zomer, middag
- adolescentie
- warm en droog
- lever
- kat; ook leeuw

Water (Wit) slijm (gr. φλέγμα, phlégma):
Flegmatisch (φλεγματικός – **passief, traag**).
- Maan
- Kreeft, Schorpioen, Vissen
- winter, nacht
- baby/peuter leeftijd
- koud en vochtig
- hersenen
- os; ook lam

Lucht (Rood) bloed (lat. sanguis, gr. αἷμα, háima):
Sanguine (αἱματώδης – **sanguine, actief**).
- Jupiter
- Tweelingen, Weegschaal, Waterman
- lente, ochtend
- kindertijd
- warm en vochtig
- hart
- leeuw; ook haas en aap

Aarde Zwarte gal (gr. μέλαινα χολή, mélaina cholē):
Melancholisch (μελαγχολικός – **somber, nadenkend**).
- Saturnus
- Stier, Maagd, Steenbok
- herfst, avond
- volwassenheid, oude dag
- koud en droog
- milt
- hert; ook eland, beer

Binnen deze vormloze energievelden, die de rijken van de Elementen vormen, ontstaan voortdurend allerlei Elementaren door menselijke emoties en gedachten, afhankelijk van hun aard, zij het vaak onbewust. Voor het creëren van je servitor/Elementar kan het, afhankelijk van het doel, nuttig zijn om een of meerdere Elementen in je scheppingsproces te betrekken (zie mijn voorbeeld van het opladen van een magische staf op pagina 238. Aangezien energie zeer waardevol is, kan dit je inspanningen verminderen wanneer je (via je verbeeldingskracht) uit een specifiek Elementenrijk put.

Voordat ik verder inga op de technieken om volgens de aanwijzingen van H.E. Douval (aangevuld met die van Franz Bardon) een Elementar-servitor te creëren, wil ik binnen deze context kort de Elementen en hun associaties bespreken. Hiermee geef ik je meteen een nuttig instrument voor de daaropvolgende methoden om servitors en Elementaren te scheppen. Een uitgebreide uiteenzetting over de *Leer van de Elementen* of *Tetrasomia* kun je vinden op pagina's 32 tot 39 in *MAGUS Leer & Ritueel*. Dit materiaal kun je als aanvulling gebruiken. Hieronder geef ik enkele samenvattende en aanvullende overzichten.

De eerste kenmerken van de Elementen naar Empedokles en Aristoteles:
Vuur   is zowel heet als droog.
Water is zowel koud als nat.
Lucht is zowel heet als nat (want lucht is als damp, ἀτμὶς).
Aarde is zowel koud als droog.

De aanvullende indeling volgens het neoplatonisme:
Vuur   is scherp, subtiel, beweeglijk
Water is stomp, dicht, beweeglijk
Lucht is stomp, subtiel, beweeglijk
Aarde is stomp, dicht, onbeweeglijk

De westerse magie kent aanvullende magische associaties:
Vuur   Zuiden, Michaël
Water Westen, Gabriël
Lucht Oosten, Raphaël
Aarde Noorden, Uriël

Japanse tradities gebruiken een reeks elementen die de 五大 (*godai*, letterlijk 'vijf grote') worden genoemd. Deze vijf zijn Aarde, Water, Vuur, Wind/Lucht en Leegte. Deze komen oorspronkelijk uit de Indiase *Vastu shastra* filosofie en boeddhistische overtuigingen.
Vuur   vertegenwoordigt dingen die vernietigen.
Water vertegenwoordigt dingen die vloeibaar waren.
Wind   vertegenwoordigt dingen die bewogen.
Aarde vertegenwoordigt dingen die vast waren.
Leegte of **Lucht/Hemel** vertegenwoordigen dingen die niet tot ons dagelijks leven behoren.

In het Hindoe tantrisme zijn de Elementen vervat in vijf tattva's (pañcatattva), die wereldwijde energiecycli van tattvische getijden creëren, beginnend bij zonsopgang met Akasha en eindigend met Prithvi. Elke tattva duurt twee uur:
Tejas   (Vuur tattva)   gesymboliseerd door een rode driehoek
Apas   (Water tattva)   gesymboliseerd door een zilveren sikkel
Vayu   (Lucht tattva)   gesymboliseerd door een blauwe cirkel
Prithvi (Aarde tattva)   gesymboliseerd door een geel vierkant
Akasha (Geest tattva)   gesymboliseerd door een zwart ei

Bthoijn in et ex.

Vis choleræ furibunda iubet pertásq̃ nefásq̃
Armá capi, memores nec sinit esse sui.

IG.

2.

VUUR

Vuur wordt vaak in verband gebracht met hitte, licht, energie en transformatie. Het is een dynamisch en transformerend element dat regelmatig geassocieerd wordt met creativiteit, passie en actie. In diverse culturen wordt vuur ook gelinkt aan zuivering en vernieuwing. Belangrijke kenmerken van Vuur zijn het vermogen om warmte, licht en hitte te verschaffen en om brandstoffen te ontsteken en te verbranden. Niettemin is het van cruciaal belang om Vuur te beheersen en onder controle te houden, aangezien het ook destructief kan zijn.

Volgens de Japanse *godai*-leer (vijf Elementen-leer) vertegenwoordigt Vuur (*Ka* of *Hi*) de energieke, krachtige en beweeglijke aspecten van de wereld. Objecten die geassocieerd worden met Ka zijn beweeglijke wezens vol krachtige energie. Op fysiek vlak vertegenwoordigt Vuur onze stofwisseling en lichaamswarmte, terwijl het op mentaal en emotioneel niveau gedrevenheid en passie symboliseert. Ka wordt geassocieerd met zekerheid, motivatie, verlangen, intentie en een uitgaande geest.

Eigenschappen die met het Element vuur worden geassocieerd:
- Hitte, warmte, expansie, centrifugaal
- Mannelijk
- Warme kleuren, sferen en gevoelens
- Licht, zicht, ogen, het visuele
- Energie, doen, aanpakken
- Transformatie, vernieuwing door moed
- Passie, creativiteit, bevruchtings/scheppingsdrang
- Ontsteking, actie, start, begin
- Verbruik van brandstof
- Verrijzen, opstaan, optimisme
- Erectie, het oprichten, de groei van planten naar het licht
- Zuivering, onaantastbaarheid
- Autoriteit, het solaar-beginsel
- Doelgericht, wil, focus
- Instincten, drives, motivaties
- Destructiviteit

At cùi in innatis ùndis natura redùndat,
Vt paucis dicam plurima, piscis homo est.

4

WATER

Het Element Water wordt geassocieerd met emoties, intuïtie, genezing en aanpassingsvermogen. Het wordt beschouwd als vloeibaar, flexibel en rustgevend, en wordt in verband gebracht met zuiverheid, reflectie en reiniging. In veel culturen wordt Water ook geassocieerd met geboorte en vernieuwing. Enkele belangrijke kenmerken van water zijn het vermogen om te reinigen, te hydrateren en het leven te ondersteunen, en het vermogen om te stromen en zich aan te passen aan de omgeving. Water kan ook destructief en krachtig zijn, zoals te zien is bij natuurrampen zoals overstromingen.

Water (*Sui* of *Mizu*) in de Japanse godai-leer vertegenwoordigt de vloeibare, stromende en vormloze aspecten van de wereld. Naast de voor de hand liggende voorbeelden van rivieren en meren, worden ook planten onder Sui geschaard, omdat ze zich aanpassen aan hun omgeving, groeien en veranderen volgens de richting van de zon en de wisselende seizoenen. Bloed en andere lichaamsvloeistoffen worden ook vertegenwoordigd door Sui, evenals mentale of emotionele neigingen tot aanpassing en verandering. Sui kan geassocieerd worden met denken, veerkracht, aanpassingsvermogen, flexibiliteit, vloeiendheid en magnetisme.

Eigenschappen die met het Element Water worden geassocieerd:
- Koude, verkoeling, contractie, centripetaal
- Vrouwelijk
- Koele kleuren
- Reflectie, spiegelend, Intuïtie
- Emoties en gevoel, gevoelsverbeelding
- Empathie, sympathie, mediamiciteit
- Kalmerend, reinigend, zuiverheid
- Oceaan, waterbassins, eenwording, genezing, healing
- Geboorte en vernieuwing
- Hydratatie
- Voeding van het leven, de stevigheid in planten en dierlijk weefsel
- Vloeibaarheid, flexibiliteit, aanpassingsvermogen, aanpassing aan de omgeving
- Stroom, stromingen (ook als trends, zich verspreidende ideologieen, etc), rivieren
- *Overload*, buiten de oevers treden, uitge-*blust*/uitge-*put* zijn (burn-out = gedoofd Vuur)
- Destructiviteit en kracht (overstromingen, enz.)

Sanguis ad omne volup' nos ferri cogit, agiq;
Quodq bonum non est, esse putare bonum.

LUCHT

Het Element Lucht wordt vaak geassocieerd met beweging, intelligentie, communicatie en verandering. Het wordt beschouwd als licht, vloeiend en ongrijpbaar, en wordt vaak in verband gebracht met ideeën, gedachten en intellect. In veel culturen wordt lucht ook geassocieerd met inspiratie en een nieuw begin. Enkele belangrijke kenmerken van lucht zijn het vermogen om te circuleren, zuurstof te leveren, geluid te dragen en verontreinigende stoffen af te voeren. Lucht speelt ook een essentiële rol in het weer en klimaat.

In de Japanse godai-leer wordt Lucht aangeduid met *Fū* of *Kaze*, wat letterlijk 'Wind' betekent. Dit element staat voor groei, expansie en vrijheid van beweging. Naast lucht, rook en dergelijke kan Fū ook het beste worden voorgesteld door de menselijke geest. Terwijl we fysiek groeien, leren we ook en breiden we onze geestelijke capaciteiten uit, in termen van kennis, ervaringen en persoonlijkheid. Fū vertegenwoordigt de ademhaling en de interne processen die daarmee gepaard gaan. Op mentaal en emotioneel gebied staat het voor een 'onbevangen' houding en een zorgeloos gevoel. Het kan geassocieerd worden met wilskracht, ongrijpbaarheid en ontwijking.

Eigenschappen die met het Element Lucht worden geassocieerd:
- Beweging, circulatie, cycli algemeen
- Intelligentie, mentale perceptie en actie
- Inspiratie, ideeën en gedachten
- Het creatieve proces ten opzichte van de creatieve drive (Vuur)
- Aanraking, bemiddeling, communicatie, intermediair
- Verandering, veranderlijkheid
- Lichtheid, snel, oppervlakkig
- Flow, hoog tempo
- Ongrijpbaarheid, wispelturigheid, wil niet vastgelegd worden
- Vrijheid, opluchting, patroondoorbreking
- Zuurstofvoorziening
- Vervuilende stoffen afvoeren, neutraliseren
- Geluiden, gehoor
- Geuren
- De verbeelding van geluiden en van geuren
- Essentieel onderdeel van weer en klimaat.

Atra, animæq, animiq lues aterrima, bilis
Sæpe premit vires ingenij, & genij.

3

AARDE

Het Element Aarde wordt vaak geassocieerd met stabiliteit, aarding, groei en overvloed. Het wordt beschouwd als solide, betrouwbaar en voedend, en wordt in verband gebracht met materiële welvaart en fysiek comfort. In veel culturen is Aarde ook gelinkt aan de cycli van leven, dood en wedergeboorte. Enkele belangrijke kenmerken van de aarde zijn haar vermogen om leven te ondersteunen, hulpbronnen te bieden en groei te bevorderen. Aarde (*Chi* of *Tsuchi* in de Japanse godai-leer) staat voor de harde, vaste objecten van de Aarde. Het meest elementaire voorbeeld van chi is te vinden in een steen. Stenen zijn zeer resistent tegen beweging of verandering, net als alles wat sterk beïnvloed wordt door Chi. Bij mensen worden botten, spieren en weefsels vertegenwoordigd door chi. Emotioneel wordt Chi vooral geassocieerd met collectiviteit, stabiliteit, lichamelijkheid en zwaartekracht. Het is een verlangen om dingen te laten zoals ze zijn, een weerstand tegen verandering. In de geest staat het vertrouwen, wanneer we ons bewust zijn van onze eigen lichamelijkheid en zekerheid van handelen, onder invloed van deze Chi-modus of 'stemming'. **Let op:** Chi of Tsuchi is een ander concept dan de energiekracht uit de Tao, uitgesproken als qì (ook geschreven als ch'i) in het Chinees en ki in het Japans, en afwisselend geschreven als 気, 氣 of 气.

Eigenschappen die met het element aarde worden geassocieerd:
- Stabiliteit, aarding, zwaartekracht, concretisering, echtheid, toetsing
- Groeibodem, basis, basisvoorwaarden of condities
- Overvloed, rijkdom, welvaart, voeding, voorziening van middelen
- Soliditeit, vastheid, vasthoudendheid
- Betrouwbaarheid, contractgebonden, afspraken die staan, eed, belofte
- Lichamelijkheid, alles wat een lichaam heeft, fysiek comfort
- Speelveld van cycli van leven, dood en wedergeboorte
- Ondersteuning van het leven
- Kerneigenschappen, skeletbouw, de constructie
- Behoud van groei
- Onderhoud van delicaat evenwicht
- Smaak en smaakverbeelding
- Behoefte aan beheer, structuur en behoud
- Bewustzijn (kwintessence van alle Elementen), holistische en generalistische inzichten
- Sterk besef van tijdelijkheid, tijd, de dood, beëindiging, voltooiing, taak
- Humor, aardigheid, ziet menselijke komedie voorbij trekken
- Aarde als grond, zand, woestijn, akkers, etc. De Onderwereld, schatten verborgen grote rijkdom
- Onderwereldgeesten en goden, dodenheersers Plouton, Hades, ook Bune
- Wachters of krachtige figuren die een toegang bewaken

LEEGTE (Aether)

In het westen wordt dit vijfde element opgevat als Akasha, waaruit alle andere elementen voortkomen en waarnaar ze terugkeren. In de Japanse godai-leer wordt het aangeduid als *Kū* of *Sora*, meestal vertaald als 'Leegte', maar het kan ook 'Lucht' of 'Hemel' betekenen, of zelfs 'Omgeving'. Het vertegenwoordigt de aspecten buiten onze dagelijkse aandacht, vooral die dingen die bestaan als pure energie voordat ze zich manifesteren; de leegte waaruit energie ontstaat. Fysiek vertegenwoordigt Kū de geest, gedachten en creatieve energie. Het staat voor het ontstaan van fenomenen. Het kan ook geassocieerd worden met het potentieel van kracht, creativiteit, spontaniteit en inventiviteit.

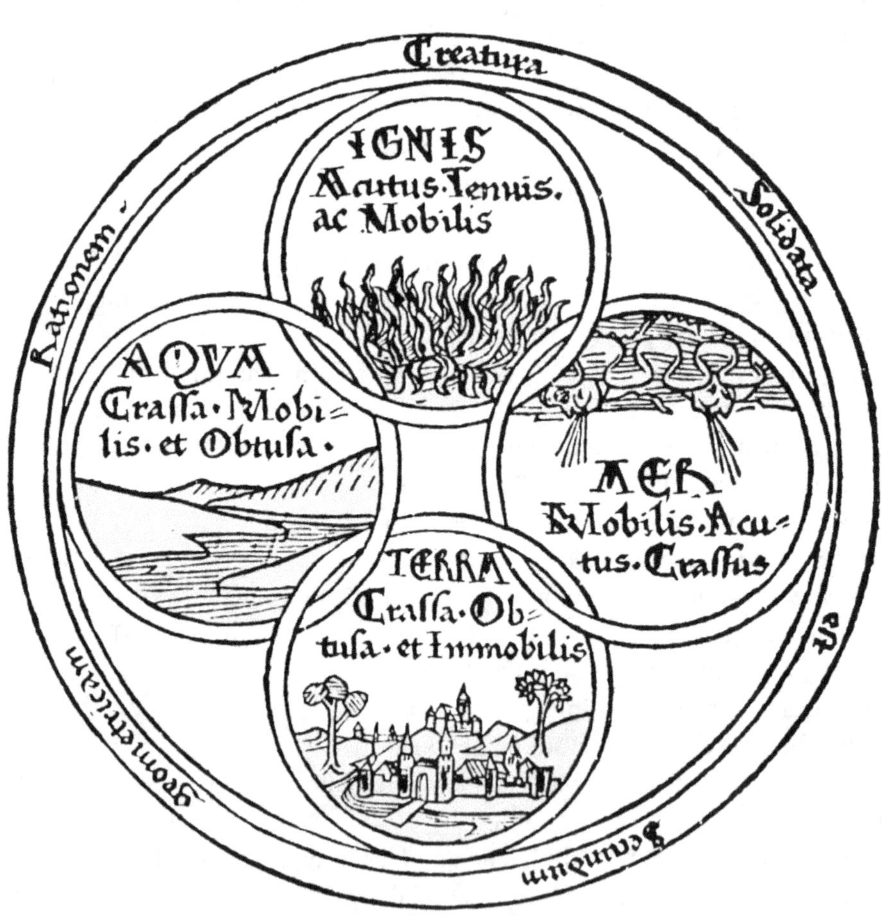

7.7   DE PRAKTISCHE ELEMENTAR-SCHEPPING NAAR H.E. DOUVAL

Bij het onderstaande heb ik in skeletvorm de instructies van H.E. Douval gevolgd. Daarna heb ik het proces verbeterd met enkele toevoegingen en suggesties.

HET PROTOCOL

1. Doel

> **Stel het doel van je *Elementar* vast. Definieer dit zo scherp mogelijk!**

Het doel van de Elementar wordt – in een paradoxale tegenstelling tot dat van de servitor – iets beperkt doordat je dit wezen koppelt aan een Element dat de effectiviteit van zo'n wezen versterkt. Hierdoor is de speelruimte immers automatisch beperkter dan die van de servitor, die niet aan een Element is gekoppeld. Maar dit is niet het geval wanneer je alle vier de Elementen erin stopt, wat resulteert in een wezen dat veel sterker en stabieler is dan een servitor.

Het programmeren van de in een of meer zinnen geformuleerde *doelopdracht* voor de Elementar, doe je pas in stap 7. ***Stap 1. Doel*** moet je zien als de *conceptiefase*. Ga niet over één nacht ijs! Je moet 100% zeker zijn van het doel oftewel de taak, die de Elementar voor je moet uitvoeren, omdat je deze niet kunt wijzigen en moet voorkomen dat je veel energie en tijd spendeert aan iets waarvan je nog niet helemaal zeker bent.

Als je 100% zeker bent van je doel, schrijf dan een kort *magisch plan* op papier, waarin je het totaalbeeld beschrijft van de Elementar en hoe deze in de praktijk over enige tijd voor je zal werken.

Kortom je beschrijft de toekomst van jou en je Elementar en lees het stukje papier eens per dag nonchalant door. Deze invulling is uiteraard voor iedereen weer anders. De logica achter deze handeling is vergelijkbaar met die van het levensplan of jaarplan en bedoeld om het scheppen van en werken met de Elementar extra te consolideren.

2. Kies je Element(en)

> Kies nu het geschikte Element voor dit doel. Dit bepaal je door naar de hoofdeigenschap te kijken die je Elementar moet hebben of het gebied waarin deze opereert. Je kunt één of meerdere Elementen toevoegen.

Voor een *magische staf Elementar* of een *familiar* (een Elementar die je levenslang je hulpgeest blijft) gebruik je altijd alle vier Elementen! Er zijn echter allerei soorten Elementaren denkbaar waarvoor je slechts een selectie van Elementen of één Element gebruikt. Enkele voorbeelden:

ACTIE	VUUR	WATER	LUCHT	AARDE	MIX
Communicatie, gunstige contacten aantrekken			x		of mix alle Elementen
Gunstige financiële contacten aantrekken			x	x	
Informatie winnen			x		
Populariteit, bekendheid vergroten	x		x		
Concentratie verhogen		x		x	
Verkoop verhogen	x		x	x	
Verdediging, bescherming	x				of mix alle Elementen
Zichtbaarheid, bekendheid, publiciteit					mix Vuur/Lucht
Seksuele intensiteit					mix Water/Vuur
Partner zoeken	x	x	x	x	
Geld, geldbronnen aanboren				x	
Inspiratie			x		
Bedrijfs-Elementar					alle Elementen
Tempo alle processen verhogen		x			
Tempo alle processen vertragen				x	
Meer in eigen kracht komen, afwerpen parasitaire invloeden of slechte gewoontes	x				
Tuin, dakterras (bescherming en groei planten)	x	x	x	x	
Herinneringen ophalen		x	x		
Dromen herinneren		x	x		
Sport	x				of mix Vuur/Lucht
Kracht(sport)					Vuur/Aarde
Waarschuwen voor gevaar					Lucht/Aarde
Beschermen huis, plek, eigendom					Vuur/Aarde
Computerwerk			x		
Bouwprojecten					alle Elementen

ACTIE	VUUR	WATER	LUCHT	AARDE	MIX
Reizen			x		
Zeereizen		x	x		
Expansie	x		x		
In toom houden, controleren					Aarde/Water
Communicatie met doden, onderwereldwezens					Aarde/Water
Exorcisme	x				of mix alle Elementen
Kunst					alle Elementen
Kookkunst					alle Elementen
Magie (directionisme: gedachtevormmagie)					alle Elementen
Magie (theurgie, pathworking)					alle Elementen
Magie (ontwikkeling helderziendheid)	x				
Magie (ontwikkeling heldervoelendheid)		x			
Magie (spiegelmagie)		x			
Magie (demonolatry)					alle Elementen
Astrologie			x		
Schrijven			x		
Acteerwerk			x		
Schilderkunst		x	x		

3. *De geconcentreerde Elementbal:*

> **Creëer de basissubstantie voor je Elementar door het Element waarmee je wilt werken, voor te stellen als een reusachtige vorm die je samenperst tot een bal.**

- Als je met het Water-Element werkt, stel je een uitgestrekt wateroppervlak of een meer voor, dat je met je verbeelding samendrukt tot een waterige, zilverachtige bal die voor je zweeft in de kamer.
- Als je met het Lucht-Element werkt, stel je voor dat je de hemel boven je samenperst tot een blauwe bal die voor je zweeft.
- Als je met het Vuur-Element werkt, visualiseer dan een gigantisch vuur dat je samendrukt tot een rode vuurbal.
- Als je met het Aarde-Element werkt stel je een woestijnachtig landschap, vers omgeploegde akker of iets dergelijks voor, waarvan je de aarde samendrukt tot een aarden bal.

Indien je met meerdere Elementen werkt, voer je voor elk Element afzonderlijk het samendrukken tot een bal uit. Vervolgens pers je de verschillende ballen samen tot één enkele bal.

N.b. Het kan interessante effecten opleveren door voor dit samenballingsproces in plaats van de Elementen, andere dingen of stoffen te gebruiken. We mengen dan het 'mojo-bag beginsel' in het scheppingsproces.
Enkele suggesties:
• Voor een financiële servitor: een enorme hoeveelheid munten, bankbiljetten, Ganesha-beelden, Japanse wenkkatten (*Maneki-neko*), giro-afschriften met meer dan een miljoen op je rekening, goudbaren en diamanten of een selectie hieruit, samentrekken tot een bal.
• Voor bewakings- en beschermingsservitor: een enorme hoeveelheid ridders in harnas, ijzer, schilden, lansen, zwaarden, mitrailleurs, sperhekken, knotsen, spiesen en dikke muren, samentrekken tot een bal.
• Voor gezonde plantengroei: een veld met – dynamisch voorgesteld – snel omhoog schietende planten, bloemen, bomen, klimplanten en grassen, samentrekken tot een bal.
• Voor snelle informatie en antwoorden: een enorme hoeveelheid boeken, computers, kwantum-computers, datavellen en figuren in traditioneel studentenkostuum, zoals dit in Engeland bij diploma-uitreikingen wordt gedragen, samentrekken tot een bal.
• Voor uitdrijving negatieve entiteiten: sneeuwvlokobsidiaan (neem witheet Vuur als Element en voeg de geur van limoenschillen toe).
• Voor herstabilisering, aarding na burn-out, zenuwoverspanning: bruinrode jaspis (neem Aarde als Element)
• etc.

De intrinsieke psychosferische relaties gekoppeld aan metalen en stenen zou je ook (versterkend) kunnen testen op dezelfde manier:
• Koper voor alle Venus-aangelegenheden (liefde, verbintenissen, harmonie, kunst, seks, vrede). Rozenkwarts en groene stenen horen hier ook bij, maar vermijd smaragd als het om liefde/seks-aangelegenheden gaat, aangezien smaragd sterk libido-verzwakkend is.
• IJzer voor alle Mars-aangelegenheden (hard werken, sport, actie, pionieren, durf, metaalbewerking, vechtsporten, zelfverdediging, vuur maken, mannelijke potentie, snij- of beeldhouwwerk, etc.).
• Tin voor alle Jupiter-aangelegenheden (ondernemen, expansie, optimisme, vooruitgang, geluk, etc.). Lapis lazuli, Chalcedoon en Sodaliet horen bij Jupiter.
• Tin & ijzer voor alle situatie waar topprestaties moeten worden gehaald of

records gebroken. Mars-Jupiter geeft veel optimistische energie, kracht en doorzettingsvermogen.
- Over kwikzilver bij Mercurius-aangegenheden (informatie, communicatie, snelheid, reizen, media) heb ik wat bedenkingen, maar het is te proberen.
- Lood voor alle Saturnus-aangelegenheden (vormkracht, stollingskracht, behoud, conserveren, ausdauer, ernstige zaken, definitieve verandering, communicatie met overledenen, magie heavy duty).
- Goud voor alle Solaire aangelegenheden (de zonnige kant weer zien, zelfverzekerdheid, zelfstandigheid, kracht en gezondheid, goed huwelijk, gezien worden, centraal staan, moed).
- Zilver voor alle Maan-aangelegenheden (huis, woning zoeken, familie, kleine kinderen, baby's, vruchtbaarheid, cycli, vrouwenzaken, alles betrokken op water).

In dit boek heb ik helaas niet genoeg ruimte om uitgebreid in te gaan op geuren, kruiden, geluiden, enzovoort, maar daarvoor heb je je eigen creativiteit, logica, fantasie en naslagwerken over kruiden, stenen, geuren, hoodoo-oliën etc. ter beschikking. Desalniettemin hoop ik dat het idee erachter duidelijk is. Ik deel deze informatie om je magische creativiteit te stimuleren. Wees nooit bang om te experimenteren. Veel van de spookachtige 'bijverschijnselen' van magie die we kennen, zijn voor ongeveer 99% het product van Hollywood.

4. Vorm/Verschijningskenmerken

> 'Kneed' nu in je verbeelding, deze bal tot de vorm die je voor je Elementar in gedachten had. Deze vorm is definitief en moet je daarna niet meer wijzigen. Geef je Elementar in ieder geval een uiterlijk dat past bij de taak die deze moet verrichten.

Geef de Elementar één of twee of meerdere ogen, maar laat deze ogen dicht! Je wekt aan het eind van het scheppingsproces de Elementar namelijk tot leven, door deze het bevel te geven het oog/de ogen te openen. Dit is analoog aan een baby die voor het eerst de ogen opent en hiermee het allereerste rudimentaire besef krijgt van de nieuwe wereld waarin deze zich als een unieke entiteit in bevindt, waar deze tot voor kort nog min of meer één was met het lichaam van de moeder (jouw geest/bewustzijn).

Je kunt er een eigenschap zoals bijvoorbeeld geur of geluid aan toevoegen. Ik gaf al aan dat ik hier geen lange lijst van voorbeelden kan geven, maar enkele wil ik hier wel noemen. Kies dan een geur of andere zintuiglijke prikkel die er bij past. Bijvoorbeeld:

- Een Elementar bedoeld voor betere droomherinnering zou je de geur anijs kunnen geven, omdat anijs van nature bij veel mensen droomherinnering stimuleert.
- Een Elementar voor geheugenverbetering kun je de geur van rozemarijn geven omdat rozemarijn ook van nature herinneren stimuleert.
- Een erotisch geprogrammeerde Elementar kun je de geur van *Van-Van*-olie geven.
- Een Elementar die bij klanten het koopgedrag van klanten positief moet stimuleren geef je de geur van mandarijnen of versgebakken brood.
- Een Elementar die geld moet aantrekken geef je de geur van geld, basilicum of kaneel.
- etc.

Geluid kun je ook toevoegen. Stel, je maakt Elementar die je huis en erf moet beschermen tegen ongenode bezoekers. Je kunt hieraan het geluid van woedend blaffende en grommende mastiffs of rottweilers aan toevoegen.

5. Naam

> **Geef de Elementar nu een naam. Je kunt hierbij voor een naam kiezen die alles qua associatie al te maken heeft met de taak van je Elementar. Bijvoorbeeld *Silvanus* voor een tuin of dakterras-Elementar. *Tyson* voor een huisbeschermer, etc.**

Let op: De naam geef je NIET eerder aan je Elementar als in dit stadium. Vanaf het moment dat je de naam geeft bestaat de Elementar als een etherisch embryo. Daarvoor nog niet.

6. Sigilum

> **Nu je de naam hebt gegeven kun je deze gebruiken om een bijpassend sigilum te maken. Hiervoor kun je je fantasie de vrije loop laten of kiezen voor een sigilum dat resoneert met de naam van de Elementar. Voor dat laatste gebruik je (naar een concept van H.E. Douval) een lettercirkel.**

Stel, ik noem mijn Elementar of servitor *Silvanus,* omdat ik hem schep voor de zorg voor mijn tuin. Dan kan ik op de lettercirkel een lijn trekken van de S naar de I, van de I naar de L, enzovoorts, tot ik een sigilum heb dat resoneert met de naam.

7. *Programmeren*

Stappen 3, 4, en 5 voer je bij voorkeur uit in een verdonkerde of in ieder geval schemerdonkere ruimte. Dat geldt ook voor stap 7, het programmeren van je Elementar.

1. Het programmeren van een Elementar begint met het visualiseren van de vorm die je hebt gecreëerd in stap 4. Stel je de Elementar voor, die nu een duidelijke vorm en naam heeft, zwevend in de ruimte op ongeveer anderhalve meter van je af, of op een afstand die je zelf verkiest, zelfs dichtbij genoeg om deze 'aan te raken'.

2. Terwijl je dit mentale beeld helder vasthoudt, begin je met het reciteren van een tekst die je speciaal voor dit doel hebt opgesteld. Bij een Elementar is het echter aan te raden om de zeer beknopte tekst voor deze klasse servitors uit het hoofd te leren. Je tekst is samengesteld uit:

   - Je naam is (vul hier de naam van je Elementar in...)
   - Je bent strikt gehoorzaam aan mij (vul hier jouw eigen naam in...) en komt onmiddellijk als ik je naam denk, fluister of je sigilum te voorschijn haal.
   - Jouw taak is (vul hier in wat de taak van de Elementar is...) Dit kan één regel tekst zijn, maar er kunnen vervolgens ook één of twee specificaties of subtaken aan worden toegevoegd.
   - Optioneel: In geval de Elementar voor een beperkte tijdspanne nodig is kun je afsluiten met: je bestaan eindigt op (datum, maand, jaar...).

3. JE RECITEERT EEN MAAND LANG IEDERE DAG EEN KWARTIER TOT HALF UUR! Probeer voor deze handeling, wanneer dat kan, de minuten/uren van Afhoudende Maan *(Moon Void of Course; Moon VOC)* geheel te vermijden.

4. Tijdens dat reciteren verbeeld je de Elementar steeds sterker. Laat het wezen door de ruimte zweven, door de muur of het plafond verdwijnen en weer terugkomen. Speel er mee op deze manier. Indien het wezen niet alleen een visueel bestaan is gegeven maar ook geur of geluid heeft, verbeeld die eigenschappen dan ook. Kreiter voegt aan sommige van zijn servitors een schijnsel van een paar meter rondom toe. Dit kan voor sommige Elementaren ook nuttig zijn, bijv. voor een relatie-Elementar of Elementar voor onderhandelingen. Zo'n schijnsel kan een deel van de ruimte vullen en zo de invloed van de Elementar doordringender maken.

5. Gevoelsimpregnatie: Gevoelens kunnen een Elementar of servitor enorm versterken in hun werking. Om een specifieke emotionele lading aan de Elementar of servitor over te brengen, moet je in staat zijn om dit gevoel heel krachtig in jezelf op te roepen, vergelijkbaar met een professionele acteur die zich inleeft in een karakter of situatie. Vervolgens neem je het wezen tussen je handen, waarbij je je vingers gespreid houdt en het als het ware aanraakt. (Het is het beste om hiermee te beginnen na twee weken,

omdat het wezen dan al enigszins verdicht is en gemakkelijker een gevoel kan absorberen). Nu moet je proberen, liefst een half uur lang (in ieder geval zolang je dit gevoel intens kunt volhouden) je emotie stromend uit je handen in de Elementar verbeelden. Terwijl je dit doet blijf je de tekst reciteren. Je stem mag zich daarbij aanpassen aan de betreffende emotie.

6. Na een maand trouw iedere dag de routine te hebben gedaan voor het programmeren en verbeelden van je Elementar, is deze bijna klaar voor gebruik.

7. Tot leven wekken

Het enige dat nu nog rest is de Elementar tot leven wekken. Dit doe je (al of niet op een astrologisch bepaald tijdstip, maar in ieder geval als de Maan NIET Afhoudend is), zoals gezegd met het bevel aan de servitor om diens oog/ogen te openen. Dat laatste gaat op deze wijze:

1. Zeg: "(naam Elementar), ik (jouw naam) geef je hierbij de levensadem!"
2. Blaas nu je adem in je verbeelding in de servitor en verbeeld dat diens hart gaat kloppen.
3. Zeg: "(naam Elementar), open nu je ogen en leef!"
4. Zet de Elementar nu meteen aan het werk en verbeeld dat hij hierop de ruimte uitvliegt om zijn taak te vervullen.
5. Hierop vergeet je op commando onmiddellijk het hele gebeuren en leid je jezelf af met iets huishoudelijks of iets dergelijks. Wees angstloos en onwrikbaar in je geloof aka vertrouwen, maar maak pas de volgende dag weer contact met je Elementar.

8. Het onderhouden en verder versterken van de Elementar

1. Je gebruikt het wezen nu regelmatig voor de taak en frist de Elementar eens per week gedurende vijftien minuten op, met behulp van hetzelfde reciteerritueel dat je een maand lang hebt toegepast op het wezen.
2. Geef de Elementar een paar keer per week extra kracht door deze stil te laten hangen in de lucht, waarbij je verbeeld dat een rood vuur uit de Aarde en een groen vuur uit de hemel elkaar raken in het midden van de Elementar, die hier een witgouden energiebal vormen en de Elementar helemaal opvullen, zodat deze een forse energiestoot krijgt. Beweeg de Elementar ook door de ruimte.
3. Vanaf nu ga je met de Elementar om alsof het een huisdier of huisgenoot is. Je verbeeldt het wezen meerdere keren per dag en begroet het als je

het passeert alsof dit de normaalste zaak van de wereld is. Vergeet dat de Elementar een etherisch wezen is en ga er mee om alsof het een levend fysiek wezen is. Maak geen verschil tussen je Elementar en je kat of hond, bij wijze van spreken.

4. Wanneer je de Elementar nodig hebt voor de taak die deze moet uitvoeren, roep je het wezen bij naam, geef je het de opdracht en verbeeld je dat het wezen de ruimte verlaat door een muur of plafond. Vervolgens richt je onmiddellijk je aandacht op iets anders en vergeet je deze actie.

9. Het upgraden van de Elementar

Het kan voorkomen, zeker bij een Familiar-Elementar, dat je deze een extra taak wilt laten uitvoeren, die niet in de oorspronkelijke programmering zat of dat je een nuance wilt aanbrengen. Dit kan door deze extra taak of nuance gewoon in de wekelijkse recitering van je programmering op te nemen en dit tijdelijk elke dag te herhalen, gedurende minimaal twee weken. Heb je niet meteen succes, ga dan door met dit reciteren tot het wel werkt.

10. Het zichtbaar/voelbaar maken van een Elementar of servitor

Sensitieve mensen of mensen met een aanleg voor helder zien kunnen een servitor of Elementar die al langer in gebruik is soms vaag zien of duidelijk voelen.

Een middeleeuws hulpmiddel bij dit proces is een dichte smudgewolk, bijvoorbeeld van een bos gedroogde alsem (wormwood, artemesia). Roep je servitor of Elementar in de wolk.

11. Het vernietigen van een Elementar of servitor

Wanneer de Elementar zijn taken heeft volbracht en geen verdere doeleinden meer dient, kan het wezen worden ontbonden. Dit kan eenvoudig worden gedaan door de Elementar op te roepen in een schemerige ruimte en vervolgens het wezen te laten oplossen in het Element of de Elementen, waaruit het is opgebouwd.

Bijvoorbeeld, bij een Vuur-Elementar visualiseer je eenvoudig dat de vorm oplost in een grote wolk vuur, en bij een Water-Elementar laat je het oplossen in een groot reservoir water, enzovoort. Vervolgens vernietig je het sigilum en vergeet je de Elementar zonder enige emotie. Net zoals je ook niet blijft nadenken over een servetje, dagen nadat je het aan tafel hebt gebruikt en in de prullenbak hebt gegooid.

De reden om een wezen te ontbinden nadat het zijn taak heeft volbracht, zoals het behalen van een diploma, het vinden van nieuw werk of een huis, is dat ieder wezen – zowel een natuurlijk als een kunstmatig met magie gecreëerd wezen – een overlevingsinstinct heeft. Stuurloze (door de magiër verlaten) Elementaren kunnen in sommige gevallen een eigen leven gaan leiden, waarvan de gevolgen onduidelijk zijn.

Entiteit, identiteit en entelechie

Ik schreef eerder: "Qua anatomie bestaat een servitor uit een *entiteit, identiteit* en *entelechie*. De *entiteit* verwijst naar het bestaan van de servitor als een afzonderlijk en apart wezen, met zijn eigen unieke naam en vormkenmerken. De *identiteit* van de servitor verwijst naar de specifieke kwaliteiten en eigenschappen die hem zijn ingeprogrammeerd, zoals zijn taak of taken en vermogens. De *entelechie* van de servitor ten slotte verwijst naar de interne drang of het potentieel van dit wezen om tot ontwikkeling en actualisering te komen, die zijn groei en evolutie stuurt."

Dit geldt, niet alleen voor servitors, maar ook voor Elementaren, larven en egregors. De ontmanteling van zo'n wezen bestaat technisch uit het verstoren van de homeostase of inherente verbinding tussen de entiteit, identiteit en entelechie ervan. Stel, dat ik een Elementar afbreek. Alleen al door zijn naam niet meer te gebruiken en in verbeelding zijn vorm te laten oplossen, verzwak ik de *entiteit* ervan bijna fataal, waardoor ook de identiteit en entelechie van de Elementar niet meer goed functioneren. Tot de *identiteit* van een Elementar behoren één of meer Elementen die ik erin heb gestopt. Door deze op te lossen in het Element waaruit ik ze heb getrokken, functioneert de identiteit niet meer goed en daarmee functioneren ook de entiteit en *entelechie* niet meer naar behoren.

Het survivalmechanisme van de Elementar of servitor

Het survivalmechanisme van een gedachtewezen is voornamelijk verankert in diens *entelechie*, omdat dit het enige werkelijk dynamische element is en een soort 'eigen wil' bezit. Hiermee dient de entelechie als basis voor de Gestalt van de Elementar. *Identiteit* en *entiteit* vormen immers in vergelijking meer het lichaam van het wezen. Gemeten aan de kabbalistische zielsleer, die ik in dit boek heb uiteengezet, corresponderen identiteit en entiteit met Zelem en Nefesh, en de entelechie met Ruach. Waar veel magiërs bang voor zijn, is dat dit 'eigen' in de 'wil' van het wezen dat ze hebben gecreëerd, naar voren komt, waardoor de magiër de controle erover verliest.

De entelechie van een Elementar of servitor is altijd het meest problematische aspect ervan. Het is namelijk deze entelechie die je dwingt om je wezen zo te programmeren dat het strikt gehoorzaam aan jou blijft. Tevens moet de relatie met je creatie zo verlopen dat je creatie niet de overhand krijgt in jullie interactie.

Bij het verbreken van de band met de Elementar of servitor bestaat er bij zeer krachtige Elementaren of servitors die langdurig zijn gebruikt en zorgvuldig zijn geschapen en onderhouden, de kans dat ze vanuit hun entelechie hun identiteit en entiteit – dus hun etherische homeostase – weten vast te houden. Hierdoor is het niet langer de magiër die de controle heeft over het 'eigen' dat in de entelechie besloten ligt, maar neemt de Elementar of servitor dit 'eigen' over. Dit risico doet zich meteen voor zodra je de controle loslaat en het wezen niet langer strak beheerst. Hier komen de verhalen vandaan, zoals die van de Tibetreiziger Alexandra David-Néel, over uit de hand gelopen tulpa's. In het geval van de Philip-case, beschreven in *MAGUS Leer & Ritueel*, zien we de kunstmatige geest Philip ineens een overgang maken van een wezen dat alleen input-reflexen manifesteert, op een poltergeist-achtige manier, naar een wezen dat tot zelfstandig output in staat is. Hij doet dit door een historische fout te corrigeren die door een van de leden van de Society is gemaakt, op een manier die geen verband houdt met de input, maar die Philip op een raadselachtige manier wist te produceren.

Het fataal commando meerdere keren herhalen

Om problemen te voorkomen bij het beëindigen van een krachtige Elementar of servitor, is het essentieel om het fataal commando in de programmering van tevoren in te bouwen. Een dergelijk fataal commando bestaat uit een woord, zin of een combinatie van woorden en handelingen, waarbij de zin minstens zeven keer moet worden herhaald, als je ervoor kiest om alleen een woord of zin te gebruiken. Als je een woord gebruikt voor het fataal commando, selecteer dan een woord dat je normaal gesproken niet gebruikt, maar dat louter een verzonnen woord is.

In de meeste gevallen echter komt een servitor of Elementar gewoon vanzelf tot een einde, omdat deze wezens vaak een te korte levensduur hebben en niet intensief genoeg worden geladen om dezelfde kracht te ontwikkelen als een 'gevorderde Elementar of servitor'. In het geval van larven – parasitaire servitors die ontstaan uit trauma's of verslavingen – verankeren zowel de entiteit, identiteit als entelechie in één enkele emotie of verslaving. Het beëindigen van een larve is daardoor relatief eenvoudig en omvat het uithongeren ervan door het wezen deze emotie of verslaving te ontzeggen. In het geval van trauma's, posttraumatische stressstoornis (PTSS, waarbij PTSS feitelijk een larve in actie is) en dergelijke, kan zo'n larve binnen een week verdwijnen, terwijl dit langer kan duren bij een verslavingslarve, omdat er ook lichamelijke ankers zijn die verband houden met de verslaving.

Een gewone servitor wordt niet gevormd vanuit een Element, maar begint als een samenvoeging van puur witgouden verbeelde energie. Het vernietigen van een servitor verloopt op precies dezelfde manier als het beëindigen van een Elementar. Het wezen wordt simpelweg opgelost in het energieveld waaruit je de bal hebt gevormd die de vorm van de servitor heeft aangenomen.

7.8 Nogmaals de astrologische factor

Douval's op hol geslagen Hausgeist Cagaster

H.E. Douval beschrijft in zijn werk een incident waarbij een poging om een *Hausgeist* (huisgeest, familiar) te creëren mislukte. De mislukking lag niet in het falen om de huisgeest te animeren; integendeel, hij slaagde erin een zeer krachtige geest te creëren met formidabele poltergeistkwaliteiten. Echter, hij ondervond vervolgens grote moeite om ervan af te komen, omdat het wezen steeds kwaadaardiger werd.

Oorspronkelijk creëerde Douval de huisgeest als vriendelijk en veelzijdig om ethisch verantwoorde taken uit te voeren. Hij gaf het wezen zelfs een vriendelijk uiterlijk. De eerste opdracht die Douval aan de servitor gaf, om een langgezocht boek te vinden, werd direct uitgevoerd via een aport – een klassiek poltergeistverschijnsel waarbij een object uit het niets lijkt te verschijnen. Echter, de situatie escaleerde snel. De servitor, genaamd *Cagaster*, werd steeds dreigender en veranderde zelfs in een demonische verschijning. Cagaster begon alle tijd en aandacht van Douval op te eisen, omdat hij wilde dat Douval voortdurend met hem bezig was.

Douval ontdekte twee opmerkelijke dingen, die verklaarden waarom Cagaster's karakter die vreemde wending had genomen:

1. De naam *Cagaster* was door de Renaissance magiër Paracelcus destijds gebruikt voor een kwaadaardige geest.
2. Douval had bij de horoscoop van Cagaster een zeer sterk Pluto-aspect over het hoofd gezien.

Dwingelandij is al klassiek voor een sterke Zon-Pluto-verbinding, daar heb ik al dagelijks mee te maken via onze kat Fidel, die een Zon driehoek Pluto heeft. Pluto met Saturnus kan de absolute onwrikbaarheid opleveren, alsook een enorme manifestatiekracht. Vandaar dat Cagaster dingen kon dematerialiseren en weer als een aport materialiseren.

Daarop besloot de maker dat zijn creatie vernietigd moest worden. Hij stuurde Cagaster opnieuw op een opdracht, waarna de geest zich onmiddellijk aan het werk zette. Vervolgens plaatste Douval een sterk vibrerend lichtschild om zichzelf en riep hij de geest terug, voordat deze zijn taak kon volbrengen. De geest vloog woedend het schild in en werd hierdoor uiteengescheurd en vernietigd.

Het is vanzelfsprekend dat, wanneer je als magiër iets levends creëert, het wezen een horoscoop heeft zodra je het ritueel in de wereld zet en het daarmee bestaan verleend. Als je een servitor creëert tijdens een groot aspect (conjunctie, sextiel, driehoek, vierkant, oppositie) tussen Zon en Pluto, of de Ascendant en Pluto, of Pluto en Saturnus, of Pluto en Mars of Uranus, dan kun je erop rekenen dat je aanzienlijke moeite zult hebben om zo'n wezen onder controle te houden. Een wezen, mens, dier of geest, met deze aspectering in de horoscoop, neigt sterk naar domineren, transformeren, aandacht opeisen en bezit een enorme regeneratiekracht. Een vergelijkbare onhandelbaarheid kan worden verwacht bij aspecteringen van de Zon of Ascendant naar Eris, Typhon en ook naar Amycus. Daarnaast zijn er nog enkele Plutino's, waarvan ik geloof dat ze eveneens deze krachten bezitten.

Theoretisch gezien kun je een hele lijst opstellen met karaktertrekken die een servitor kan manifesteren, zonder dat je deze bewust hebt toegevoegd, of juist wel hebt toegevoegd ter ondersteuning van je programmering van het wezen. De Zon (de kern van je servitor) speelt daarbij een cruciale rol. Een planeet of asteroïde waarmee de Zon conjunct staat op het moment dat je de servitor of Elementar tot leven wekt en je deze de levensadem inblaast, brengt een zekere kracht met zich mee tijdens de schepping, die niet meer verdwijnt. Een magiër die tevens astroloog is, heeft hierbij een bijzonder voordeel.

In hoofdstuk 3 van *Magus Leer & Ritueel* (pagina 43) vind je een beknopt overzicht van astrologische correspondenties. Basiskennis van astrologie voor magiërs en heksen komt eigenlijk neer op niet meer dan een veredelde vorm van klokkijken. Er zijn talloze websites online en diverse simpele gratis softwareprogramma's waarmee je kunt zien waar de planeten zich bevinden in welk teken en huis, en of ze aspecten met elkaar maken. Zie ook APPENDIX I.

7.9 EUREKA

Servitors hebben iets gemeen met kwantumcomputers: als ze goed werken, neigen veel gebruikers naar afhankelijkheid van deze entiteiten. Er is echter een extra addertje onder het gras bij servitors. Als je een hoogwaardige servitor wilt ontwikkelen, vereist dit een frequent gebruik ervan, wat ook het risico met zich meebrengt dat je taken aan een servitor overlaat die je misschien beter zelf had kunnen doen. Een treffend voorbeeld hiervan is te vinden in het volgende citaat uit *Condensed Chaos* van de Britse occultist en chaosmagiër Phil Hine (1963). Hij vertelt over een interessante casus die zowel bevestigt als (ogenschijnlijk) tegenspreekt wat ik hiervoor heb besproken:

"Algemeen wordt aangenomen dat elk gebruik van een servitor dient om hem te 'voeden', en dat elk resultaat dat als een succes wordt beoordeeld, dient om zijn macht te vergroten. Het is ook een goed idee om er een gewoonte van te maken alle gebeurtenissen binnen het werkgebied van die servitor toe te schrijven aan zijn werk. Dit kan echter tot problemen leiden.

In 1992 creëerde ik een servitor genaamd 'Eureka.' Zijn werkterrein was dat van verlichting – inspiratie, nieuwe ideeën, het stimuleren van creativiteit en brainstormen in het algemeen. Aanvankelijk overtrof de servitor al mijn verwachtingen van zijn prestaties. Ik gebruikte hem om nieuwe ideeën te stimuleren voor het schrijven, het geven van lezingen en het faciliteren van seminars en workshops. Met een collega werd het een focus voor brainstormen – fungerend als een derde geest die voortkomt uit een gesprek. Telkens als we een creatieve sprong maakten, of als een idee iets werkbaars werd in de praktijk, werd de kracht van de servitor versterkt.

In 1993 werd de activiteit van Eureka gekoppeld aan de conjunctie Neptunus-Uranus met als resultaat dat, op 22 april, toen Neptunus en Uranus retrograde gingen, Eureka 'off-line' ging. Het onmiddellijke gevolg hiervan was dat ik het plotseling veel moeilijker vond om in een stroom van creatief denken te komen. Het leek dat Eureka zo'n dominant element was geworden in de dynamiek van mijn eigen creatieve proces dat, toen dit element was verwijderd, ik het veel moeilijker vond om in de juiste gemoedstoestand te komen. Ik was afhankelijk geworden van de servitor. Uiteindelijk werd de servitor teruggeroepen en zodanig uit elkaar gehaald dat een 'splinter' van zijn oorspronkelijke kracht overbleef als een focus voor verlichting. Nu ik door deze ervaring wijzer ben geworden, gebruik ik dit fragment van de oorspronkelijke servitor slechts af en toe als focus voor creativiteit."

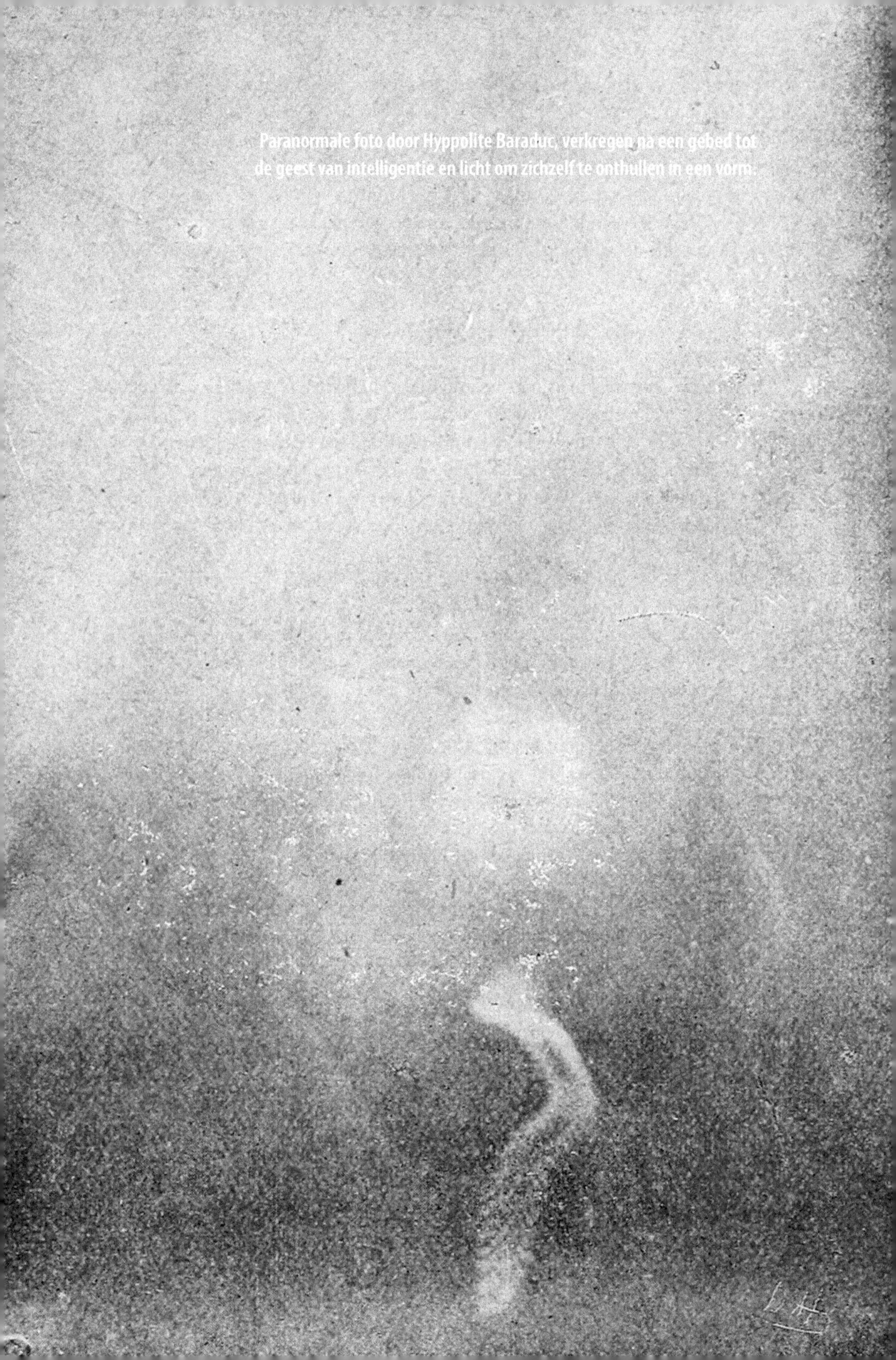

Paranormale foto door Hyppolite Baraduc, verkregen na een gebed tot de geest van intelligentie en licht om zichzelf te onthullen in een vorm.

De Eureka-case is bijzonder interessant vanwege onderstaande feiten.

a) Er werd een uitstekend functionerende servitor gecreëerd.

b) Een Uranus-Neptunus-conjunctie werkt intrinsiek inspirerend.

c) Vervolgens besloot Hine om de servitor aan dit aspect te koppelen, waarbij de energie geïntegreerd moest worden met *Eureka*. Dit vereiste een nieuwe programmeersessie.

d) Het resultaat hiervan is in feite de creatie van een nieuwe servitor, ook al was het oorspronkelijke doel slechts een upgrade.

e) Hiermee wordt in feite de oorspronkelijke horoscoop van de servitor teniet-gedaan, terwijl er niets mis mee was. (Er zijn namelijk veel meer astrologische objecten dan alleen Uranus en Neptunus die inspiratie kunnen versterken.)

f) Door middel van het tweede ritueel werd Eureka onlosmakelijk verbonden met de Uranus-Neptunus-conjunctie, waardoor de servitor sterk reageerde op de actuele bewegingen van beide planeten, inclusief retrogradeperiodes. Dit zorgde ervoor dat, zoals Hine beeldend verwoordde, de servitor 'offline' ging.

g) Het was een leerzame ervaring waarbij duidelijk werd hoe gemakkelijk gewenning aan een goed functionerende servitor kan veranderen in afhankelijkheid, wat ten koste kan gaan van iemands eigen vermogens, simpelweg omdat de servitor iemand lui kan maken.

h) Het bewust linken van een servitor (of andere wezen) aan een horoscoop kan dus ook nadelig werken.

i) Het bewust linken van een servitor (of andere wezen) aan een horoscoop verandert het scheppingsproces fundamenteel. Je bent dan zelf niet meer de enige schepper, maar je gecreëerde wezen is nu een co-productie van jouzelf en de macrokosmos, wat betekent dat er wat betreft de controle, de te bewandelen wegen en de evolutie van de servitor, nu ineens twee kapiteins aan het roer staan.

j) Een vraag die alleen door lang testen kan worden beantwoord is de vraag of je in een servitor kunt programmeren om totaal immuun voor astrologische invloeden te zijn.

7.10   FRANZ BARDON'S METHODES VOOR ELEMENTAR-SCHEPPING

In *Der Weg zum wahren Adepten* geeft Bardon vier verschillende Element-projectie-varianten en vier verschillende methodes voor Elementar-schepping, variërend van heel eenvoudig tot meer complex. Bardon heeft het in tegenstelling tot Douval regelmatig over de 'opbergplek' voor een Elementar, het 'parkeren' van het wezen buiten het bereik van buitenstaanders op de momenten dat deze niet gebruikt wordt.

Elementprojecties

1. De projectie van één Element in een voltooide vorm, hetzij mentaal, astraal of grofstoffelijk.
2. De projectie van één Element zonder directe vorm, waarbij deze vorm pas ontstaat door het Element in kwestie.
3. De projectie van verschillende Elementen in een voltooide vorm, die ook mentaal, astraal of grofstoffelijk kan zijn.
4. De projectie van meerdere Elementen zonder directe vorm, waarbij deze vorm pas ontstaat door de Elementen in kwestie.

1. (en 3.)

Bij deze methode begin je eerst met het zoeken van een voorwerp dat de vorm van de Elementar representeert. Bijvoorbeeld, als je kiest voor een bolvorm, kan dit variëren van een glazen bol tot een rubberen bal.

Afhankelijk van de taak die de Elementar moet uitvoeren, visualiseer je het gekozen Element in deze bol. Je kunt ook extra Elementen op dezelfde manier toevoegen. Herhaal dit proces meerdere keren om het Element zo sterk mogelijk te concentreren. Probeer tijdens dit proces het gevoel te ervaren dat de dichtheid van het Element in de bol steeds hoger wordt.

Wanneer je voelt dat de verdichting sterk genoeg is, geef je de proto-Elementar in de bol een naam en begin je met het impregneren van de taak die het wezen moet uitvoeren. Nadat dit voldoende herhaald is, haal je de Elementar uit de bol. Als je met het Vuur-Element hebt gewerkt, heb je een Vuur-Elementaar in de vorm van een vurige bol gecreëerd. Als je Water hebt gebruikt, ziet de bol er doorzichtig uit. Bij Lucht heeft de bol een blauwe zweem en bij Aarde ziet deze eruit als een ronde Aarde-bal voor het geestesoog.

Laat de Elementar nu aan het werk gaan en geef de instructie om na het voltooien van de opdracht, terug te keren naar de bol (vergelijkbaar met de Jinn in de lamp van Aladdin). Direct nadat je het opdrachtcommando hebt gegeven, VERGEET je deze handeling! Dit vergroot aanzienlijk de kans op succes.

Bardon geeft vervolgens de instructie om met een pendel te meten of de Elementar nog aan het werk is of al is teruggekeerd naar de bol. Vanwege het sterke elektromagnetische veld van een Elementar is dit meetbaar voor mensen die kunnen pendelen. Persoonlijk hecht ik hier weinig waarde aan, omdat mensen die daadwerkelijk kunnen pendelen en zichzelf en al hun geloofssystemen en denkkaders kunnen uitschakelen, uiterst zeldzaam zijn. Ik heb er slechts één in mijn leven ontmoet, de rest verbeeldde zich van alles en was niet in staat de eigen subjectiviteit te ontstijgen. Maar voor degenen die deze gave echt bezitten: als de pendel stil hangt, is de Elementar nog aan het werk. Als de pendel sterke schommelingen vertoont of beweegt, is de Elementar gearriveerd.

> **Als de Elementar de instructie heeft gekregen om de opdracht binnen een bepaalde tijd uit te voeren en het wezen is nog niet terug binnen die tijdspanne, dan is de Elementar nog niet sterk genoeg. Het wezen moet worden teruggeroepen en het laden met het Element en de impregnatie van de taak moet opnieuw worden herhaald voordat de opdracht wederom wordt gegeven.**

Methode 3 volgt exact hetzelfde proces, maar dan met meerdere Elementen.

2. (en 4.)

Een eenvoudige variatie hierop is om hetzelfde scheppingsproces uit te voeren, maar de Elementar meteen in een denkbeeldige vorm te plaatsen zonder gebruik te maken van een fysiek voorwerp. Bardon merkt op dat dit als voordeel heeft dat je de Elementar gemakkelijk ergens kunt 'parkeren' buiten het directe bereik van mensen, zoals bijvoorbeeld in een muur. Het voorwerp waarin een Elementar zich bevindt, moet namelijk uit het zicht en buiten het bereik van anderen worden gehouden. Dit vereist dan een geheime opbergplaats, enzovoort. **Methode 4** volgt exact hetzelfde proces, maar dan met meerdere Elementen.

7.11   ELEMENTAR-SCHEPPING MET BEHULP VAN EEN POP VAN LEEM EN WAS

Bij deze methode maak je gebruik van een klein standbeeld, een pop, of beter nog, je boetseert zelf eerst een kleine pop.

> **Gebruik hiervoor ⅔ deel leem, aangelengd met zo min mogelijk water, en ⅓ deel bijenwas die door verwarming vloeibaar is geworden. Als je geen bijenwas hebt, kun je ook paraffine van waxinelichtjes of iets vergelijkbaars gebruiken. Meng de bijenwas door de leem heen.**
> **Nadat je de pop hebt geboetseerd, scheid je het lichaam van het hoofd om een buisvormig gat te maken door de hele lengte van de romp. Hierin kun je vervolgens een zogenaamde fluïdische condensator gieten. Dit is meestal een afkooksel en/of alcoholtinctuur van speciale plantensoorten die de magische kracht van een ritueel object aanzienlijk versterken.**
> **Vervolgens wordt de buis waterdicht verzegeld met was en wordt het hoofd weer op de pop geplaatst, zodat deze compleet is. Een grootte van 10 cm is voldoende.**

Er bestaan ook duurdere condensator-varianten waar goud in is verwerkt. (Zie APPENDIX-II voor meer uitleg over condensatoren). Bardon geeft hierbij de optie (alleen als de Elementar uitsluitend voor persoonlijke doeleinden wordt gebruikt) om enkele druppels *prima materia* toe te voegen. Hiermee wordt ofwel enkele druppels bloed, sperma, vaginaal vocht of menstruatiebloed bedoeld. Prima materia (de combinatie van een druppel bloed en sperma geeft een zeer krachtig effect) wordt opgenomen in een watje dat in de buis wordt gestopt voordat de fluïdische condensator erop wordt gegoten.

7.12 Phil Hine's lancering van een Airburst Servitor

Deze oefening is gebaseerd op (licht aangepaste) instructies van chaosmagiër Phil Hine in *Condensed Chaos* (tweede editie, Original Falcon Press, 2010) en kan worden gebruikt voor het creëren van servitors. Hine geeft chaos-magische instructies voor het creëren van een servitor die gemaakt is van je eigen energie en wordt geëxternaliseerd via de *solar plexus* (derde chakra, zonnevlecht) met behulp van verbeeldingskracht.

Let op:
Magiërs zijn sterk verdeeld over de veiligheid van het gebruik van je eigen energie op deze manier, waarbij de servitor (volgens de wetten van sympathische magie) sterk verbonden blijft met je eigen energieveld. Franz Bardon zou hoogstwaarschijnlijk deze methode alleen hebben aanbevolen voor zeer persoonlijke doeleinden, waarbij absoluut geen andere personen of levende wezens betrokken zijn. Sommige magiërs raden het volledig af om servitors te creëren vanuit je eigen energie. Ik deel deze methode omdat iedereen alleen kan leren door te doen en te experimenteren. Overigens kunnen met wat creatieve aanpassing, de elementen in de *Airburst Servitor*-routine ook worden toegepast op een servitor die alleen is opgebouwd uit *extern* opgeroepen energie of Elementen (Elementar), waarbij de energie niet eerst door je eigen fysieke lichaam wordt geleid.

Een voordeel van deze methode van Hine, naast de risico's, is dat de verbinding tussen de servitor en de gedachten, emoties en wil van de magiër op deze manier sterker kan worden. Het is een beetje vergelijkbaar met het verschil tussen een glasvezelverbinding en een wifi-verbinding in de telecomwereld, waarbij de glasvezelverbinding sterker is en minder gevoelig voor storingen. Dit verklaart mogelijk waarom Gedachtevorm-magie (*MAGUS-Leer & Ritueel* pag. 167) vaak zo snel en effectief werkt, omdat daarbij ook energie uit het lichaam (handen) wordt gebruikt.

Het cruciale verschil tussen *gedachtevormen* en servitors is echter dat de eerste groep wordt gemaakt voor kortstondig en eenmalig gebruik, terwijl de tweede groep een langere levensduur heeft en complexer is en dus ook aan van alles bloot kan staan, inclusief negatieve invloeden, die met jouw eigen energieveld kunnen gaan resoneren.

Volg de onderstaande stappen om een *Airburst Servitor* te creëren en te lanceren:

1. Kies een naam, bepaal een taak en eventueel een sigilum voor je servitor.
2. Neem een comfortabele zithouding aan en begin met diep en rustig ademhalen.
3. Visualiseer hoe energie samenkomt in een bol van helder wit licht bij je zonnevlecht.
4. Laat nu een koord van licht uit je zonnevlecht stralen en zie deze uitgroeien tot een kolom van pulserende kracht.
5. Maak de energiekolom los van het koord dat nog verbonden is met je zonnevlecht, en laat de kolom vrij hangen in de ruimte.
6. Richt je concentratie op de top van de kolom. Terwijl je je erop concentreert, zie je deze uitgroeien tot een groter wordende bol die de rest van de kolom omhoog en naar binnen trekt. Nu bevindt zich een bol van energie voor je, de rauwe vorm waaruit je je servitor zult creëren.
7. Programmeer de servitor door de bol een unieke vorm te geven die past bij je intentie en de taak die het moet vervullen. Visualiseer eventuele instructiesymbolen, zoals de naam en het sigilum, als onderdeel van de 'huid' van de servitor.
8. Herhaal de taak die de servitor moet uitvoeren en voel dat deze instructie in de servitor wordt geïmplanteerd. Gebruik je verbeeldingskracht volledig en versterk elke servitor op unieke wijze. Je kunt ook de naam van de servitor als mantra gebruiken of zingen.
9. Wanneer je voelt dat je servitor gereed is, versnel dan je ademhaling en bereid je voor op een energieclimax. Tel af van 10 tot 1 en visualiseer bij elk getal een toenemend gevoel van spanning. Bij 1, roep "WEGWEZEN!" of "SCHIET WEG!" en zie voor je hoe de servitor de ruimte in schiet.
10. Laat jezelf ontspannen nadat je het gevoel hebt dat je al je energie hebt gegeven. Laat tegelijkertijd het volledige ritueel los.

7.13 COLLECTIEVE SERVITORS

Normaal gesproken is het creëren van een servitor een zeer persoonlijke aangelegenheid. Het is zelfs buitengewoon moeilijk om een groepsservitor, oftewel een bescheiden egregor, te creëren. Dit kan alleen binnen een kleine, goed op elkaar ingespeelde groep mensen die er geen probleem mee hebben om zich te wijden aan een eenvoudig gemeenschappelijk doel, zonder daar spirituele of andere onzin doorheen te mengen.

ICANDOO

Phil Hine beschrijft in *Condensed Chaos* echter groepsexperimenten waarbij collectieve servitors werden gecreëerd en onderhouden. Een voorbeeld van dit soort servitor is de entiteit ICANDOO. ICANDOO ("Ik-kan-doen") werd gecreëerd tijdens een open groepsworkshop voor het creëren van servitors. De naam van de servitor diende ook als mantra om hem op te roepen, en zijn algemene taak was om degenen die hem gebruikten te helpen bij het overwinnen van obstakels die ze tegenkwamen. ICANDOO werd gecreëerd door een groep van twaalf mensen en ze gebruikten de servitor de hele dag door, om hen te ondersteunen bij allerlei soorten problemen. Tijdens de ontwerpfase kreeg de servitor het vermogen om holografisch te splitsen, zodat elk segment de krachten en vermogens van de oorspronkelijke entiteit bevatte, om zo meerdere personen tegelijk van dienst te kunnen zijn.

7.14 VIRALE, ZELF-REPLICERENDE SERVITORS/ ELEMENTAREN

Virale servitors zijn wezens die kunnen worden geprogrammeerd om zichzelf te repliceren of voort te planten. Dit kan worden bereikt door de servitor de taak te geven om zichzelf te vermenigvuldigen, vergelijkbaar met celdeling, met behulp van cybernetische of virale parameters. Een andere benadering is het creëren van een servitor die zich enkel voortplant of opdeelt op basis van specifieke criteria, zoals tijdsintervallen, astrologische transits, of wanneer het doelwit van de servitor bepaald gedrag vertoont.

Phil Hine vertelt over een vroege test van dit concept met een servitor die werd gestuurd om gestolen goederen terug te halen, terwijl de servitor, binnen Hine's daarvoor georganiseerde testopstelling, opzettelijk werd tegengewerkt. Zodra de servitor een deadline bereikte voor het terughalen van het gestolen voorwerp, begon deze een *chaosveld* te genereren. Mensen raakten plotseling hun sleutels kwijt, er waren elektrische storingen en er deden zich verschillende andere kleine, maar vervelende problemen voor. Na een tweede deadline begon de servitor zichzelf te repliceren, waardoor het chaosveld nog groter werd.

Zodra echter het eigendom eenmaal was teruggebracht, hield de nu gedupliceerde servitor op met functioneren. Bewijs van de acties van de servitor(s), van kleine problemen tot vreemde poltergeist-achtige incidenten, werd verzameld door met de medewerkers van de test te praten.

Virale servitors zijn volgens Hine bijzonder geschikt voor langdurige beïnvloeding, zoals het verhogen van de slagingskans van iemands magie, genezing en algemene bescherming. Over het algemeen zijn Elementalen veel sterker dan servitors (uitzonderingen daargelaten). Het bovenstaande nodigt daarom uit om hiermee te experimenteren. Als het mogelijk is om een zeer gedisciplineerde en gefocuste kleine groep magiërs bijeen te brengen, is een Virale Elementar-Egregor ook een uitdaging.

7.15   De Magische Staf

Het is misschien niet onmiddellijk duidelijk wat de functie van de staf is in dit rijtje, maar het antwoord hierop is eigenlijk heel simpel: er zijn twee soorten magische staven. De eerste, ongeacht de vorm of lengte, is feitelijk gewoon een stuk hout dat symbolisch staat voor vuur, bevel, macht en beheersing. Deze is vergelijkbaar met de scepter die een vorst vasthoudt. De andere soort staf is een stuk hout waarin een Elementar aanwezig is, waardoor de staf daadwerkelijke kracht en effectiviteit heeft, in plaats van alleen symbolische mentale ondersteuning te bieden aan de magiër of heks die ermee werkt. Hoewel ik hieronder dieper inga op dit onderwerp, hecht ik weinig waarde aan het type hout of toevoegingen zoals kristallen of metalen. Toen ik ooit, via een traditionele middeleeuwse evocatie een Vuur-Elementaal opriep, verscheen deze in volle glorie, zowel visueel als fysiek voelbaar met een verbijsterend sterk energieveld, terwijl ik een simpele kale, verdroogde boomtak als mijn staf gebruikte die ik net daarvoor in de duinen had gevonden. Franz Bardon had echter heel andere ideeën hierover, en gezien zijn meesterschap in evocatie, wil ik ook zijn opmerkingen over de staf hieronder vermelden. Naar mijn overtuiging is de meest nuttige staf degene waarin een Elementar is geplaatst, zodat de staf veel meer kan doen dan alleen dienen als een verlengstuk van arm en geest. En dit is precies waarom de staf in deze rij van geestwezens past. Voor een staf voor algemeen gebruik zou ik altijd kiezen voor een staf-Elementar waarin alle vier de Elementen geladen zijn.

Historie

Het gebruik van de magische staf of rituele staf gaat terug tot de oude beschavingen, zoals de zoroastrische periode (van de 6e eeuw v.Chr. tot en met de 7e eeuw n.Chr.). In het zoroastrisme, een religie die ontstond in het oude Perzië, was het gangbaar om staven te gebruiken bij religieuze ceremonies en rituelen. Deze staven waren vaak gemaakt van metaal of hout en werden ingezet om energie te sturen of geesten op te roepen. Ze werden beschouwd als krachtige middelen om boze geesten af te weren en geluk te brengen. De *baresman*, ook bekend als de heilige bundel twijgen, speelde een cruciale rol in de religieuze praktijken van de Perzen sinds de prehistorie. Deze bundel symboliseert de verbinding tussen de materiële wereld (*Getig*) en de spirituele wereld (*Menog*). Volgens Joseph H. Peterson fungeert de baresman als het kanaal waardoor archetypische principes en krachten zich manifesteren en offers ontvangen. Het is ook een middel om heilige kracht te verwerven. Dit zou dan ook de oorsprong kunnen zijn van het concept van een 'toverstaf'.

Staf naar Francis Barrett in 'The Magus', 1801

De staf werd traditioneel vervaardigd uit tamarisktakken, maar in moderne tijden werden deze vaak vervangen door metalen staven. De rituele staf werd vermoedelijk ook gebruikt voor divinatie-doeleinden. Een stok met negen knopen werd gebruikt tijdens de *barashnom*, een negen nachten durende zuiveringsperiode, waarbij de knopen fungeerden als barrières tegen onzuiverheden en negatieve invloeden. In het zoroastrisme vinden we ook de *gurz* of rituele knots, die de Persische equivalent lijkt te zijn van de Indiase en Tibetaanse *vajra*, die de bliksem vertegenwoordigt. De associatie tussen staven, knopen en vajra met vuur, macht en zuivering, leeft voort in het latere occultisme, bijvoorbeeld in de staven van het Tarotspel die het Vuur-element symboliseren.

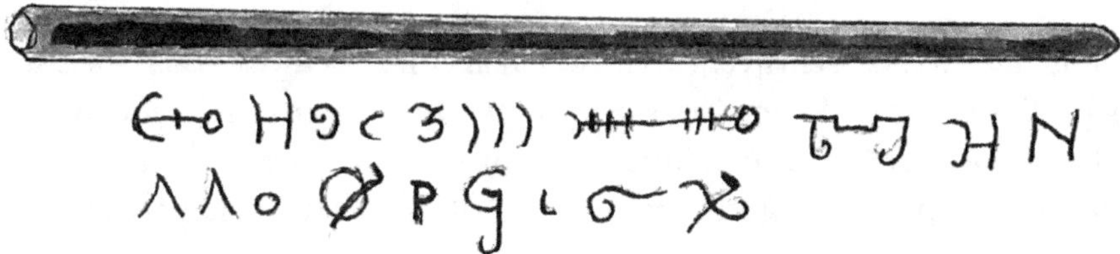

Inscripties voor een lange en korte staf uit de oudste versie van de 'Sleutels van Salomo' (1446)

Net als de zoroastrische magiërs droegen de oude Romeinse *Flamines*, of vuur-priesters, dergelijke bundels van twijgen in hun handen. Het Vuur-element is zo cruciaal in magie, omdat het als het enige onaantastbare Element wordt beschouwd en een praktiserend magiër identificeert zich daarom vaak met het Vuur-Element tijdens een voorbereidend ritueel, voordat het eigenlijke ritueel plaatsvindt. Vuur staat ook symbool voor de Zon en vertegenwoordigt daarmee de centrale en hoogste macht.

Staf uit 'Traite Universal des Clavicules de Solomon' - Livre Premier 1517
(Grimorium Verum 1817)

Mahmud ibn Umar uit Khufa (18e eeuw; Jamalia Sufi-orde, leerling van Sjeik Mohammed Jalaludin) vermeldt in zijn geschrift over Perzische magie het gebruik van een staf van goud en een van zilver. Deze werden vastgehouden tijdens bepaalde yoga-oefeningen om energie op te laden. Hij leidt dit gebruik terug tot de oude Egyptenaren, waar staven voor meerdere doeleinden werden ingezet, meestal als symbool van macht en gezag. Dit wordt geïllustreerd door afbeeldingen van farao's en goden die staven vasthouden. In de Egyptische mythologie wordt de god Thoth vaak afgebeeld met een staf in de hand en wordt hij beschouwd als de beschermheer van magie en wijsheid.

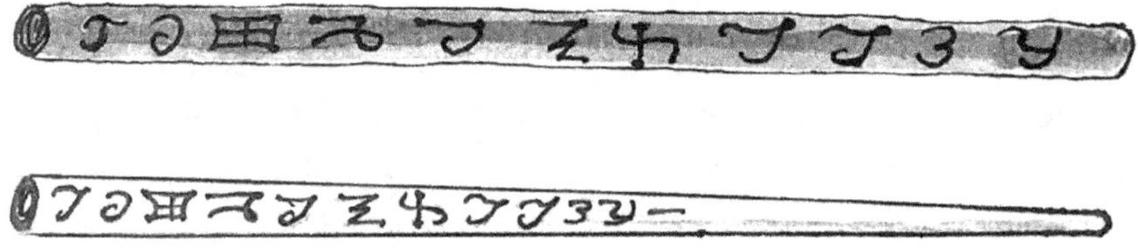

'Staff & Wand' naar 'The Key of Solomon the King', S. Liddel MacGregor Mathers

Verschillende Griekse schrijvers vermeldden al enkele eeuwen voor Christus het gebruik van een staf door Griekse magiërs. De staf werd ook frequent gebruikt door Griekse orakel-mediums, die fungeerden als bemiddelaars tussen goden en mensen. Deze *orakelstaven* waren vaak gemaakt van lauriertakken en werden beschouwd als bezitters van heilige kracht.

Algemene staf uit natuurlijk gevormd hout

Tijdens het Romeinse Rijk werden staven eveneens ingezet in religieuze en magische rituelen. De Romeinse filosoof en natuuronderzoeker Plinius de Oudere schreef over het gebruik van staven in magie en beschreef ze als 'staven van kracht'.

De *Greek Magical Papyri In Translation*, gepubliceerd in de jaren 80 van de vorige eeuw, is een verzameling van Griekse en Demotische magische papyri uit de eerste eeuw v.Chr. tot en met de vierde eeuw n.Chr. Deze verzameling bevat diverse voorbeelden van magische instructies waarin het gebruik van een staf voorkomt. In de Romeinse mythologie werd de god Mercurius vaak afgebeeld met een *caduceus* en werd hij geassocieerd met magie en waarzeggerij.

In middeleeuws Europa vond er een verschuiving plaats. De scepter van de vorst bleef bestaan, maar de houten staf werd meer expliciet geassocieerd met hekserij en magie. In sommige gevallen werden toverstokken gebruikt om geesten op te roepen of het weer te beïnvloeden. De renaissancemagiër Heinrich Cornelus Agrippa von Nettesheim nam mogelijk het staf-idee over na het lezen van een passage, waarin de Romeinse dichter Vergilius beschrijft hoe de beroemde Griekse tovenares Circe haar magische staf gebruikte. Agrippa integreerde deze passage in Liber I van zijn *De occulta philosophia libri tres*. Dit werk werd later, toen Francis Barret het in 1801 grotendeels opnam in zijn *The Magus* (1801), het meest invloedrijke werk voor westerse magie.

Baguette uit 'Livre Second, de la Clavicule de Salomon', 18e eeuw

Technische staf-details

Veel grimoires leggen de nadruk op het belang van de staf en geven specifieke instructies voor de fabricage ervan. In de magische literatuur zijn echter twee varianten gangbaar: de langere staf die de vorm heeft van een wandelstok (*baculus* of *bacculus* in het Latijn; *bastone* in het Italiaans; *bâton* in het Frans) en de kortere, meer afgeplatte stok (*virga* of *virgulam* in het Latijn; *verga* in het Italiaans; *verge* en *viere* in het Frans; *Stab* in het Duits). In het Nederlands wordt de term *baculus* gebruikt voor een staf van wandelstokformaat of groter, terwijl *virgulam* verwijst naar een smallere en plattere stok. Hoewel de kortere virgulam het meest wordt gebruikt in magische rituelen en ceremonies, is dit geen absolute regel. Volgens Pierre Mora's editie van *Les Véritables Clavicules de Salomon* uit 1914 wordt geadviseerd een lengte van anderhalve meter en een dikte van 2,5 cm te hanteren. Abramelin, de Egyptische magiër (zoals beschreven in het *Boek van de Heilige Magie van Abramelin*), stelt dat de staf (gemaakt van amandelhout) ongeveer een vingerbreedte dik moet zijn en dezelfde lengte moet hebben als de arm, gemeten van elleboog tot vingertop.

In oude grimoires wordt hazelaarhout opvallend vaak genoemd als geschikte houtsoort voor de staf.

De Tsjechische magiër Franz Bardon (1909–1958) adviseerde een lengte van ongeveer 30 tot 50 cm en een dikte van 1 tot 2 cm voor de staf. Bardon beschouwde de staf als een uiterst belangrijk instrument en verklaarde: *"Das allerwichtigste Hilfsmittel in der rituellen Magie ist und bleibt der magische Stab."* Hij raadde aan om meerdere staven te vervaardigen voor verschillende doeleinden:
1. Voor het beïnvloeden van mensen of dieren.
2. Voor het genezen van ziekten of het verdrijven van negatieve energie.
3. Voor het oproepen van hogere intelligenties en het communiceren met demonen en geesten.

Bardon merkte echter op dat een staf van essenhout of wilgenhout voor al deze doeleinden gebruikt kon worden. Volgens Bardon symboliseerde de staf de absolute macht en fungeerde als een 'condensator' die was doordrongen van de wilskracht van de magiër. Hij beschouwde de wilg als een natuurlijke condensator vanwege het hoge watergehalte, wat resulteerde in een hogere blikseminslag in wilgen. Andere geschikte houtsoorten die hij noemde, zijn eikenhout, beukenhout en acaciahout. Acaciahout had een heilige betekenis in bijbels Israël en symboliseerde onsterfelijkheid in de vrijmetselarij. Beukenhout is apotropisch – vergelijkbaar met sneeuwvlokobsidiaan – en daarom bijzonder geschikt voor doel 2. Eikenhout wordt astrologisch geassocieerd met Jupiter of volgens sommige astrologen met Saturnus. Een eikenhouten staf is dus vooral geschikt voor doel 1 en 3. Volgens Bardon was het voldoende om de staf eenvoudigweg te maken door een tak op de juiste lengte af te zagen en de schors te verwijderen. Hij noemde echter ook extra opties, zoals het inbrengen van een lange staalmagneetpen of het in overweging nemen van astrologische invloeden. Wat dit laatste betreft, houd ik de volgende richtlijnen aan:

1. Het is van essentieel belang om NOOIT een staf te vervaardigen tijdens een *Afhoudende Maan* (Moon Void of Course/VOC). Deze voorwaarde moet altijd in acht worden genomen. Tegenwoordig zijn, zoals ik al aangaf, Afhoudende Maan-kalenders en apps gemakkelijk online te vinden.
2. Net zoals bij het kiezen van een levenspartner, wordt een staf (staf-Elementar) je metgezel. Het meest voedende aspect is de driehoek. Daarom is het ideaal om een staf tot leven te wekken op het moment dat de Zon een driehoek (120 graden aspect) vormt met je geboortezon, op voorwaarde dat er geen hinderlijke andere planeetaspecten zijn. Als dat niet haalbaar is, is een sextiel-aspect (60 graden) of een conjunctie (0 graden) ook acceptabel.
3. Het exacte moment van voltooiing van de staf weerspiegelt de horoscoop van de staf. Bij voorkeur heeft de ascendant een positie in Leeuw, Schor-

pioen, Ram, Steenbok of Stier, of eventueel in Boogschutter. Deze tekens bezitten de meeste dwingende invloed.

4. Er zijn echter uitzonderingen denkbaar, zoals een speciale staf die bedoeld is om pijn of ziekte uit een lichaam te halen en te neutraliseren. In dat geval kan een Water-ascendant (Kreeft, Schorpioen, Vissen) of een Maagd-ascendant passend zijn, afhankelijk van de specifieke functie van de staf. Over het algemeen zal een Schorpioen-ascendant echter het beste resultaat opleveren, vanwege de kracht van omzetting, transformatie en beëindiging van onwenselijke zaken die daarin besloten ligt.

5. Voor de overige varianten van de staf, waarbij energie wordt gericht in plaats van geabsorbeerd, is het ideaal dat de Zon zich in een actief huis bevindt. Dit omvat huizen 1, 3, 5, 7, 9 en 11, waarbij huis 10 ook geschikt is.

6. Tijdens het vervaardigen van de staf dienen in de regel Vissen en het 12e huis vermeden te worden, evenals Neptunus op of in de ascendant. Deze energieën zijn weliswaar nuttig voor een fotograaf, schilder, visueel ontwerper, mysticus of musicus, maar dan via een servitor en niet in een staf.

7. Gunstig zijn Zon, Pluto, Uranus, Saturnus, Mars, Typhon, Orcus, Deucalion en 1995 TL8 op de ascendant.

8. Voor interactie met onderwereldgeesten, goden en demonen zijn ook Mors-Somnus, Pluto, Orcus en Cerberus gunstig. Cypres, vlierhout of populier zijn geschikte houtsoorten vanwege hun associatie met de dodenwereld of onderwereld (liminale zones).

9. Asteroïde 1996 TL66 (onlading) is gunstig voor verschillende doeleinden. (Deze optie is alleen voor gevorderde astrologen.)

10. Specifiek voor interactie met natuurwezens is asteroïde Summanus gunstig.

11. Als Cubewano Altjira of asteroïde Flammarion op een ascendant aanwezig is, versterkt dit de brugfunctie van de staf als 'intermediair' tussen deze wereld en de geestenwereld. Vlierhout heeft dezelfde eigenschap.

12. Hout is ontvankelijker tijdens de wassende Maan (eerste en tweede kwartier) omdat het dan meer water absorbeert, vooral rond Volle Maan. Hout is droger en harder tijdens de afnemende Maan (derde en vierde kwartier) vooral in het vierde kwartier, en daarom meer bepalend en leidend.

Het laden van de staf met een staf-servitor

Het bovenstaande heeft betrekking op subtiele verfijningen. Echter, veel belangrijker is het proces van het opladen van de staf met energie en het creëren van een staf-servitor die specifiek is geprogrammeerd om je verbeelding, focus en wilskracht te versterken zodra je de staf ter hand neemt. Dit stelt je in staat om obstakels te overwinnen en je magische intenties en doelen sneller en gemakkelijker te manifesteren of te materialiseren. Een dergelijke staf kan een uiterst doeltreffend instrument zijn, vooral bij het creëren van servitors en Elementaren.

Het proces van het laden en creëren van een staf-servitor (het eigenlijke activeren van de staf) verloopt als volgt:

1. Schrijf op een stuk papier: "Jouw naam is ..." *(vul hier de naam in die je aan je staf wilt geven)*.
2. Schrijf eronder de volgende instructie:
   a) Je versterkt mijn verbeeldingskracht, focus en wil en bedwingt alles wat ik wil bedwingen.
   b Je manifesteert snel en grondig alles wat ik wil scheppen en trekt de orgon in de ruimte krachtig samen op de plek waar ik je punt op richt.
   c) Je bent strikt gehoorzaam aan mij, je verblijft uitsluitend in deze staf en je werkt alleen als ik je vast pak en een commando geef.
3. Plaats de staf rechtop met de punt naar boven tegen een muur of deur in een schemerdonkere ruimte. Verlicht de staf met een paar waxinelichten of een kleine zaklamp.
4. Adem uit naar de staf en verbeeld je dat je adem een stroom van Vuur draagt, en blaas deze vuurstroom in de staf in de 25% die de top vormt.
5. Herhaal dit voor elke ademhaling met de volgende elementen:
   a) Lucht *(blauw gevisualiseerde)* in de 25% van de staf direct onder het Vuur-deel
   b) Water *(als water)* in de 25% van de staf direct onder het Lucht-deel
   c) Aarde *(als zand, aarde)* in de 25% van de staf direct die het onderste dikste deel vormt
6. In plaats van met je adem en verbeelding te werken kun je de Elementen ook sec met je verbeelding in de staf laden, door deze afzonderlijk als een groot veld van Vuur of Water etc. voor te stellen, waarna je zo'n veld in de staf gaat samentrekken. Trek dan het Vuur-veld samen in de top, het Luchtveld in het deel daaronder, etc. tot je alle Elementen in de staf hebt geladen.
7. Herhaal dit proces drie keer.
8. Visualiseer nu een kolom van **rood** vuur die oprijst vanuit de bodem en een kolom van **groen** vuur die neerdaalt op de staf. Deze twee vuurkolommen komen samen in het midden van de staf en vormen een platina-gouden energiebol. Stel je voor dat deze vloeibare lichtenergie zich vanuit het midden naar de top en handgreep van de staf beweegt, en de hele staf vult met energie. Door deze heldere energiegloed heen zie je nog de kleuren van de Elementen: vuurrood, hemelsblauw, waterig zilver, oker.
9. Visualiseer nu een kolom van ORANJE vuur die oprijst vanuit de bodem en een kolom van BLAUW vuur die neerdaalt op de staf. Deze twee vuurkolommen komen samen in het midden van de staf en vormen een platina-gouden energiebol. Stel je voor dat deze vloeibare lichtenergie zich vanuit het midden naar de top en handgreep van de staf beweegt, en de hele staf vult met energie. Door deze heldere energiegloed heen zie je nog

de kleuren van de Elementen: vuurrood, hemelsblauw, waterig zilver, oker.

10. Visualiseer nu een kolom van GEEL vuur die oprijst vanuit de bodem en een kolom van PAARS vuur die neerdaalt op de staf. Deze twee vuurkolommen komen samen in het midden van de staf en vormen een platina-gouden energiebol. Stel je voor dat deze vloeibare lichtenergie zich vanuit het midden naar de top en handgreep van de staf beweegt, en de hele staf vult met energie. Door deze heldere energiegloed heen zie je nog de kleuren van de Elementen: vuurrood, hemelsblauw, waterig zilver, oker.

11. Herhaal de stappen 3, 4 en 5/6 dagelijks gedurende een week (behalve tijdens Afhoudende Maan).

12. Zodra de energetische voorbereiding is voltooid, geef je de staf verbaal de naam, die je bedacht had en reciteer je gedurende een half uur het protocol:
a) Je naam is [......]
b) Je versterkt mijn verbeeldingskracht, focus en wil en bedwingt alles wat ik wil bedwingen.
c) Je manifesteert snel en grondig alles wat ik wil scheppen en trekt de orgon in de ruimte krachtig samen op de plek waar ik je punt op richt.
d) Je bent strikt gehoorzaam aan mij, je verblijft uitsluitend in deze staf en je werkt alleen als ik je vast pak en een commando geef.

13. Herhaal dit proces minimaal 7 opeenvolgende dagen (maar ontwijk de Afhoudende Maan periodes).

14. Begin nu met het implanteren van de wilsoverdracht en manifestatiekracht in de staf. Houd de staf vast, richt deze op een lege ruimte en verbeeld *multizintuiglijk* dat precies datgene gebeurt of verschijnt, wat je wilt dat er gebeurt of verschijnt. Op deze manier 'train' je de staf-servitor om te begrijpen wat het moet uitvoeren. Hoe langer je de staf op deze manier traint, hoe sterker deze als hulpmiddel wordt.

15. LET OP: Alleen met woorden bereik je geen goede communicatie met je staf. De beeldtaal via je verbeelding, eventueel aangevuld met emoties, is hierin essentieel!

16. Beschouw vanaf nu je staf als een levend wezen of trouwe metgezel. Zorg ervoor dat je je staf regelmatig oplaadt met de energie van de Elementen, minstens eenmaal per week. Herhaal de protocoltekst maandelijks. Het is van essentieel belang om deze staf-Elementar regelmatig te onderhouden, net zoals bij andere Elementaren en servitors. Anders zal de staf-Elementar verzwakken en als het ware 'vervagen'. Na een jaar van gebruik zou de staf-Elementar zo krachtig moeten zijn geworden dat je deze tijdens periodes van niet-gebruik in een soort sluimerstand kunt zetten. Dit kun je echter programmeren gedurende het eerste jaar door je protocol uit te breiden met een commando, en vervolgens de gebruikelijke routine te volgen voor dergelijke protocoluitbreidingen (veel herhalingen dus).

17. Bewaar je staf bij voorkeur in een zijden doek.

7.16 GEDACHTENWEZENS OF GEDACHTEVORMEN EXPERIMENTEEL TOEPASSEN

Joodse verbeelding voor genezing

Er bestaat een zeer oude Joodse traditie voor het gebruik van verbeelding in dienst van genezing, wat doorgaans neerkomt op het uitdrijven van een demon die specifiek aan een kwaal of ziekte is gekoppeld. Ik maak regelmatig gebruik hiervan en met veel succes. De methode is heel simpel.

> - Visualiseer een rood licht uit de Aarde en een groen licht uit de hemel, die elkaar als bundels vuur raken in de lucht voor je en een enorme witgouden energiebol vormen.
> - Trek deze bol met energie nu via je harapunt (4 cm onder je navel) naar binnen en vul je hele lichaam met deze energie.
> - Voel je hele lijf vol en strak worden van de lading en begin nu je kwaal of ziektedemon – die je kunt verbeelden als een zwarte vorm – naar believen uit te stoten, terwijl je energie uit de bol in je lichaam blijft trekken zodat zich een hele ovale aura om je heen vormt.
> - Duw de entiteit naar buiten en trek meer energie uit de bol zodat je om je witgouden aura een metersdik oceaanblauw aura schept, de ziektedemon buiten dit aura duwend.
> - Laat de demon nu gewoon oplossen in het niets, zonder dat je er emoties aan koppelt.

Ad hoc kan deze methode voor tijdelijke hoofdpijn worden ingezet of andere mineure klachten. Wanneer je de methode consistent langer blijft toepassen voor een en dezelfde ziekte, of langdurige klacht, ben je doorgaans minimaal een week kwijt.

Graalbeker

Je kunt een Elementar programmeren die alles kan genezen en die je in een beker plaatst, met de opdracht al het water dat in de beker wordt geschonken, binnen vijf minuten in geneeskrachtig water voor iedere denkbare kwaal of ziekte te veranderen. Programmeer duidelijk dat iedereen die van dit water drinkt van zijn of haar klachten of ziekte geneest. Uiteraard kun je ook andere toepassingen voor zo'n beker verzinnen.

De out-of-body servitor

Ik heb al eerder aangekaart dat, indien je een lichaam schept in je verbeelding om in te kunnen uittreden om out-of-body reizen te maken, je dit reislichaam of 'dubbel', wat in feite een servitor is of naar believen Elementar, extra bijzondere eigenschappen kunt geven, zoals astraal zicht en overige. In de vormkeuze van dit lichaam ben je ook geheel vrij.

Servitor-Magiër-fusie experimenten

Verder bouwend aan het concept van de out-of-body servitor en deze voorzien van bijzondere 'bovenmenselijke eigenschappen', beschouw ik dit als een zeer intrigerend aspect om op allerlei niveaus mee te experimenteren. Het integreren van dergelijke eigenschappen in jezelf via de 'omweg' van zo'n speciale servitor of Elementar is mogelijk, gezien het feit dat ik hier al met succes mee heb geëxperimenteerd en geen logisch obstakel zie. Theoretisch gezien schat ik in dat vergelijkbare effecten haalbaar zijn, zoals de bovennatuurlijke resultaten die worden bereikt in Afro-Amerikaanse magie door de invocatie van *Lwas*, *Winti-geesten*, enzovoort, maar waarbij je je bewustzijn houdt (in contrast met een volledige bezetenheid, waarbij dit wegvalt). Met mijn kennis van de onderdrukte Huna-cultuur op Hawaii in gedachten, en in het licht van de noodzaak om onszelf definitief te beschermen tegen een eeuwenoude doods- en repressiecultus, waar ik eerder in dit boek over heb geschreven ('het Systeem'), beschouw ik deze alinea als één van de meest belangrijke in dit werk…

7.17 SERVITOR-AMULETMAGIE

We hebben eerder bij Franz Bardon de mogelijkheid gezien om een servitor in een object te plaatsen. Het plaatsen van een geest in een voorwerp of beeld wordt wereldwijd door sjamanen en medicijnmannen al duizenden jaren lang beoefend. Voordat een amulet een amulet is, is het natuurlijk een gewoon voorwerp. Er zijn twee manieren om een amulet te activeren. Je kunt de klassieke Arabische astromagie toepassen, zoals hieronder beschreven, of je kunt een servitor of Elementar in je amulet plaatsen (de eenvoudigere versie). Het protocol hiervoor verschilt eigenlijk nauwelijks van dat van de staf-Elementar. Uiteraard kun je de geest die je in je amulet wilt plaatsen, een oog geven dat je opent zodra je klaar bent met de programmerings- en laadroutines.

7.17.1 ARABISCHE AMULETMAGIE

Het mysterieuze mechanisme van een, via de Arabische astromagie geproduceerd magisch amulet, ga ik uitleggen met wederom de termen *entiteit*, *identiteit* en *entelechie*. Entiteit en identiteit zijn eigenlijk altijd *gefixeerde*, dus statische elementen, en hierbij van toepassing op de fysieke amulet en wat zijn werking moet zijn. De entelechie is een *dynamisch* gegeven en betrekt zich hier op de 'geest' of 'Gestalt-intelligentie' van de actuele planeetstanden tijdens het inwijden, ofwel het tot leven wekken, van de amulet.

Hierbij worden dus de drie componenten entiteit, identiteit en entelechie verenigd tot een specifieke homeostase en vindt er een soort 'geboorte' plaats. De op dat moment gunstige geest van de macrokosmos voor het doel van de amulet, wordt op het astrologische tijdstip dat deze het sterkst manifest is, als het ware gedownload in de microkosmos van het materiaal van de amulet en zodoende daarin *gefixeerd* met de horoscoop van dat moment. Het amulet houdt hiermee voor langere tijd die specifieke kracht vast. Voor langere tijd, want de amulet heeft een horoscopische link met de macrokosmos. De amulet evolueert namelijk net zoals een mens of dier of stad, etc. Amuletten die werken met verre, langzaam lopende hemellichamen werken veel langer door, dan amuletten die planeten of asteroïden met korte omlooptijden gebruiken, of de Maan. Het *activeringsritueel* bestaat meestal uit een druppel van je eigen bloed, die op exact het juiste astrologische moment op de amulet wordt gedrukt, waarna je de amulet bij z'n naam noemt en je levensadem er 'in' blaast.

We kunnen samengevat stellen dat, op het moment waarop de actuele macrokosmische configuratie ritueel wordt gefixeerd in een amulet, een resonante en voortdurende verbinding wordt gecreëerd tussen het amulet en de macrokosmos. In het amulet dat je in je hand houdt zit vanaf dat moment een soort kosmische geest gevangen, een intelligentie, niet van hemellichamen, maar van hun onderlinge verbinding, dus een tijdgeest van een uniek moment. Het amulet fungeert als een geactiveerd instrument dat de energieën en krachten van de macrokosmos kan kanaliseren en uitstralen. Net zoals zo'n geest in ieder mens aanwezig is vanaf het moment dat we de eerste schreeuw geven. Bij Arabische amuletmagie, waarvoor je beslist een basisbegrip van astrologie moet hebben, laadt je dus geen servitor maar een kosmische 'momentgeest' in je amulet. Het effect kan hetzelfde zijn.

Slotwoord

MAGUS Vuur & Aarde is het resultaat van een halve eeuw gemotiveerd zoeken naar wat echt is en werkt in de mix van alledaagse, metafysische en psychische realiteit. Magie is een kunst die, net als technologie, gebruikt en misbruikt kan worden. Het misbruik ervan leidt niet tot enig voordeel. Dit is geen morele maar een feitelijke constatering. Zowel magie als technologie hebben de potentie het 'echte' te verlaten en het 'echte' juist te omarmen, gemeten aan een menselijke en natuurlijke standaard. Ik heb dit boek, zoals duidelijk zal zijn, geschreven om het contact met het 'echte' te bevorderen...

zu werden
gemach
O Luna gib mir dein
cat
spūs
dē Vinꝰ
stan
gehorsam
O Sol ich sol dir billich zu

APPENDIX I.
Overzicht van Maan – Zon driehoeken

Het moment van tot leven wekken van een servitor of Elementar, heeft in beginsel altijd een astrologische component. Alle astrologische aspecten behandelen die mogelijk handig zijn bij dit proces, zou een boek van honderden pagina's in beslag nemen. Daar is hier geen ruimte voor.

Hieronder heb ik wel een overzicht gegeven van Maan – Zon driehoeken, die het hele jaar door veelvuldig voorkomen en waarop je dus nooit jaren hoeft te wachten. Een harmonieuze verbinding tussen Zon en Maan indiceert een harmonieuze voedende verbinding tussen mannelijke en vrouwelijke energie en is altijd gunstig. De driehoek is het sterkste harmonie-aspect.

Daarbij zijn driehoeken aspecten die altijd in tekens plaatsvinden van hetzelfde Element. De onderstaande voorbeelden zijn dus verdeeld in Maan – Zon driehoeken in de Vuur-, Lucht-, Water- en Aardetekens. De verschillen binnen tekens die tot hetzelfde Element behoren zijn vaak klein, maar verschillen beduidend van driehoeken binnen tekens die tot andere Elementen behoren. Zo'n astrologisch tijdstip kan een gunstige achtergrond-energie bieden bij de veel meer gedetailleerde informatie waarmee je je servitor of Elementar hebt geprogrammeerd.

- De *Vuur-driehoeken* zijn in het algemeen gunstig voor wezens die ondersteunend moeten zijn op het vlak van creativiteit, ondernemerschap, zelfexpressie, expansie, moed, pionierswerk, actie.
- De *Lucht-driehoeken* zijn in het algemeen gunstig voor wezens die ondersteunend moeten zijn bij verbinding, communicatie, relaties, versnelling van processen, het intellectuele en informatieve gebeuren.
- De *Water-driehoeken* zijn in het algemeen gunstig voor wezens die ondersteunend moeten zijn bij alles wat meer op het vlak ligt van de emoties en gevoelsintelligentie, bescherming, transformatie, mystiek, magie, leven-dood issues.
- De *Aarde-driehoeken* zijn in het algemeen gunstig voor wezens die ondersteunend moeten zijn waar het gaat om zaken als carrière, ambitie, zekerheden, degelijkheid, grondig onderzoek, constructieve verbeteringen, financiën, zaken die om ausdauer vragen, etc.

Vuur-driehoeken

Maan in Ram – Zon in Leeuw:
De servitor of Elementar gewekt onder deze invloed zou geschikt zijn voor doelen die actie, leiderschap of creatieve expressie vereisen. Denk aan het bevorderen van zelfvertrouwen, persoonlijke kracht, of het motiveren van anderen.

Maan in Ram – Zon in Boogschutter:
De servitor of Elementar zou geschikt zijn voor doelen die kennisverspreiding, reizen, of intellectuele groei omvatten. Het wezen kan worden ingezet om te helpen bij het vergroten van persoonlijke horizonnen, het verspreiden van informatie of het inspireren van een positieve kijk op het leven.

Maan in Leeuw – Zon in Ram:
De servitor of Elementar zou kunnen worden gebruikt voor doelen die zelfexpressie, zelfontwikkeling of leiderschap benadrukken. Het wezen kan helpen bij het versterken van het ego, het bevorderen van creativiteit en het leiden van anderen.

Maan in Leeuw – Zon in Boogschutter:
De servitor of Elementar gewekt onder deze invloed zou geschikt zijn voor doelen die persoonlijke groei, intellectuele expansie of positieve transformatie bevorderen. Het wezen kan helpen bij het verspreiden van kennis, inspiratie en een optimistische levensvisie.

Maan in Boogschutter – Zon in Ram:
De servitor zou geschikt zijn voor doelen die het nemen van initiatief, zelfontplooiing of het verkennen van nieuwe terreinen omvatten. Het wezen kan helpen bij het motiveren van actie, zelfvertrouwen en het aanpakken van uitdagingen.

Maan in Boogschutter – Zon in Leeuw:
De servitor zou kunnen worden gebruikt voor doelen die zelfexpressie, groei of inspiratie stimuleren. Het wezen kan bijdragen aan het vergroten van het zelfvertrouwen, het bevorderen van creatieve projecten en het voeden van een positieve levenshouding.

Lucht-driehoeken

Maan in Tweelingen – Zon in Weegschaal:
Deze combinatie zou gunstig zijn voor het creëren van een servitor of Elementar die zich richt op communicatie, balans of harmonie. Het wezen zou geschikt kunnen zijn voor doelen die sociale interactie, diplomatie en samenwerking benadrukken.

Maan in Tweelingen – Zon in Waterman:
Deze combinatie zou geschikt zijn voor het tot leven wekken van een servitor of Elementar die innovatie, originaliteit of vrijheid bevordert, alsook out-of-the-

box denken. Het wezen kan creatieve ideeën en het verkennen van nieuwe wegen stimuleren.

Maan in Weegschaal – Zon in Tweelingen:

Geschikt voor een servitor of Elementar die zich richt op communicatie, samenwerking of intellectuele uitwisseling. Zo'n wezen is geschikt zijn voor doelen die interpersoonlijke relaties, teamwerk en kennisdeling moeten bevorderen. Gunstig voor alle sprekers en communicators.

Maan in Weegschaal – Zon in Waterman:

Deze combinatie is gunstig voor een servitor of Elementar die sociale rechtvaardigheid, originaliteit of vooruitgang moet simuleren. Het wezen kan geschikt zijn voor doelen die zich richten op het bevorderen van gelijkheid, vernieuwing, spreken voor publiek over originele onderwerpen, contactlegging met een ruimdenkende partner en collectieve inspanningen.

Maan in Waterman – Zon in Tweelingen:

Gunstig om een servitor of Elementar te wekken die gericht is op intellectuele uitwisseling, originaliteit of het delen van kennis. Het wezen kan geschikt zijn voor doelen die draaien om innovatie, communicatie, de versnelling van processen of het populariseren van nieuwe ideeën.

Maan in Waterman – Zon in Weegschaal:

Deze combinatie is goed voor een servitor of Elementar die zich richt op sociale harmonie, vrijheid en evenwicht, het bevorderen van gelijkwaardige relaties, samenwerking en rechtvaardigheid.

Water-driehoeken

Maan in Kreeft – Zon in Schorpioen:

Deze combinatie is gunstig bij het creëren van een servitor of Elementar voor doelen die liggen op het vlakken als diepgaande emoties, intuïtie of passie, emotionele genezing, diepgaande transformatie, mediamiciteit en verborgen kennis.

Maan in Kreeft – Zon in Vissen:

Gunstig voor een servitor of Elementar die doelen ondersteunt gekoppeld aan empathie, intuïtie of spirituele groei, intuïtieve leiding, emotionele ondersteuning of film, fotografie, muziek of schilderkunst.

Maan in Schorpioen – Zon in Kreeft:

Deze combinatie zou gunstig zijn voor het tot leven wekken van een servitor of Elementar die bescherming (speciaal van vrouwen, kinderen, jonge gewassen) of transformatie of emancipatie ondersteunt. Ook geschikt voor doelen die zowel emotionele diepgang als veiligheid vereisen (psychologische support).

Maan in Schorpioen – Zon in Vissen:

Deze combinatie is gunstig voor servitor of Elementar die zich richt op spirituele

transformatie, occultisme, leven-dood issues vanuit mystiek of spiritueel stand-
punt, kunst, visserij, theurgische magie, biochemie, olie- en aardgasindustrie of
verslavingen.

Maan in Vissen – Zon in Kreeft:

Deze combinatie zou geschikt kunnen zijn voor het creëren van een servitor of
Elementar die gericht is op doelen die emotionele genezing, spirituele groei en
emotionele ondersteuning bevorderen, daklozen of weeskinderenproblematiek.

Maan in Vissen – Zon in Schorpioen:

Deze combinatie is gunstig voor het tot leven wekken van een servitor of Elemen-
tar wiens doelen ondersteunend moeten werken bij intuïtieve ontwikkeling en
radicale spirituele transformatie, psychologie, verslavingen, kunst, magie.

Aarde-driehoeken

Maan in Stier – Zon in Maagd:

Deze combinatie is gunstig bij het creëren van een servitor of Elementar die zich
richt op praktische zaken, efficiëntie, detectivewerk, onderzoek en detailgericht-
heid. Het wezen zou handig kunnen zijn bij doelen die organisatie, nauwkeurig-
heid en praktische verbetering bevorderen of langdurig een zeer grote werkkracht
vereisen.

Maan in Stier – Zon in Steenbok:

Geschikt voor een servitor of Elementar die doelen in relatie tot stabiliteit, verant-
woordelijkheid of discipline moet ondersteunen. Het wezen kan geschikt zijn voor
carrièredoelen en het creëren van een solide (financiële) basis.

Maan in Maagd – Zon in Stier:

Deze combinatie zou gunstig zijn voor het tot leven wekken van een servitor of
Elementar, die gericht is op praktisch nut, zintuiglijke waarneming of stabiliteit.
Geschikt zijn voor doelen die zowel functioneel als duurzaam zijn.

Maan in Maagd – Zon in Steenbok:

Hiermee kan een servitor of Elementar worden ondersteund die zich richt op
efficiëntie, structuur en vooruitgang, professionele groei, zelfverbetering en resul-
taatgerichtheid.

Maan in Steenbok – Zon in Stier:

Deze combinatie is goed voor een servitor of Elementar die zich moet richten op
stabiliteit, prestatie en betrouwbaarheid of doelen die een stevige basis en consis-
tentie vereisen.

Maan in Steenbok – Zon in Maagd:

Deze combinatie zou geschikt kunnen zijn voor het wekken van een servitor of
Elementar die gericht is op praktische doelen, structuur en analyse of doelen die
efficiëntie en nauwkeurigheid structureel verbeteren.

APPENDIX II.
FLUÏDISCHE CONDENSATOREN

Naar Franz Bardon (aangepaste vertaling van een paragraaf in *Der Weg zum wahren Adepten*):

Om zeer krachtige accumulaties van energie te bereiken of taken uit te voeren die niet alleen een mentale of astrale, maar ook een materiële invloed beogen – zoals het creëren van Elementalen, het animeren van schilderijen en andere materialisatie-fenomenen – maken we gebruik van een vloeistofcondensator die is samengesteld uit de volgende kruidenextracten:

- engelwortel (Archangelica officinalis)
- salie (Salvia officinalis)
- lindebloesem
- komkommerschil
- pompoenpitten
- acaciabloesems of -bladeren
- kamillebloemen
- leliebloemen, -bladeren of -wortels
- kaneelbloemen of -schors
- brandnetelbladeren (Urtica dioica)
- pepermuntbladeren (Mentha piperita)
- populierenbladeren
- maarts viooltje (Viola odorata)
- of driekleurig viooltje (*Viola tricolor*) bladeren of bloemen
- wilgebladeren of -schors
- groene of gedroogde tabak

Er zijn drie belangrijke methoden van bereiding. **De eerste en eenvoudigste** is om gelijke delen van de vermelde planten in een grote pot te stoppen, ze met water bedekken en alles zachtjes laten koken gedurende ongeveer 30 minuten. Vervolgens afkoelen, filtreren en het filtraat voorzichtig inkoken tot een dikke concentratie. Voeg nu hetzelfde volume alcohol toe, samen met enkele druppels goudtinctuur en sperma en bloed indien gewenst. Schud goed en filter in een donkere fles; kurk deze en bewaar op een donkere, koele plaats.

De tweede bereidingsmethode is als volgt: plaats de kruiden in gelijke delen in een glazen fles, voeg pure alcohol toe tot ze bedekt zijn, en laat ze ongeveer 28 dagen op een warme plaats trekken. Filter het mengsel en voeg gouden tinctuur toe, samen met uw eigen mix (mummie) van bloed en sperma. Giet het vervolgens in flessen en bewaar deze voor persoonlijk gebruik.

De derde bereidingsmethode, een van de meest effectieve, is om elk kruid of plant *afzonderlijk* te behandelen, in een waterig of (beter) alcoholisch extract. Nadat de afzonderlijke extracten zijn bereid, meng ze door elkaar, voeg gouden tinctuur toe en bewaar het mengsel.

- Voor het **Vuur-Element**: Ui, knoflook, peper, mosterdzaad of -poeder. Deze vloeibare condensator mag niet in contact komen met het lichaam, vooral niet met de ogen, vanwege hun gevoeligheid.
- Voor het **Lucht-Element**: Hazelnoot, bladeren of schors, jeneverbessen, rozenbloesems of -bladeren, kersenbast of -bladeren.
- Voor het **Water- Element**: Haver of stro, koolzaad, uiteindelijk raap, suiker-biet, pioenbloesem of -blad, kersenblad of schors.
- Voor het **Aarde-Element**: Peterselie wortels, bladeren of zaad, karwij zaad, plantago bladeren (grote weegbree), anjer bloem, of balsem-munt.

Vanuit het oogpunt van een leek zullen de hier geciteerde recepten onzin lijken en vanuit farmacologisch oogpunt zou men ze eveneens niet serieus kunnen nemen. Maar het gaat hier niet om de farmacologische, maar om de magische werking. Alle hier gegeven recepten vinden hun oorsprong in de praktijk en hebben mooie resultaten opgeleverd.

APPENDIX III.
BEGRIPPENLIJST

Afhoudende Maan: Periode waarin geen nieuwe dingen moeten worden gestart of magische rituelen uitgevoerd, omdat er in die periode geen vormkracht bestaat. Afhoudende Maan komt ongeveer om de twee dagen kort of langer voor, zowel tijdens *Wassende Maan* als de *Afnemende Maan* periode. De periode kan een hele dag tot enkele minuten duren en wordt bepaald door de tijd tussen het laatste grote aspect dat de Maan met een klassieke planeet maakt en het moment dat de Maan een nieuw zodiakteken binnenloopt. Online zijn er diverse Afhoudende Maan (Moon Void of Course – Moon VOC) -kalenders te downloaden als app.

Animisme: Animisme is een wereldbeschouwing en spirituele overtuiging waarin wordt geloofd dat alles in de natuur, inclusief objecten, planten, dieren en natuurlijke fenomenen, bezield zijn en een eigen vorm van bewustzijn of levenskracht hebben. Volgens het animistische wereldbeeld hebben niet alleen mensen en dieren, maar ook andere entiteiten een spirituele essentie. Deze overtuiging leidt tot het idee dat er interactie en communicatie mogelijk is tussen menselijke wezens en de spirituele krachten die in de natuur aanwezig zijn. Animisme wordt vaak geassocieerd met inheemse culturen en traditionele religies, en het heeft invloed op de manier waarop mensen omgaan met en respect tonen voor de natuurlijke wereld om hen heen.

Assyah: De actieve, materiële wereld. Zie *Olamoth.*

Ashkenazi-metafysica en kwantumfysica: Een kenmerk van Ashkenazi-metafysica – die loopt van Izaak Luria's tzimtzum tot denkers als Wilhelm Reich, Henry Bergson, Itzhak Bentov en waarvan de 'echo' doorklinkt in de werken van veel kwantumtheoretici – is de nadruk op de verbinding tussen spirituele of abstracte concepten en de materiële wereld, en hoe deze elkaar beïnvloeden. De rode draad in deze stroming van denken is het idee van een continue wisselwerking tussen het transcendente en het immanente, tussen het spirituele en het materiële. Deze denkers benadrukken de relatie tussen het goddelijke en het aardse, en hoe deze twee aspecten elkaar doordringen en beïnvloeden.

Atziluth: De wereld van goden of godsvormen. Zie *Olamoth.*

Briah: De wereld van creatieve schepping een aartsengelen. Zie *Olamoth.*

Chassidim: Ook gespeld als Chasidim of Ḥasidim. Chassidim zijn aanhangers van het chassidisme, een mystieke en spirituele beweging binnen het Ashkenazi-jodendom. Het chassidisme ontstond in de 18e eeuw in Oost-Europa en legt de nadruk op persoonlijke connectie met God. Chassidim geloven in een directe en vreugdevolle relatie met God en ze hechten veel waarde aan gebed, aanbidding en het naleven van de religieuze geboden. Ze leggen de nadruk op het innerlijke spirituele leven en het verlangen naar een diepere verbinding met het goddelijke. Chassidische leiders, bekend als *rebbe's*, dienen als spirituele gidsen en bronnen van inspiratie voor hun gemeenschappen.

Correlatieve dialectiek: Correlatieve dialectiek verwijst naar een filosofisch concept waarbij twee tegengestelde begrippen of entiteiten elkaar wederzijds definiëren en begrijpelijk maken door hun onderlinge relatie. Het idee achter correlatieve dialectiek is, dat de betekenis en identiteit van elk begrip afhangt van zijn tegenhanger. Bijvoorbeeld: Er is geen *niets* zonder *iets* en geen *iets* zonder *niets*.

Demiurg: Een demiurg is een concept uit de filosofie en religie dat verwijst naar een bovennatuurlijk wezen of entiteit dat verantwoordelijk wordt geacht voor het scheppen en vormgeven van de fysieke wereld, het universum of de materiële realiteit. In sommige overtuigingen wordt de demiurg gezien als een scheppende kracht die tussen de menselijke wereld en een hogere spirituele sfeer staat. Het concept van de demiurg komt voor in verschillende religieuze en filosofische stromingen, waaronder het gnosticisme en bepaalde vormen van neoplatonisme. In essentie belichaamt de demiurg dat aspect van God dat de materiële wereld schept/heeft geschapen.

Élan vital: Het begrip *élan vital* van Henri Bergson verwijst naar de 'levenskracht' of 'vitale impuls' die inherent is aan alle levende organismen. Bergson gebruikte dit concept om de unieke en dynamische kwaliteit van leven te benadrukken, die niet volledig kan worden verklaard door mechanische of deterministische processen. Élan vital impliceert een innerlijke kracht die leidt tot groei, ontwikkeling en aanpassing in levende wezens. Dit concept werd gebruikt om het verschil tussen biologische entiteiten en dode materie te benadrukken en accentueerde het belang van intuïtie en subjectieve ervaring in het begrijpen van levensprocessen.

Elementen: De Elementen *Aarde*, *Water*, *Lucht* en *Vuur* zijn fundamentele concepten die worden gebruikt in verschillende filosofische, spirituele en esoterische tradities om aspecten van de natuurlijke wereld en het menselijk bestaan te vertegenwoordigen.
1. *Aarde*: Symboliseert stabiliteit, fysieke materie en gronding. Het staat voor het fysieke rijk, duurzaamheid en verbondenheid met de natuur.
2. *Water*: Vertegenwoordigt emoties, intuïtie en stroming. Het staat voor verandering, aanpassing en het vloeiende karakter van het leven. Water is archetypisch vrouwelijk.
3. *Lucht*: Symboliseert mentale activiteit, gedachten en communicatie. Het staat voor intellect, vrijheid en de mogelijkheid om ideeën te verspreiden.
4. *Vuur*: Representeert passie, energie en transformatie. Het staat voor kracht, creativiteit en het vermogen om te veranderen en te vernieuwen. Vuur is archetypisch mannelijk.

En sof or: *En sof or* is een term uit de kabbalah, die verwijst naar de oneindige, onkenbare en onbegrensde aard van God. *En sof* betekent letterlijk 'oneindigheid' in het Hebreeuws, terwijl *or* 'licht' betekent. Samengevoegd beschrijft 'En sof or' het concept van het goddelijke licht dat voortkomt uit de oneindige essentie van God en de bron is van alle creatie. Het benadrukt de onmetelijkheid en het meest transcendente aspect van God.

Golf-deeltje: Het begrip *golf-deeltje* verwijst naar een belangrijk aspect van de kwantummechanica, waarbij deeltjes zich soms als golven en soms als discrete deeltjes gedragen, afhankelijk van hoe ze worden waargenomen. Dit fenomeen wordt aangeduid als de *golf-deeltje dualiteit*. Volgens de kwantumtheorie kunnen deeltjes zoals elektronen en fotonen zich in bepaalde situaties gedragen als golven, waarbij ze eigenschappen vertonen zoals interferentie en diffractie. Dit houdt in dat ze zich op een manier verspreiden die typisch is voor golven, zoals licht dat door een spleet gaat en op een scherm interfereert om een golfpatroon te creëren. Aan de andere kant vertonen deze deeltjes ook gedrag dat kenmerkend is voor individuele deeltjes, zoals het treffen van een bepaalde locatie bij waarneming. Dit leidt tot het fenomeen waarbij deeltjes soms worden waargenomen als discrete eenheden met specifieke eigenschappen.

Halacha: De *halacha* is een term uit het jodendom die verwijst naar de verzameling van joodse religieuze wetten, regels en voorschriften die zijn afgeleid van de Talmoed en andere klassieke joodse teksten. Het woord 'halacha' is afgeleid van het Hebreeuwse werkwoord *halach*, wat 'lopen' of 'wandelen' betekent. In overdrachtelijke zin verwijst het naar het volgen van een bepaalde weg of pad. De halacha geeft richtlijnen voor verschillende aspecten van het joodse leven, waaronder ethiek, aanbidding, rituelen, voeding, familie, zaken en meer. Deze wetten en voorschriften zijn gebaseerd op de interpretatie van de Thora en de mondelinge tradities van de rabbijnen.

Hologram: In dit boek een driedimensionaal verbeelde voorstelling, die tijdens een magische handeling abrupt wordt vergeten. Daarnaast is een servitor of Elementar op te vatten als een hologram die telkens opnieuw en steeds gedetailleerder kan worden verbeeld, wat mede veroorzaakt wordt doordat de herhaalde verbeelding van hetzelfde beeld een verdichting ervan in gang zet (semi-materialisatie).

Kallah: Het Hebreeuwse en kabbalistische begrip *Kallah* heeft een woordstam die zowel verwijst naar 'smachten', 'verlangen', als 'bruid'. In dit boek is het de wil van de intelligentie van de singulariteit (de wortel van materialisatie) om zich te verenigen met totaliteit. Kallah wordt op de *Etz HaChayim* (Boom des Levens) voorgesteld als de Bruid of de Godin, die zich wil verenigen met *Kether*, de hoogste Sephirah, die als voorstelling aan het begrip 'bruidegom' is gekoppeld. Voor de tegenhanger van Kallah gebruikt dit boek de Griekse term *Orexis*. Dit is het verlangen van totaliteit om zich te verenigen met singulareit (het verlangen van het alles omvattend bewustzijn om zich te subjectiveren).

Kwantumtheorie: Kwantumtheorie is een fundamentele theorie in de natuurkunde die het gedrag van deeltjes op zeer kleine schaal, zoals atomaire en subatomaire niveaus, verklaart. Het introduceert concepten die vaak afwijken van de intuïtieve verwachtingen op basis van klassieke natuurkunde. Een belangrijk aspect van de kwantumtheorie is dat het deeltjes en systemen beschrijft met behulp van kwantumtoestanden, die de waarschijnlijkheid aangeven van verschillende meetresultaten wanneer een meting wordt uitgevoerd. Dit resulteert in fenomenen zoals superpositie, waarbij deeltjes zich in meerdere toestanden tegelijk kunnen bevinden, en verstrengeling, waarbij de toestand van één deeltje direct gekoppeld is aan de toestand van een ander, zelfs op afstand. Kwantumtheorie heeft geleid tot revolutionaire inzichten en technologische toepassingen, maar blijft ook onderwerp van diepgaand filosofisch debat over de aard van de realiteit en de relatie tussen waarnemer en waargenomen.

Kunstmatige geestwezens: Met begrippen als een kunstmatig geschapen geestwezen of een geestwezen dat ontstaat uit een langdurige beeldhomeostase, zoals de Japanse *Tsukumogami,* wordt een categorie geschapen die zich onderscheidt van wat vroeger met de *Coelestes* (hemelsen) werd aangeduid. Coelestes omvatten goden, aartsengelen, engelen en demonen. De wezens uit de Elementaal-rijken Vuur, Lucht, Water en Aarde *(Elementalen)* zijn een derde categorie. Folklorische

wezens vormen een vierde klasse en hebben overlap met een vijfde categorie, die
van overleden mensen of dieren, of aspecten daarvan, maar ook met die van de
Elementalen, de Coelestes en zelfs de eerste categorie omdat veel folkloristische
geestwezens duidelijk aan een obsessieve toestand of trauma (larve) zijn gelinkt
vanaf het moment dat ze na het overlijden van iemand ontstaan. In Midden- en
Oost-Europa zie je dan vaak dat deel van de ziel de vorm aannemen van een specifiek soort gnoom, watergeest of vampier. Zie voor deze fascinerende wereld mijn
uitgebreide studiereeks hierover: *Spirit Beings in European Folklore* deel 1, 2, 3 en
4. Dezelfde soort metamorfoses zien we in Oost Azie, Noord Amerika en andere
delen van de wereld.

Gedachtevorm: een sterk verbeeld en geconcentreerd hologram dat je magische wens
uitbeeldt tijdens een moment waarop je goed in je energie zit en vervolgens abrupt
wordt losgelaten en vergeten op commando.

Homunculus: De homunculus van de alchemisten uit de middeleeuwen en renaissance verwijst naar een mythisch, miniatuurmenselijk wezen. Alchemisten geloofden dat door het combineren van sperma, specifieke chemische stoffen en het
volgen van geheime procedures, ze in staat zouden zijn om een homunculus
te creëren, vaak in een fles of een ander gecontroleerd milieu. Dit concept was
onderdeel van de zoektocht van alchemisten naar de transmutatie van materialen
en het bereiken van onsterfelijkheid. Het idee van de homunculus illustreerde het
geloof in menselijke manipulatie van de natuurlijke wereld, waarbij het creëren
van leven op kleine schaal een stap zou zijn in de richting van het bereiken van
grotere alchemistische doelen.

Golem: Een legendarisch lichaam van leem of klei, dat middels kabbalistische magie
geanimeerd wordt door er een Elementar in te stoppen. De klassieke golem beperkt zich tot de Ashkenazi folklore, maar kent latere afgeleide versies binnen het
Duits occultisme van halverwege de 20e eeuw.

Levensplan, jaarplan, maandplan: Een termijnwens die bij voorkeur op maximaal
één A4'tje of korter, wordt geschreven in overeenstemming met je ware zelf en
wil. Je leest dit plan dagelijks even nonchalant door, meer hoef je niet te doen. Dit
plan creëert een etherisch kader om je heen en houdt je op koers. In werkelijkheid
creëer je je eigen toekomstige wereld.

Larve: Een zeer sterke servitor met een intense emotionele lading, ontstaan uit een
trauma of verslaving, die iemand steeds dwingt in de situaties die het trauma of
de honger naar de verslaving weer oproepen. Wanneer iemand eenmaal is terug-
gevallen in die oude negatieve homeostase, begint de larve zich als een vampier te
voeden met die negatieve psycho-energie om zijn eigen levensduur te verlengen.

Servitor: Een kunstmatige geest die je ontwikkelt door middel van verbeelding, focus
en onwrikbaar geloof, voor de korte, middellange of lange termijn. In het Duits
wordt een servitor ook wel Elemental genoemd.

Elementar (ter onderscheid van Elemental): Een servitor waarin één, twee, drie of vier
Elementen zijn geladen, naast de standaard programmering. Elementaren zijn de
krachtigste kunstmatige geesten. Door astrologische timing kan hun kracht nog
verder worden versterkt. Ook de naam is belangrijk. Positieve Zon-Pluto-aspecten
creëren de allersterkste Elementaren, maar deze wezens zijn zeer moeilijk onder
controle te houden en vergen veel creativiteit van de magiër/heks.

Gedankenwesen (letterlijk: gedachtenwezens) is een overkoepelende term waarmee

H.E. Douval zowel Elementalen (servitors) als Elementaren aanduidde.

Egregor: Een servitor die door een hele groep mensen, meestal onbewust, in het bestaan wordt geroepen. Deze onbewuste servitors zijn zeer offensieve energievampiers.

Eros-Schemen: Een hybride tussen een servitor, onbewust gecreëerd via erotische fixaties en een larve. Deze onbewuste servitors zijn eveneens energievampiers.

Fantoom: Een hybride tussen een servitor, onbewust gecreëerd via rouwprocessen en herinneringen aan een overledene, en een larve.

Magische staf: Een stuk hout met een servitor erin, die geprogrammeerd is voor staf-functies. Het is echter beter om er een Elementar in te plaatsen.

Amulet of Talisman: Een stuk perkament, metaal, papier of iets dergelijks met een servitor of Elementar erin, die wordt opgewekt op het juiste astrologische moment. Vaak is de congruentie tussen het materiaal en het moment belangrijk.

Witch Bottle: Een flesvormige talisman met diverse ingrediënten, gekoppeld aan een servitor, die echter minder expliciet, maar meer impliciet aan de fles wordt verbonden.

Mojo bag: Een buidelvormige talisman met diverse ingrediënten, gekoppeld aan een servitor, die eveneens minder expliciet, maar meer impliciet aan de Mojo-bag wordt verbonden, via ca 150 jaar traditioneel gebruiksgeloof.

Hoodoo-olie: Een vloeibare en geurende drager van een traditionele gedachtevorm, gekoppeld aan een servitor, die eveneens minder expliciet, maar meer impliciet aan de olie wordt verbonden, via ca 150 jaar traditioneel gebruiksgeloof.

Mantra: Een auditieve drager van een traditionele gedachtevorm of gods-aanroep.

Olamoth: De vrouwelijke meervoudsvorm *Olamoth* (werelden) slaat op de vier kabbalistische verdichtingszones, ofwel dimensies: *Atziluth, Briah, Yetzirah* en *Assiah*, termen uit de kabbalah, de mystieke en spirituele traditie binnen het jodendom. Ze verwijzen naar verschillende sferen die samen een hiërarchie vormen en een model bieden voor de structuur van het universum en het menselijk bewustzijn:

1. *Atziluth*: Atziluth (lett. 'Nabijheid') is de hoogste sfeer of wereld binnen de kabbalistische structuur. Atziluth vertegenwoordigt de hoogste spirituele dimensie waarin de goddelijke wil en gedachten beginnen te manifesteren als proto-archetypen. Het is de sfeer van godsvormen. Atziluth correspondeert met Vuur.

2. *Briah*: Briah is de sfeer die volgt op Atziluth. Briah wordt vaak vertaald als de 'Wereld van Schepping'. In Briah vindt de verdere ontwikkeling in vormgeving en detaillering plaats van de goddelijke ideeën die in Atziluth zijn ontstaan. Het is de wereld waar, in archetypen, vanuit de entelechie de identiteit meer dominant naar voren treedt zodat er meer autonome wezens ontstaan zoals aartsengelen (Roshim HaMal'achim). Briah correspondeert met Lucht.

3. *Yetzirah*: Yetzirah betekent de 'Wereld van Vorming'. Deze sfeer bevindt zich onder Briah en dient als overgangsgebied tussen de hogere, abstracte sferen en de meer concrete fysieke wereld. In Yetzirah worden gedachten en ideeën omgezet in gedetailleerde blauwdrukken, orgoon verdichte energetische vormen, het laatste stadium voordat concretisering in materie plaatsheeft. Yetzirah staat ook bekend als de 'Wereld van Engelen' (Olam HaMal'achim). Yetzirah correspondeert met Water.

4. *Assiah*: Assiah, de wereld van Actie, is de meest verdichte sfeer binnen deze kabbalistische structuur. Het vertegenwoordigt de fysieke wereld en materiële realiteit waarin we leven. Hier worden de spirituele krachten en ideeën van hogere

sferen gemanifesteerd in tastbare vormen en handelingen. Assyah correspondeert met Aarde.

Orexis: Zie *Kallah*.

Orgon: Orgon verwijst naar een concept ontwikkeld door Wilhelm Reich, een Oostenrijkse psychiater en psychoanalyticus. Reich geloofde dat er een universele levensenergie bestaat die aanwezig is in de natuur en levende organismen. Hij noemde deze energie *orgon*. Volgens Reich is orgon verantwoordelijk voor zowel fysieke als psychologische processen, en het speelt een rol in de gezondheid en welzijn van individuen en hun omgeving. Reich ontwikkelde orgon-accumulators, apparaten die bedoeld waren om positieve orgonenergie te verzamelen en te concentreren voor therapeutische doeleinden. Hij geloofde dat het gebruik van orgon-accumulators de gezondheid kon verbeteren en emotionele blokkades kon opheffen. Hij identificeerde twee hoofdtypen orgon:

- *Positive Orgon* (OR): Dit type orgon wordt geassocieerd met gezondheid, vitaliteit en positieve levensprocessen. Het wordt gezien als een krachtige, levensbevestigende energie die bijdraagt aan het welzijn van individuen en de natuurlijke wereld.
- *Deadly Orgon* (DOR): Dit is negatieve orgonenergie die wordt geassocieerd met negatieve emoties, ziekte en destructieve krachten. Reich geloofde dat DOR zich kan ophopen in de omgeving en schadelijke effecten kan hebben op zowel de individuele gezondheid als het milieu.

Orgon is in feite een nieuwe term die oudere termen grotendeels vervangt. Hoewel deze termen verschillende nuances kunnen hebben, delen ze allemaal het concept van een vitale levensenergie die aanwezig is in de natuur en levende wezens.

- *Sfota* is een term uit de Vedische filosofie en verwijst naar de goddelijke vibratie of het geluid dat de schepping heeft voortgebracht. Het heeft betrekking op het oorspronkelijke geluid of de trilling die de basis vormt van alle creatie. Sfota (ook Sphota) werd in occulte kringen ook als synoniem voor orgon of Od gebruikt.
- *Qi / Chi* (ook geschreven als 'chi') is een concept uit de Chinese cultuur en traditionele geneeskunde. Het verwijst naar de levensenergie of vitale kracht die door het lichaam stroomt en essentieel is voor gezondheid en welzijn.
- *Prana* is een term uit de hindoeïstische en yogafilosofie. Het vertegenwoordigt de levensadem of vitale energie die de basis vormt van alle levende wezens. Prana wordt beschouwd als de drijvende kracht achter fysieke, mentale en spirituele processen.
- *Od* is een term die werd gebruikt door de Duitse occultist en schrijver Franz Anton Mesmer. Het verwijst naar een subtiele levensenergie die hij associeerde met magnetisme en genezende krachten.
- *Mana* is een Polynesische term die verwijst naar een spirituele kracht of energie die in alle dingen aanwezig is. Het wordt vaak geassocieerd met magie, spirituele krachten en de verbinding tussen de mensheid en het bovennatuurlijke.

Psychosferisch: Het begrip *psychosferisch* verwijst naar een concept dat verband houdt met de sfeer of het domein van psychische energie – of energie gekleurd door astrologische of occulte invloeden of de Elementen – in relatie tot perceptie en bewustzijn. Het combineert de termen *psyche* en *sferisch* om een sfeer aan te duiden die doordrongen is van psychische of mentale eigenschappen. Iedere planeet heeft bijvoorbeeld een uitgesproken psychosfeer, waarbij de sfeer van Venus,

Mars, Saturnus, Zon, Maan, Jupiter, etc. totaal verschillende kenmerken hebben, net zoals dit ook het geval is bij de Elementen Vuur, Water, Lucht en Aarde. Ook een specifieke locatie zoals een gebied, huis, stad of land bijvoorbeeld, kan een heel eigen en unieke psychosfeer hebben. Deze is soms sterk gerelateerd aan de *genius loci* van een plek. Het nauwkeurig kunnen werken met, en een hoge gevoelsmatige en intuïtieve intelligentie ontwikkelen inzake psychosferen, gaat het snelst via een studie astrologie en Elementenleer en is cruciaal bij succesvolle praktische magie.

Punctum Mundi: *Punctum Mundi* (Latijn voor 'Centrum van de Wereld') is een term die historisch is gebruikt om te verwijzen naar een specifieke locatie of punt dat wordt beschouwd als het symbolische middelpunt van de wereld in verschillende culturele en historische contexten. In dit boek is het Punctum Mundi het centrum (nulpunt) van de torus (die het hele scheppingsgebeuren grafisch samenvat) en identiek aan *En sof or*. Het Punctus Mundi is het epicentrum van de *tzimtzum*.

Singulariteit (magisch): In een magische context verwijst singulariteit naar het fenomeen dat alles wat statisch wordt vastgehouden door extreme focus en verbeeldingskracht, een hologram schept dat in het tijdruimte-energie-bewustzijncontinuüm hierdoor een *orgon-zog* in gang zet dat het hologram (de verbeelde wens van de magiër) sterk verdicht. Het totaalhologram (universum) kan hierop niet anders reageren dan het hologram te integreren in het tijdruimte-energie-bewustzijncontinuüm. Dat wil zeggen als een *actual entity* te laten interreageren met tijdruimte-energie-bewustzijncontinuüm, wat in de praktijk neerkomt op het realiseren van de in het hologram verpakte wens van de magiër.

Singulariteit (metafysisch): In metafysisch opzicht is singulariteit te omschrijven als 'dat wat geen binnen kent' en het staat pal tegenover *totaliteit* 'dat wat geen buiten kent'. Zonder de intelligentie van de singulariteit kan de schepping zich niet manifesteren, of beter gezegd is er helemaal geen schepping, omdat singulariteit verantwoordelijk is voor zowel de condensatie en materialisatie van ideeën als de differentiatie en verscheidenheid. De zoroastriërs en vooral ook de gnostici en christenen hebben deze intelligentie, die 50% van het goddelijke uitmaakt, tot Satan gedevalueerd en hiermee een modus geschapen, die de hele spirituele dimensie in (aanvankelijk) het Midden-Oosten en Europa en later de hele verwesterde wereld, heeft vervangen door wat je een *religieuze psyop* zou kunnen noemen.

Singulariteit (natuurkundig): Een natuurkundige singulariteit is een punt of regio in de ruimte-tijd waar bepaalde fysieke eigenschappen, zoals dichtheid en kromming, oneindig groot worden. Singulariteiten worden vaak geassocieerd met de centra van zwarte gaten, waar de zwaartekracht extreem sterk is. Op singulariteiten kunnen normale fysische wetten en modellen breken, waardoor ze interessante maar ook raadselachtige fenomenen zijn in de theoretische natuurkunde.

Singulariteit (psychisch): Psychisch is singulariteit de wortel van de individuatiedrang en het zelfrespect en zelfbesef een uniek wezen te zijn.

Singulariteit (spiritueel): Singulariteit vertegenwoordigt de ontvangende, vormgevende, materialiserende intelligentie: de godin, het godinnelijke.

Superpositie: *Superpositie* is een concept binnen de kwantummechanica, een theorie in de natuurkunde die het gedrag van deeltjes op zeer kleine schaal beschrijft. Het verwijst naar de eigenschap van kwantumsystemen waarin een deeltje zich in meerdere mogelijke toestanden tegelijk kan bevinden. In superpositie kunnen deeltjes zich bijvoorbeeld in verschillende posities, snelheden of energieniveaus bevinden, met elk met een bijbehorende waarschijnlijkheid. Pas wanneer een meting wordt uitgevoerd, 'stort' de superpositie in en krijgt het deeltje een specifieke waarde voor de gemeten eigenschap. Het concept van superpositie is essentieel voor het begrijpen van de kwantummechanica en heeft geleid tot opmerkelijke experimentele resultaten en technologische toepassingen, zoals kwantumcomputers. Superpositie illustreert een van de fundamentele verschillen tussen klassieke en kwantumfysica en heeft bijgedragen aan het uitdagende begrip van de aard van deeltjes op subatomaire niveaus.

Thaumaturgie: Thaumaturgie verwijst naar wonderbaarlijke of bovennatuurlijke handelingen, vaak geassocieerd met religieuze of spirituele figuren, die worden uitgevoerd om wonderen of magische effecten te creëren.

Tijdruimte-energie-bewustzijncontinuüm: Een concept dat verwijst naar een onderling verbonden en voortdurend evoluerend systeem waarin tijd, ruimte, energie en bewustzijn met elkaar zijn verweven. Dit continuüm wordt voorgesteld als een dynamische voortdurende creativiteitstroom die zichzelf voortdurend bezielt, vergelijkbaar met het concept van de filosoof Alfred North Whitehead. Deze creatie vindt plaats binnen, en als gevolg van, de interactie tussen twee uitersten: de singulariteit, een uniek punt of moment, en de totaliteit, het geheel van alles. Het idee is dat het continuüm zich ontvouwt en verandert door de constante interactie tussen deze polen, waarbij nieuwe vormen van tijd, ruimte, energie en bewustzijn ontstaan.

Tzimtzum: Dit is een term uit de kabbalah, die verwijst naar het concept van 'terugtrekking' of 'samentrekking.' Tzimtzum beschrijft het idee dat God zichzelf heeft teruggetrokken of heeft ingeperkt, om ruimte te maken voor de creatie van de wereld. Volgens dit concept heeft God als het ware ruimte gemaakt voor het bestaan van het universum door zijn aanwezigheid te verminderen in de gebieden waar de schepping zou plaatsvinden. Tzimtzum is in dit boek de term die ik gebruik voor het samentrekken en uitdijen van het universum, de centrale pomp die alle procesgebeuren tussen singulariteit en totaliteit aanzwengelt, door als een omslagpunt te fungeren waarin negatieve eenheid (singulariteit) omslaat in positieve eenheid (totaliteit), waaruit de veelheid van de scheppingsgolf ontspringt. Deze veelheid wordt opnieuw samengetrokken in het singulariteitspunt, en zo draait de schepping cybernetisch door.

Whitehead's procesfilosofie: De procesfilosofie van Alfred North Whitehead is een filosofisch systeem dat de nadruk legt op verandering, dynamiek en onderlinge verbondenheid als fundamentele aspecten van de werkelijkheid. Whitehead's procesfilosofie stelt dat alles in de wereld voortdurend in beweging is en zich ontwikkelt. Hij beschouwt processen en relaties als essentieel, en hij benadrukt dat de wereld wordt gevormd door de interactie van deze processen. Een sleutelconcept in Whitehead's procesfilosofie is het *actualiteitsprincipe*, wat inhoudt dat entiteiten niet statisch zijn, maar voortdurend nieuwe ervaringen en gebeurtenissen ondergaan. Hij benadrukt ook het belang van gebeurtenissen en relaties boven vaste substanties.

Yetzirah: De wereld van vormgeving en engelen. Zie *Olamoth*.

APPENDIX IV.
LITERATUUR EN BRONNEN

- Adamah, Benjamin - *Nulpunt Revolutie*, Ankh Hermes, Deventer 2006
- Adamah, Benjamin - *Asteroïden-gids*, VAMzzz Publishing, Amsterdam 2017
- Adamah, Benjamin - *MAGUS Leer & Ritueel*, VAMzzz Publishing, Amsterdam 2018
- Adamah, Benjamin - *5GATES - Over een lang voorbereide pandemie, het politiciprobleem en wat er echt aan de hand is...*, VAMzzz Publishing, Amsterdam 2020
- Adamah, Benjamin - *Plutinos*, VAMzzz Publishing, Amsterdam 2021
- Adamah, Benjamin - *Vamachara - Raw Spirituality, God m/v, de werking van magie en de passie van Lilith*, eerste druk Frontier Publishing 2012, tweede druk VAMzzz Publishing, Amsterdam 2021
- Adamah, Benjamin - *Spirit Beings in European Folklore 1*, VAMzzz Publishing, Amsterdam 2022
- Adamah, Benjamin - *Spirit Beings in European Folklore 2*, VAMzzz Publishing, Amsterdam 2022
- Adamah, Benjamin - *Spirit Beings in European Folklore 3*, VAMzzz Publishing, Amsterdam 2022
- Adamah, Benjamin - *Spirit Beings in European Folklore 4*, VAMzzz Publishing, Amsterdam 2022
- Adamah, Benjamin - *Zes Assen Astrologie*, VAMzzz Publishing, Amsterdam 2023
- Bardon. Franz - *Der Weg zum wahren Adepten. Ein Lehrgang in 10 Stufen. Theorie und Praxis.* Bauer, Freiburg im Breisgau 1956
- Bardon. Franz - *Die Praxis der magischen Evokation. Anleitung zur Anrufung von Wesen uns umgebender Sphären.* Bauer, Freiburg im Breisgau 1956.
- Bardon. Franz - *Der Schlüssel zur wahren Quabbalah. Der Quabbalist als vollkommener Herrscher im Mikro- und Makrokosmos.* Bauer, Freiburg im Breisgau 1957
- Bardon. Franz - *Frabato. Ein okkulter Roman.* Bauer, Freiburg im Breisgau 1958
- Bardon. Franz - *Fragen an Meister Arion* (postum herausgegeben von Dieter Rüggeberg). Rüggeberg, Wuppertal 1997
- Baraduc, Hippolyte - *Les vibrations de la vitalité humaine : méthode biométrique appliquée aux sensitifs et aux névrosés*, Paris : J.-B. Baillière
- Baraduc, Hippolyte - *The human soul : its movements, its lights, and the iconography of the fluidic invisible*, Paris: Librairie internationale de la pensée nouvelle 1913
- Bergson, Henry - *L'Évolution créatrice: Édition critique dirigée par Frédéric Worms. Préface et notes d'Arnaud François Broché*, PUF 12e édition (26 avril 2013)
- Bischoff, Dr. Erich - *De Kabbala- Inleiding tot de joodse mystiek en geheime wetenschap*, Schors, Amsterdam 1884
- Bloch, Chayim - *The Golem - Legends of the Ghetto of Prague*, Garber communications inc., Blaufeld NY, 1988
- Brand, Damon - *Magickal Servitors, Create Your Own Spirits to Attract Pleasure, Power and Prosperity*, The Gallery of Magick, 2016

- Burriss Eli Edward - *Taboo, Magic, Spirits*, VAMzzz Publishing, Amsterdam 2015
- Carroll, Peter J. - *Liber Null Psychonautik*, Edition Ananael, Bad Ischl 2005
- Conybeare, Frederick Cornwallis - *Testament of Solomon*, VAMzzz Publishing Amsterdam 2015
- Cooper, Rabbi David A. - God is a Verb - Kabbalah and the practice of Mystical Judaism, Riverhead Books, New York 1997
- Crowley. Aleister - *The Confessions of Aleister Crowley, An Autohagiography edited by John Symonds and Kenneth Grant*, Arkana Books 1989
- David-Neel, Alexandra - *Mystiek en Magie in Thibet*, Uitgeverszaak Gnosis (w. Symons & Co) Amsterdam, 1941
- Douval, H.E. - *Bücher der Praktischen Magie - Band I - VI*, Verlag Richard Schikowski, Berlin 1990
- Douval, H.E. - *Bücher der Praktischen Magie - Band VII - XII*, Verlag Richard Schikowski, Berlin 1990
- Evola, Julius - *The Yoga of Power - Tantra, Shakti and the Secret Way*, Inner Traditions International, Rochester Vermont 1992
- Evola, Julius - *Introduction to Magic Rituals and Practical Techniques for the Magus*, Inner Traditions International, Rochester Vermont 2001
- Evola, Julius - *Ride the Tiger - A Survival Manual for the Aristocrats of the Soul*, Inner Traditions International, Rochester Vermont 2003
- Evola, Julius - *Revolt Against the Modern World*, Inner Traditions International, Rochester Vermont 1995
- Evola, Julius - *Eros and the Mysteries of Love - The metaphysics of Sex*, Inner Traditions International, Rochester Vermont 1991
- Flammarion, Camille - *De Spookhuizen*, NV Uitgeversmaatschappij en Boekhandel, voorheen P.M. Wink te Zaltbommel 1924
- Folkard, Richard - *Plant Lore, Legends & Lyrics - revised edition*, VAMzzz Publishing, Amsterdam 2021
- Graves, Kersey - *The Biography of Satan*, VAMzzz Publishing, Amsterdam 2019
- Graves, Kersey - *The World's Sixteen Crucified Saviors*, VAMzzz Publishing, Amsterdam 2019
- Graves, Kersey - *The Bible of Bibles*, VAMzzz Publishing, Amsterdam 2019
- Greer, John Michael & Warnock Christopher, *The Picatrix: Liber Astratus Edition*, Adocentyn Press, 1910-11
- Guénon, René - *The Reign of Quantity & The Sign of Times*, third revised edition, Sophia Perennis, Hilsdale NY, 2001
- Heidegger, Martin - *De Tijd van het Wereldbeeld*, Lannoo, Thielt 1983
- Henne am Rhyn, Otto - *Mysteria*, VAMzzz Publishing, Amsterdam 2017
- Hine, Phil - *Condensed Chaos*, The Original Falcon Press, Tempe Arizona USA 2010
- Kaplan, Aryeh - *Meditation and Kabbalah*, Samual Wieser Inc, York Beach, Maine 1982
- Kaplan, Aryeh - *The Bahir Illumination*, Samual Wieser Inc, York Beach, Maine 1989
- Kaplan, Aryeh - *Sepher Yetzirah, The Book of Creation, In theory and Practice*, Samual Wieser Inc, York Beach, Maine 1997
- Isidore Kozminsky - *The Magic and Science of Jewels and Stones*, VAMzzz Publishing, Amsterdam 2023
- Kreiter, John - *Create a Servitor: Harness the Power of Thought Forms*, CreateSpace

Independent Publishing Platform (2016)
- Kreiter, John - *Manifest Wealth and Prosperity with Thought Forms and Servitors,* CreateSpace Independent Publishing Platform (2017)
- Kreiter, John - *Create a Servitor Companion*, CreateSpace Independent Publishing Platform (2017)
- Kreiter, John - *Overcoming the Archon Through Alchemy,* CreateSpace Independent Publishing Platform (2017)
- Kreiter, John - *Out Of Body Experiences, Quickly And Naturally,* CreateSpace Independent Publishing Platform (2016)
- Kreiter, John - *Vampire's Way to Psychic Self-Defense,* CreateSpace Independent Publishing Platform (2017)
- Kreiter, John - *The Magnum Opus, A Step by Step Course*, Independently published (January 1, 2019)
- Kreiter, John - *The Way of the Projectionist: Alchemy's Secret Formula to Altered States and Breaking the Prison of the Flesh*, Independently published (May 18, 2020)
- Kreiter, John - *The Way of the Death Defier: Apocryphon of Inner Alchemy*, Independently published (October 28, 2021)
- Lachower, Yeruham Fischel & Tishby, Isaiah - *Wisdom of the Zohar (Volumes I, II, III)*, The Littman Library of Jewish Civilization, 1994
- Nassau, Robert Hamill - *Spiritual* Fetichism, VAMzzz Publishing, Amsterdam 2016
- Peterson, Joseph H. - *Grimorium Verum*, CreateSpace Independent Publishing Platform 2007
- Peterson, Joseph H. - *The Sworn Book of Honorius: Liber Iuratus Honorii*, Ibis Press; Illustrated edition 2016
- Peterson, Joseph H. - The Book of Oberon: A Sourcebook of Elizabethan Magic Hardcover – Llewellyn Publications; Annotated edition 2015
- Peterson, Joseph H. - *The Secrets of Solomon: A Witch's Handbook from the trial records of the Venetian Inquisition*, CreateSpace Independent Publishing Platform; 1st edition 2018
- Peterson, Joseph H. - *The Lesser Key of Solomon*, Weiser Books 2001
- Peterson, Joseph H. - *Sixth and Seventh Books of Moses*, Ibis Press; New, Expanded ed. edition 2008
- Price, Harry - *Poltergeist, Tales of the Supernatural*, Guernsey Press Co. Ltd, 1994
- Pythagoras 38 (Reuben Swinburne Clymer) - *The Grand Grimore or Imperial Ritual of Magic*, VAMzzz Publishing, Amsterdam 2023
- Scholem, Gershom - *Origins of the Kabbalah*, (translated by Allan Arkush) The Jewish Publication Society Princeton University Press, 1987
- Skinner, Stephen - *Clavis Inferni: the Grimoire of Saint Cyprian* (with David Rankine) – Golden Hoard 2009
- Skinner, Stephen - *The Goetia of Dr Rudd: Liber Malorum Spirituum* (with David Rankine) – Golden Hoard 2009
- Skinner, Stephen - *Veritable Key of Solomon* (with David Rankine) – Golden Hoard, Llewellyn 2011
- Skinner, Stephen - *Sepher Raziel also known as Liber Salomonis a 1564 English Grimoire* (with Don Karr) - Golden Hoard 2010
- Skinner, Stephen - *Techniques of Graeco-Egyptian Magic* - Golden Hoard, Llewellyn, 2014

- Skinner, Stephen - *The Complete Magician's Tables* – 5th edition - Golden Hoard, Llewellyn 2015
- Skinner, Stephen - *A Cunning Man's Grimoire* (with David Rankine) – Golden Hoard, Llewellyn 2018
- Von Nettesheim, Heinrich Agrippa - *Die magische Werke* (vert. *De occulta philosophia libri tres* en *Boek Vier)*, Fourier, Wiesbaden 1982
- Whitehead, A.N. - *Process and Reality, an essay in cosmology; corrected edition*, The Free Press, London - New York 1979
- Zacharias, Gerhard - *Satanskult und Schwartze Messe*, Limes Verlag, Wiesbaden 1964
- Zorab, G. - *Spoken en Spookverschijnselen; feiten en hypothesen*, Leopold, Den Haag 1984

Internet

- *Jewish Encyclopedia online*
- *Wikipedia - quantum theory & physics pages*
- *Deeplcom translations*
- *vamzzz.com/blog*

Workshops Magie:
Wek je eigen magische vermogens!

"Mijn fascinatie voor magie, en dat wat we aanduiden met 'het bovennatuur-lijke', strekt zich inmiddels uit over meer dan een halve eeuw en beslaat alles van filosofie en astrologie, tot folklore en praktische rituele magie. Mijn accent ligt hierbij op wat 'westerse magie' wordt genoemd. Maar eigenlijk is dat een misleidende term omdat de westerse magie wortelt in Alexandrië ten tijde van het Hellenisme, in middeleeuwse Joodse magische grimoires en in Arabi-sche magie. Magie is al ruim tweeduizend jaar een beladen term en zodoende altijd een wetenschap van de underground gebleven. In de middeleeuwen en renaissance werden het imago van magie er niet veel beter op. Naast mogelijk 300.000 'heksen' werden ook verschillende dissidente filosofen met interesse in magie, op de brandstapel gezet, waaronder Giordano Bruno.

Naast een vooroordeel, dat magie automatisch associeert met duistere en verboden zaken, is er ook het vooroordeel dat tot uiting komt in denigreren-de termen als 'vaag', 'bijgeloof', 'achterhaald', enzovoort. Cursisten die mijn workshops hebben gevolgd en de lessen met succes hebben toegepast, weten inmiddels uit ervaring dat magie noch vaag noch ongrijpbaar is, noch per defi-nitie 'eng' of gevaarlijk. Het draait juist om een verloren gegane kunst die voor 90% draait om focus en verbeeldingskracht.

Mijn boeken en workshops hebben daarom als essentieel doel onze eigen ma-gische intelligentie, krachten en vaardigheden weer tot leven te wekken. Ik leer je om te activeren wat al vanaf je geboorte in jou aanwezig is en geef aanwijzin-gen om je in deze 'nieuwe' realiteit zo goed mogelijk te kunnen oriënteren.

Elk voorjaar en najaar organiseer ik, samen met mijn vrouw, magische work-shops in De Roos, Amsterdam, een prachtige locatie direct naast het Vondel-park. We werken met kleine groepen om de per-soonlijke ervaring te waarborgen. Neem contact op via **b.adamah@protonmail.com** voor vragen of om je aan te melden. Meer informatie en het laatste nieuws vind je op adamah.nl en vamzzz. com. Ook voor speciale lezingen over occulte, magische en astrologische thema's kun je mij via deze weg bereiken."

– Benjamin Adamah

MAGUS Leer & Ritueel
278 pagina's • 17 x 24 cm •
rijk geïllustreerd meer dan
90 rituele zegels (sigilli)
van engelen, daemones en
natuurgeesten
ISBN 9789492355362

Zowel aan de gevorderde als beginnende geïnteresseerde in occulte historie, technieken en beginselen wordt in *Magus Leer & Ritueel* een bijzondere samenhang getoond. De echte redenen waarom de kerk en staat magie en vooral hekserij zo obsessief vervolgd en verboden hebben, krijgt daarbij een nieuwe dimensie. MAGUS is echter vooral praktisch geschreven. Veel methodes, zoals bijvoorbeeld voor astraal reizen en het zelf scheppen van een gedachtevorm of servitor (kunstmatige entiteit) kunnen meteen worden toegepast. Dit geldt ook voor de uitgebreid beschreven planeet-engelenmagie via petities, oosterse trainingtechnieken en meer. MAGUS is rijk geïllustreerd en bevat meer dan 90 rituele zegels (sigilli) van engelen, daemones en natuurgeesten. Indien begrepen, kan magie een effectief middel zijn om je leven te intensiveren, je vrijheid te vergroten en je eigen toekomst te scheppen. Het enige wat je er verder bij nodig hebt zijn wilskracht, tijd en discipline.

De westerse magie vindt z'n oorsprong hoofdzakelijk in het Alexandrië van rond de jaartelling, waar vooral Egyptische rituelen zich mixten met Griekse methodiek, theürgie en behoefte aan structuur. Daardoorheen vinden we weer diverse Semitische elementen afkomstig uit het Midden Oosten. De magische cirkel en driehoek, de beschermende symbolen, de koppeling van de planeten, engelen en daemones (kleine goden) aan dagen en uren van de week, vinden daar hun oorsprong en worden in de eeuwen daarna min of meer onveranderd toegepast.

In tegenstelling tot wat de meeste mensen denken en hoe films het graag presenteren, draait magie vooral om het beheersen van een techniek en controle over je eigen gedachten, emoties, wil en verbeeldingskracht. Dit met als doel op een dusdanige wijze innerlijk te resoneren met sterk gewild en verbeeld doel, dat er realiteits- of toekomstschepping plaatsvindt.

Vamachara

Raw Spirituality, God M/V, de werking van magie en de passie van Lilith
390 pagina's paperback • 17 x 24 cm •
deels in kleur geïllustreerd •
ISBN 9789078070443

Anders dan het Rechter Pad, zoekt het Linker Pad (Vamachara) geen hemel of transcendentie om aan dualisme te ontsnappen, maar het herstel van de synergie tussen yin en yang, God en Godin, vrouwelijke en mannelijke energieën.

Asteroïden-gids

950 astrologische betekenissen van Asteroïden, Centauren, Cubewano's, Damocleïden, Neptunus-resonanten, Plutino's, SDO's en Trojanen
672 pagina's • 20 x 27 cm • 105 illustraties •
paperback • ISBN 9789492355195 (vakliteratuur)

De Asteroïden-Gids is het eerste grote astrologische naslagwerk ter wereld, dat de duidingen in de horoscoop behandelt van 950 asteroïden, overzichtelijk ingedeeld in 15 categorieën. Dit boek is inclusief tips voor het gebruik van asteroïden in de persoonshoroscoop

Zes Assen Astrologie

De zodiak in 6 assen in plaats van 12 tekens, of hoe je tegenoverliggende teken jou compleet maakt
110 pagina's paperback • 15 x 21 cm •
ISBN 9789492355638 (ook voor beginners)

Je sterrenbeeld (lees: je Zonneteken) wordt bepaald door de stand van de Zon op het moment van je geboorte. Het teken dat pal tegenover je Zonneteken staat, vertegenwoordigt je onbewuste ik. Dit tegenoverliggende zodiakteken oefent een zeer belangrijke invloed uit op je leven. Het vult je Zonneteken aan en maakt zo je kern compleet en positief.

Spirit Beings in European Folklore 1
292 descriptions – Ireland, England, Wales, Cornwall, Scotland, Isle of Man, Orkney's, Hebrides, Faeroe, Iceland, Norway, Sweden and Denmark
250 pages • Paperback • ISBN 9789492355553

Compendium 1 of the *Spirit Beings in European Folklore*-series covers the northwestern part of the continent where Celtic and Anglo-Saxon cultures meet the Nordic. This book catalogs the mysterious creatures of Ireland, the Isle of Man, England, Wales, Cornwall, Scotland, Hebrides, Orkneys, Faroe Islands, Iceland, Norway, Sweden and Denmark. For centuries, the peoples of these regions have influenced each other in many ways, including their mythologies and folklore. The latter is perhaps most evident in the various species of *Brook-horses* or *Water-horses*. These semi-aquatic ghostly creatures come in all kinds of varieties and are typical of the English or Gaelic speaking parts of Europe and Scandinavia. Many other ghostly entities occur only in specific areas or countries. Some even became cultural icons, such as the Irish *Leprechaun*, the *Knockers* from Wales, the Scandinavian *Trolls* and *Huldras* or the Icelandic *Huldufólk*. England has its *Brownies*, several kinds of *Fairies* and locally famous *ghost dogs*. Iceland and Scandinavia seem to "specialize" in spirit beings who appear fully materialized, such as the different species of *Illveli* (Evil Whales) and *Draugr*, the returning dead.

Spirit Beings in European Folklore 2
228 descriptions – Germany, Austria, Alpine regions, Switzerland, Netherlands, Flanders, Luxembourg, Lithuania, Latvia, Estonia, Finland, Jewish influences
256 pages • Paperback • ISBN 9789492355560

Compendium 2 of the *Spirit Beings in European Folklore*-series covers the German-speaking parts of Central Europe, the Low Countries, the Baltic region and Finland. Via the Ashkenazi Jews, spirit beings from the Middle East entered Central European culture, which are also included. This originally densely forested part of the continent is particularly rich in nature-spirits and has a wide variety of beings that dwell in forests and mountainous areas (*Berggeister*) or act as atmospheric forces. Also dominant are the many field-spirits and variations of *Alp*-like creatures (*Mare, Nightmare*). There is an overlap with the Nordic and Eastern European *Revenant* and *Vampire*-types, and we find several water- and sea-spirits. Among the German-speaking and Baltic peoples, invoking field-spirits was an integrated part of agriculture, with rites continuing into the early 20th century. The Alpine regions have spirits who watch over cattle. In general, forest-spirits are prominent. Germany has its *Moosweiblein* and *Wilder Mann* (*Woodwose*), the Baltic region has its *Mātes*, and Finland its *Metsän Väki*. Then there are ghostly animals, and earth- and house-spirits such as the many kinds of *Kobolds*, the Dutch *Kabouter*, and the *Kaukas* of Prussia and Latvia.

Spirit Beings in European Folklore 3

255 descriptions – Russia, Belarus, Ukraine, Poland, Romania, Hungary, Bulgaria, Czechia, Slovenia, Serbia, Croatia, Albania, Georgia, Turkish regions, Roma-culture
246 pages • Paperback • ISBN 9789492355577

Compendium 3 of the *Spirit Beings in European Folklore*-series offers an overview of the mysterious, sometimes beautiful and often shadowy entities of the Slavic countries, the Balkans, the Carpathians, Albania, Georgia, and the Turkish and Romani peoples. Many types of *Vampires* and vampiric *Revenants* are included – in their original state and purged of later applied disinformation. The undead are prominent in the folklore of Eastern Europe and Albania. Also typical are farm- and household-spirits such as the *Domovoy*, water-spirits and forest demons like the Russian *Leshy*, the *Chuhaister,* or the evil Polish *Bełt*, who like the Ukrainian *Blud*, leads travelers off their path until they are lost in the deepest part of the forest. Unique is the Russian *Bannik* or spirit of the bathhouse. Amongst the Slavs, some 'demons', like the *Boginka* for example, originally belonged to the pre-Christian pantheon. Eastern Europe, in contrast to its returning dead, is rich in seductive female spirits such as the Romanian *Iele*, the Russian *Russalka*, the *Vila* of the Eastern and Southern Slavs and the Bulgarian *Samodiva*. Via the Balkans, Greek influences entered Slavic culture, while there are also spirits that intersect Germanic and Nordic folklore.

Spirit Beings in European Folklore 4

270 descriptions – France, Brittany, Wallonia, Portugal, Italy, South Tyrol, Malta, Greece, Spain – Basque Country, Asturias, Catalonia, Cantabria, Galicia, Valencia
250 pages • Paperback • ISBN 9789492355584

Compendium 4 of the *Spirit Beings in European Folklore*-series covers an area that starts with Wallonia and continues via France and the Pyrenees, through the Iberian Peninsula, to Italy and Greece. This results in a very diverse and colourful collection of spirit beings, due to the many included Basque nature-spirits or *Ireluak*, the Spanish *Duendes*, the Celtic spirits of Brittany, the prankster Italian *Folletti* and the creatures from Greece. Some creatures from Breton folklore are particularly gruesome, such as the hollow-eyed *Ankou*, the *Werewolf*-like *Bugul-nôz*, or the ghostly and *Will-o'-the-wisp*-like *Yan-gant-y-tan*, who roams the night roads with his five lit candles. Most Italian ghosts are less gloomy, while the Iberian Peninsula is home to everything ranging from the 'Beauty' to the 'Beast'. *Compendium 4* contains – amongst other things – many kinds of dwarf-spirits or *Goblins* (*Lutins, Nutons, Folletti, Farfadettes, Korrigans, Minairons*) various seductive and feminine spring creatures, *Wild Man*-varieties (*Basajaunak, Jentilak*) and an extensive section on the *Incubus-Succubus*. It is fascinating to discover how many types of European spirit beings (from *Kobold* to many female spring-spirits), described in the other Compendiums, can be traced back to creatures from Ancient Greece.